18 세 기 의

공간의
욕망과
사생활의
발견

18 세 기 의

민은경·정병설·이혜수 외 지음

문학동네

방으로
떠나는
세계여행

우리는 방에서 태어나고 자라며 결국 방에서 죽는다. 우리 존재의 기본 배경이자 무대인 방. 미셸 페로Michelle Perrot는 『방의 역사』에서 개인적이고 은밀한 방은 근대에 만들어진 경험과 사유의 단위라고 했다. 과거의 방은 어떤 모습이었을까? 한국18세기학회 회원들과 함께 이 책에서 탐구하고자 했던 것은 18세기의 방 안팎에서 일어난 변화다.

18세기는 건축, 실내공간과 인테리어에서 괄목할 발전이 이루어진 시기다. 사회적 지위와 권위를 전시하는 무대로 기능하던 집은 기술의 발전에 힘입어 사생활을 보장하는 안락한 공간으로 재정의되었다. 개인공간이 생겨나면서 새로운 종류의 방이 생겨났고, 이에 따라 새로운 가구와 물건이 인기를 끌었다. 침실 옆에는 개인용 '클로젯'이 만들어졌고, 식사를 하는 공간이 따로 생겨났으며, 손님을 접대하기 위해 큰

'살롱'과 작은 '응접실'이 구분되기 시작했다. 독서와 사색을 오롯이 즐기는 자기만의 서재가 만들어졌고, 경이로운 물건을 수집한 취미방도 생겼다. 방에서 개인들은 자신만의 내밀한 이야기를 써내려가기도 했고, 자신의 취향을 한껏 자랑하기도 했다.

아이러니하게도 방은 개인공간으로 재탄생하면서 사회관계의 중심에 놓이게 되었다. 18세기 소설에서 방은 욕망의 서사의 핵심이다. 그곳에서 개인이 태어나고 사생활이 펼쳐진다. 가장 내밀하기 때문에 가장 활발한 관계의 장이 되는 곳. 18세기의 방에는 무엇을 드러내고 무엇을 숨길지, 누구를 들이고 누구를 차단할지 깊이 고민한 흔적이 남아 있다. 방은 공적 영역과 사적 영역이 협상을 벌인 공간이자, 젠더와 같은 규범들이 일상적으로 실천에 옮겨진 장소였다. 개인이 공간을 통해 자신을 표현하고 연출할 수 있게 되면서 방을 둘러싼 규제와 갈등은 더욱 강해졌고, 방은 지극히 사적인 역사를 내포하면서도, 푸코식으로 표현하자면 권력의 역사를 구현하게 되었다.

방은 우리가 몰랐던 내밀한 이야기를 품고 있다. 필립 아리에스Philippe Ariès는 17세기 말까지는 아무도 혼자 지내지 않았다고 했다. 침실도, 심지어 침대도 공용이었다는 것이다. 그럼 유럽의 침실이 개인용으로 바뀌기 시작한 건 언제부터일까? 프랑스어 단어 '투알레트toilette'는 사실 '작은 천'이란 뜻이다. 그렇다면 이 단어가 어떻게 화장실이라는 의미를 얻게 됐을까? 근대의 방은 몸의 잔재를 어떻게 감추고 포장했을까? 몸이 만들어지고 허물을 벗는 곳으로서 18세기의 방은 호기심과 혐오가 교차하는 공간이다. 방은 청결과 교양의 공간이기도 하지만 미덕으로 가려지지 않는 몸의 진실이 공개되는 장소이기도 하다.

방은 우리의 모든 감각이 깨어나고 잠드는 공간이다. 동시에,

방은 우리의 상상이 향하는 목적지다. 방문을 열고 들어갈 때마다 흥미진진한 이야기가 펼쳐진다. 18세기 유럽의 방은 온갖 이질적이고 이국적인 물건들로 가득 차 있다. 거기에는 중국풍 가구와 인도산 면직물, 오스만 제국의 카펫이 놓여 있다. 방은 세계를 만나고 맛보는 체험의 장이었다. 자연을 재해석하고 방안에 들이기도 했다. 조선에서는 나무로 실외 병풍을 만들어 집밖 자연을 축소된 형태로 집안으로 끌어들였고 영국에서는 지구 각지에서 가져온 희귀한 열대식물을 전시하고자 온실을 지었다. 방안으로 자연이 포섭되면서 꽃은 가장 럭셔리한 장식이 되었고 정원은 내면세계를 표상하는 공간이 되었다.

한국18세기학회는 지금까지 『18세기의 맛—취향의 탄생과 혀끝의 인문학』(2014)과 『18세기 도시—교류의 시작과 장소의 역사』(2018)를 펴낸 바 있다. 이 책은 이들과 궤를 나란히 하는 세번째 책이다. 18세기 문화현상을 전 지구적으로 이해하려는 시도라는 점에서, 서로 다른 분야를 전공한 연구자들이 모여 대화를 나누었다는 점에서, 그리고 그 결과를 전문학술지에 싣지 않고 많은 독자들과 공유할 수 있는 교양서로 펴냈다는 점에서 『18세기의 방』은 대중과 함께 호흡하려는 18세기 연구자들의 특성과 장점을 한껏 살린 결실이다.

학회 회원들은 18세기의 방 안팎에서 벌어진 이야기를 연구하면서 방밖의 넓은 세상을 탐험할 수 있었다. 동서양 18세기의 방 구석구석을 탐방하고 구경 다니면서 수많은 박물관을 보고 세계여행을 다녀온 기분이다. 무척 즐거운 경험이었다. 인도 캘커타와 코로만델 해안도 방문했고 아나톨리아 전통 가옥도 구경할 수 있었으며, 세계 곳곳의 아름다운 정원까지 걸어보았다. 책에 실린 글은 2019년 상반기에 네이버 지식백과에 '18세기의 방'이란 제목으로 연재했다. 이 책은 그 연재물을 다시 한번 다듬고 매만진 정성스러운 결과물이다.

　　개인적으로 이번 책을 기획하면서 처음에는 '방'이나 '집'이 너무 익숙해서 오히려 풀어내기 어려운 주제는 아닐지 걱정했다. 그 어려움에도 불구하고 스물일곱 명에 달하는 필자를 모실 수 있었던 건 그분들이 이 책의 의의와 재미를 믿어주셨기 때문이다. 실제로 방은 아주 재미있는 주제였다. 익숙하면서도 낯선 주제를 가지고 같이 연구하는 즐거움을 나누어주신 모든 분들께 깊이 감사드린다.

　　『18세기의 맛』에서부터 학회의 동반자 역할을 해준 네이버와 문학동네의 도움 없이 이 책은 불가능했을 것이다. 네이버지식백과 연재를 도와주신 박판주 선생과 『18세기의 맛』부터 학회와 같이해주신 우리의 진정한 파트너, 문학동네 구민정 편집자께 각별한 감사를 전한다. 학회 운영을 도와주신 총무이사 이혜수 교수, 그리고 학회 살림을 잘 챙겨준 정경서 간사 덕택에 임기를 잘 마무리하고 책까지 펴낼 수 있었다. 같이 노력하여 만든 책이라 더욱 소중하고 감사하다. 이 책이 프로젝트에 참여하신 모든 분들께 작은 보답이 되길 바란다. 그리고 많은 독자들의 방을 찾아가길 바란다.

2020년 여름
한국18세기학회 회장 민은경

c o n t e n t s

7부_ 책과 서재

1부

여성의 방

내 마음의

방,

여성의 책상

18세기 영국 출판계의 성공신화는 단연 새뮤얼 리처드슨이었다. 목공의 아들로 태어나 인쇄 사업가의 도제로 일하다 런던에서 인쇄소를 개업해 성공적인 사업가로 변신한 50대의 리처드슨이 『파멜라, 혹은 보상받은 미덕*Pamela; or, Virtue Rewarded*』이란 서간체소설을 발표했을 때, 그 누구도 이 작품이 불러올 반향을 예측하지 못했다. 1740년 11월에 출간된 이 소설은 3개월 만인 1741년 2월에 2쇄, 3월에 3쇄, 5월에 4쇄가 나올 정도로 불티나게 팔려나갔다. 가진 것이라고는 아름다운 외모와 순결밖에 없는 하녀가 사회적 신분과 부를 다 가진 귀족 남성의 성적 계략을 물리치고 결혼을 통해 신분상승에 성공하는 이 허무맹랑한 이야기가 왜 그토록 독자들을 열광시켰을까?

파 멜 라 의   책 상
—

　『파멜라』의 줄거리는 대략 다음과 같다. 열다섯 살의 앳된 하녀
파멜라는 베드퍼셔에 위치한 귀족 가문의 안주인 B 부인의 사랑을 독차
지하며 살고 있다. B 부인은 파멜라를 딸처럼 교육시키며 가까이 두고
예뻐한다. 그녀가 사망한 후 파멜라의 위치는 흔들리는 듯하지만, 아들
미스터 B는 파멜라에게 어머니의 방에서 책을 빌려 보고 글을 쓸 수 있
는 권리를 보장해주고 어머니의 옷을 선물하는 등 호의를 베풀며 파멜
라가 계속 저택에 머무르게 한다. 미스터 B가 파멜라를 가까이 두고 싶
어하는 이유는 물론 따로 있다. 파멜라를 욕망하는 미스터 B는 집안 곳

곳에서 그녀와의 신체적 접촉을 시도하고 파멜라가 거세게 반항하자 급기야 그녀를 납치, 감금하기에 이른다. 파멜라는 그를 고발하고 자신을 지키기 위해 부모에게, 지인에게, 심지어 자기 자신에게 끊임없이 편지를 쓴다. 그리고 이 편지를 중간에 가로채서 읽는 미스터 B를 결국 감복시킨다.

리처드슨의 소설은 근대적 공간과 내면성에 대한 우화다. 동시에 누구에게 사생활과 사적 공간이 허용되는가의 문제를 다룬 보고서다. 비평가 이언 와트는 18세기에 본격적으로 발달한 소설이, 근대적 개인의 주관적이고 사적인 경험에 천착한 장르라고 보았다. 소설은 인간의 내면을 탐구하는 장르로, 내면성을 인간의 고유하고 신성한 영역으로 제시했다는 것이다. 리처드슨의 소설은 내면성을 사생활과 연결시키고, 이를 또다시 여성성, 그리고 성적 순수성과 연결시켰다는 점에서 중요한 선례를 남겼다. 리처드슨식 서간체 소설은 내면성을 사적 공간에서 글 쓰는 행위로 표상하고 편지라는 문학 형식으로 재현했다. 이때 개인의 내면성은 편지라는 사적인 글 외에도 그 개인이 거주한 사적 공간과 그 공간에 놓여 있던 사물을 통해 구현되었다. 사적인 방, 편지와 책상이 근대적 자아의 내적 경험과 사생활의 대표적 상징이 된 데는 리처드슨의 크나큰 공헌이 있었다.

소 설 이 태 어 나 는 자 리 :
클 로 젯, 화 장 방, 서 재
—

『파멜라』가 엄청난 성공을 거두자 영국의 여러 화가는 소설을

——— 조지프 하이모어, 〈글 쓰는 파멜라를 발견하는 미스터 B Mr B Finds Pamela Writing〉, 65×76cm, 1743~1744, 캔버스에 유채, 영국 테이트 모던 미술관.
하이모어는 당황한 기색이 역력한 파멜라의 얼굴과, 쓰고 있던 글을 황급히 가리고 있는 그녀의 왼손을 통해 여성의 밀실을 둘러싼 갈등을 시각화하고 있다. 가문의 위상과 무게가 느껴지는 목조 벽체와 짙은 색깔의 가구가 인상적이다.

소재로 한 그림을 내놓기 시작했는데, 조지프 하이모어Joseph Highmore도 그중 한 명이었다. 하이모어의 파멜라 연작(총 12점) 중 첫번째 그림 〈글 쓰는 파멜라를 발견하는 미스터 B〉는 하녀 신분과 전혀 맞지 않는 사치스러운 옷을 빼입은 파멜라가 책상에 앉아 편지를 쓰고 있을 때 곱상하게 생긴 미스터 B가 문을 열고 들어오는 장면을 포착하고 있다. 이 방은 사망한 B 부인의 화장방dressing-room이다. 파멜라가 클로젯closet이라고도 부르는 이 방은 본래 여성의 침실 옆에 붙어 있는 가장 사적이고 내밀한 공간이었다. B 부인이 파멜라에게 이 공간을 허락했다고 하지만, 하녀가 죽은 안주인의 가장 사적인 방에 들어앉아 혼자 이 공간을 즐기고 있다는 사실은 뭔가 석연치 않다.

　클로젯은 말 그대로 '닫힌closed' 공간이다. 이 공간은 본래 16세기 프랑스 왕족과 귀족 사이에 유행한 앙필라드enfilade 건축구조에서 유래했다. 앙필라드란 여러 개의 방을 한 줄의 실에 꿰듯이enfiler 일직선으로 나열하고 방문을 병렬배치해, 방문을 다 열어놓았을 때 방들이 한눈에 들어오게 하는 전형적인 과시형 건축양식이다. 끝없이 이어지는 방의 행렬은 곧 무한한 권력을 상징했고 그 행렬의 종착지인 가장 먼 지점에 밀폐된 권력이 자리잡고 있었다. 즉 가장 멀리, 가장 안쪽에 놓인 방이 가장 접근하기 힘든 방이었던 것이다.

　공적 공간은 물론이요 사적 공간 배치도 이 원칙에 충실했다. 프랑스 귀족들은 대개 사적 공간을 아파르트망appartement으로 크게 나누었는데, 각 아파르트망은 손님을 접대하는 바깥방antichambre, 그 안쪽의 침실chambre, 그리고 가장 안쪽에 놓인 카비네cabinet로 구성되었다. 신분이 높고 부유할수록 바깥방을 많이 두어 여러 개의 방을 거친 후에야 침실에 접근할 수 있게 했다. 그러나 이 당시에는 공적 공간과 사적 공

──영국 더비셔에 있는 채츠워스 저택의 앙
필라드와 인테리어. © Devonshire
Collection, Chatsworth/Reproduced
by Permission of Chatsworth
Settlement Trustees/Bridgeman
Images.
채츠워스는 영국 건축물 중 앙필라드
양식을 가장 잘 구현한 예로 꼽힌다.
2005년 개봉한 영화 〈오만과 편견〉의
촬영지로도 유명하다.

간의 구별이 뚜렷하지 않았고, 바깥방은 물론이요 심지어 침실에서도
방문객을 흔히 접대했기 때문에 온전히 혼자일 수 있는 공간은 카비네
뿐이었다. 귀족들은 이 밀폐된 공간을 혼자 기도하고 사색하는 작은 예
배당, 혹은 수집품을 모으고 책을 읽는 서재, 여성의 경우 화장을 하고
옷을 입는 화장방으로 활용하곤 했다.

하이모어는 파멜라가 편지 쓰고 있는 방을 서재로 묘사하지만
소설을 보면 이 밀실이 서재와 화장방 역할을 동시에 한다는 것을 알 수
있다. 가령 파멜라는 편지를 쓰다가 미스터 B에게 들킬 뻔할 때마다
편지를 옷가슴 속이나 화장대 밑에 숨긴다. 미스터 B는 파멜라를 어
머니의 클로젯으로 부른 뒤 옷장 서랍을 열어 어머니의 옷뿐만 아니라
속옷과 스타킹까지 선물하며 그의 속내를 훤히 내비치기도 한다. 여기

서 미스터 B가 그녀를 덮치려고 하자 파멜라는 "이 클로젯, 나의 자상한 안주인의 화장방이었던 이 방, 내가 한때 사랑했던 이 방을 예전에 내가 사랑했던 만큼 이제는 싫어하게 되었다"고 한탄한다.

책 상 에 는   젠 더 가   있 다 ?
'사 무 실'과 '비 서'
—

리처드슨이 실내공간과 가구를 섬세하게 묘사할 수 있었던 것은 그의 아버지가 목공이었다는 사실과 전혀 무관하지 않으리라. 그런데 하이모어의 그림에 나오는 파멜라의 책상은, 정확하게 말하자면 책상이 아니다. 윗면이 둥근 이 탁자는 클로젯이나 화장방뿐 아니라 응접실에서도 많이 쓰였던 '발이 세 개 달린' '기둥이 받치는 탁자'다. 아서 데비스 Arthur Devis의 1747년 작 〈리처드 불 씨와 부인〉이 잘 보여주듯이, 이 탁자는 개인용도 아니고 특정 공간에 특화된 가구도 아니었다.

전통적인 책상은 귀족 남성들이 사무용으로 쓰던, 프랑스어로 '사무실'이란 뜻을 가진 '뷔로 bureau'였다. 이 과시용 책상은 보통 무겁고 웅장하게 제작되어 주인의 공적 지위를 상징했으며 반半사적인 공간에 자리했다. 18세기 중반 이후에는 다양한 디자인의 여성용 책상이 나타나기 시작했는데, 책상이 젠더화되고 세분화되며 점점 '내면화'되는 이 과정은 리처드슨의 소설에서 우리가 확인할 수 있는 사생활의 구현 과정과 정확히 맞물린다.

이를 잘 뒷받침해주는 자료로 가구 디자이너 토머스 치펀데일 Thomas Chippendale의 『신사와 가구 제작자를 위한 길잡이 The Gentleman and

—— 아서 데비스, 〈리처드 불 씨와 부인 Mr. and Mrs. Richard Bull〉, 107×87㎝, 1747, 뉴욕대학
미술관.
리처드 불 씨와 부인의 신혼 시절에 그려진 그림. 불 부부가 다소 어색하게 앉아 있는 이곳
은 불 씨 부부의 저택이 아닌 것으로 밝혀졌다. 베니스 화풍의 그림, 화로, 그리고 커다란
카펫 위에 놓인 탁자가 저택 공간을 구성하는 주요 요소다.

토머스 치펜데일, 『신사와 가구제작자를 위한 길잡이』.
서가에서 시계까지, 가정용 가구와 소품을 총망라한 이 책을 통해 치펜데일은 영국에서 가장 인기 있고 영향력 있는 가구 제작자로 발돋움했다.

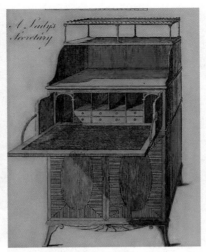

토머스 셰러턴의 '여성용 비서'. 『가구 및 가구용 패브릭 제작자를 위한 드로잉북』, 3판, 1802. Plate 43.
셰러턴은 토머스 치펜데일, 조지 헤플화이트와 더불어 18세기 영국의 3대 가구 제작자로 손꼽힌다.

Cabinet Maker's Director』(1754)를 들 수 있다. 전통적으로 유명한 건축가들이나 낼 수 있었던 디자인 도록pattern book을 평범한 상공인이 냈다는 점에서도, 젠트리 계층과 가구 제작자를 동시에 겨냥한 출판물이란 점에서도 이 책은 파격이었다. 이 책을 통해 치펜데일은 영국에서 가장 유명한 가구 제작자 중 한 명으로 발돋움할 수 있었다.

　　여기서 우리가 흥미롭게 볼 점은 탁자table의 분화다. 치펜데일의 도록에는 여러 종류의 탁자가 있다. 아침 식사용 탁자, 중국풍 찻상, 서빙용 보조 탁자, 사무용 탁자, 서랍장을 겸한 탁자, 글 쓰는 탁자, 서재용 탁자, 책장을 겸한 책상 등이다. 여성들은 한눈에 봐도 무겁고 웅장한 '사무실' 대신 여기저기 들고 다닐 수 있는 가볍고 날렵한 '글 쓰는

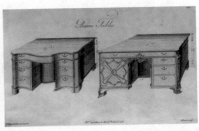
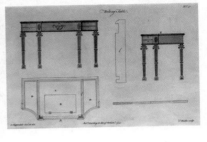

—— 『신사와 가구 제작자를 위한 길잡이』에 실린 여러 가지 책상. 각각 책장을 겸한 책상(왼쪽), 뷔로 책상(위), 글쓰기용 탁자(아래).

탁자'와 '책장을 겸한 책상'을 선호했다.

'비서secrétaire'라는 생경한 이름의 책상도 있었다. 이 책상은 책장을 겸한 책상과 흡사한 구조를 취했지만 책장의 기능보다는 수납공간 확보에 더 중점을 둔 개인용 가구였다. 작게 나눠진 수납공간에는 편지나 소장품을 넣어두곤 했다. 여성만 쓰는 가구는 아니었지만 시간이 지날수록 여성화되는 추세를 보였다. 남성용 책상이 공간을 지배하는 의미를 지녔다면, 여성용 책상은 개인비서 역할을 수행하는 일종의 조력자로 인식됐다는 사실이 흥미롭다. 여성용 비서는 의인화된 가구였다. 말하자면 속마음을 털어놓을 수 있는 친구, 비밀을 고백할 수 있는 믿을 만한 벗이었다. 친구가 비밀을 누설하지 않듯, 여성의 '비서'는 내밀

──── 토머스 체임버스Thomas Chambers가 필리프 메르시에의 그림 〈침대에서 일어나는 파멜라〉를 따라 그린 판화. 1745년 추정. © National Trust/Sue James.

──── 프랑수아 부세, 〈마담 드 퐁파두르〉, 212×164㎝, 1756, 뮌헨 알테 피나코테크 미술관.
오른쪽 하단에 앙증맞은 편지쓰기용 책상이 보인다. 열린 서랍 안에 꽂혀 있는 깃털 펜, 책상 위의 편지, 편지를 봉인하기 위한 붉은 왁스 등은 퐁파두르의 '공개된 사생활'을 상징한다. 퐁파두르는 루이 15세의 정부였다.

한 이야기를 안전하게 간직해주는 기능을 수행했다. 가구 디자이너들은 여성용 책상에 여닫을 수 있는 여러 개의 작은 서랍을 장착하고 책상을 잠글 수 있는 열쇠를 만들어 책상을 온전히 개인용으로 쓸 수 있게 도왔다.

　　리처드슨의 파멜라는 개인용 비서를 갖지 못했지만 18세기 후반에 나온 서간체소설에는 비서를 가진 여주인공이 여럿 등장한다. 가장 유명한 예는 18세기 프랑스 소설가 피에르 쇼데를로 드 라클로^{Pierre Choderlos de Laclos}의 서간체소설 『위험한 관계』일 것이다. 아이러니하게도, 자기만의 방도 비서도 없는 하녀 파멜라는 편지 쓰기를 통해 본인의 순결과 명예와 사랑을 결국 모두 지키는 반면, 자기만의 방도 있고 비서도 있는 젊은 귀족 아가씨 세실은 연애와 결혼에 모두 실패하고 사생활까지 폭로당한다. 실내공간과 가구는 『위험한 관계』에서도 특별한 의미를 지닌다. 소설의 첫번째 편지에서 열다섯 살 소녀 세실은 수녀원에서 나와 부모의 저택으로 돌아온 후 친구에게 편지를 쓰면서 "나에게는 혼자 쓸 수 있는 침실과 카비네가 있고, 나는 지금 아주 예쁜 비서에서 편지를 쓰고 있다"고 자랑한다. '비서'에 열쇠가 있기 때문에 그 안에 무엇이든 숨길 수 있다고 기뻐하는 철없는 소녀. 이 소녀는 늙은 귀족과 결혼이 약속되어 있으나 젊은 당스니와 사랑에 빠지고 희대의 난봉꾼 발몽 백작의 노리개가 되어, 결국 모든 것을 잃는 과정에서 그 누구의 보호도 받지 못하고 그 어떤 비밀도 지키지 못하며, 그야말로 발가벗겨진다. 이 소녀의 이야기는 18세기 말 여성의 책상 비서가, 여성적 욕망과 결부되면서 부정적 의미를 점차 강하게 내포하게 되었음을 보여준다. '여성의 사생활'이란 개념은 사회적 불안과 불신을 야기했다.

　　여성의 사적 내면성을 위험한 욕망으로 해석하는 경향은 『파멜라』에 대한 대중의 반응에서도 확인할 수 있다. 독자들은 파멜라의 내면을 엿보고 관음증적으로 소비하며 이를 다양한 시각에서 해석했다. 파멜라의 인기 이면에는 그녀를 세실처럼 성적으로 타락한 인물로 보려는 시각, 그녀의 순수한 모습이 사실 신분상승을 위해 철저하게 계획되고 연기된 것이라는 시각이 존재한 것이다. 가령 영국에서 활동한 프랑스 화가 필리프 메르시에Philippe Mercier가 그린 〈침대에서 일어나는 파멜라〉(1745)를 보면, 왼쪽 가슴을 송두리째 노출한 파멜라가 누군가와 눈을 마주치며 요염한 자세로 침대에서 일어나고 있다. 이 그림 우측 하단에 책상이 하나 보인다. 이 책상 위에 놓인 촛대와 초, 잉크병과 펜, 책과 편지 등의 소품을 통해 메르시에는 『파멜라』라는 소설의 허구성과 '글 쓰는 여성'의 불온함을 주장하고 있다. 그런데 이 그림이야말로 허구라고 말하지 않을 수 없는 것이, 이 그림은 말이 안 된다. 누가 여성의 침실에 뷔로를 들인단 말인가!

제 인 오 스 틴 의 글 쓰 기 상 자

여성의 책상은 뷔로와 별개로 발전해 작고 움직이기 편한 형태로 제작되었다. 클로젯뿐만 아니라 응접실같이 다른 사람들과 어울리는 공간에서도 사용할 수 있는 가구로 사용했다. 18세기 프랑스 화가 프랑수아 부셰François Boucher가 그린 〈마담 드 퐁파두르〉 같은 그림에서 볼 수 있는 앙증맞은 미니 책상은, 처음에는 귀족들이나 가질 수 있는 사치품이었지만 점점 중간 계층 여성들도 꿈꿀 수 있는 가구가 되었다. 그런데 루이 15세의 교양 넘치는 정부를 묘사한 이 그림의 기본 구도가 메르시에가 그린 파멜라 그림 구도와 놀랍도록 닮아 있다는 사실을 어떻게 해석해야 할까.

퐁파두르의 작은 책상은 여유와 여가가 있는 부유하고 넉넉한 삶을 상징한다. 그녀의 책상은 본격적인 공부나 글쓰기를 위한 것이 아니라 사교적이고 장식적이며 과시적인 가구다. 그러나 작은 책상이 꼭 이런 의미를 지니는 것은 아니다. 오히려 혼자만의 방이나 공간을 갖지 못한 이들이 작은 책상을 쓴 경우도 있다. 그렇다면 18세기부터 본격적으로 대두한 전문 여성작가들이 어떤 책상을 썼을지 궁금해진다. 가령 18세기에 태어나 오늘날까지도 엄청난 팬덤을 자랑하는 제인 오스틴은 어떤 책상을 썼을까?

오스틴은 자기만의 방에서 글을 쓸 수 없었다. 목사의 딸로 태어나 평생 미혼으로 살았던 오스틴은 공간이 넉넉한 집에서 살지 못했고, 가족들이 얘기를 나누고 같이 지내던 응접실에서 주로 글을 쓴 것으로 알려져 있다. 런던 남부의 작은 시골 마을 초턴에 있는 제인 오스틴 자택 박물관에 가보면 오스틴의 아버지가 사용한 아름다운 뷔로 책장과 오스틴이 쓴 것으로 알려진 작은 탁자가 있다. 아버지와 달리 오스틴은 자기만의 서재도 책상도 없이, 응접실 창가에서 이 작은 탁자 위에 아버지가 선물한 '글쓰기 상자 writing box'를 놓고 글을 썼다고 한다.

영국국립도서관에 소장된 오스틴의 글쓰기 상자는 토머스 셰러턴Thomas Sheraton이 설계한 휴대용 책상과 비슷한 구조인데, 닫아놓으면 평범한 상자지만 뚜껑을 완전히 열면 비스듬하게 경사진 책상이 된다. 상자 안에는 펜과 잉크, 안경 등을 보관할 수 있는 수납공간과 서랍이 있다. 셰러턴이 '여성을 위한 여행용 상자'라고 불렀던 이런 모양의 책상은 원래 여행을 떠나는 사람, 집에 있는 책상을 두고 따로 휴대용

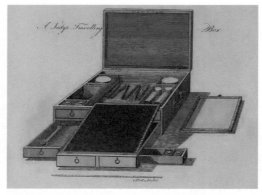

토머스 셰러턴의 '여성을 위한 여행용 상자'. 『가구 및 가구용 패브릭 제작자를 위한 드로잉북』, 3판, 1802. Plate 39.

초턴으로 이사 가기 전인 1794년, 스티븐턴에서 아버지가 제인 오스틴의 스무번째 생일선물로 준 마호가니 글쓰기 상자. 오스틴이 평생 간직했다. 영국국립도서관. © The British Library Board (Add. 86841).

제인 오스틴이 썼던 것과 흡사한 19세기 글쓰기 상자. 개인 소장. © Ingrid Tieken-Boon van Ostade.
오스틴은 아마도 이런 식으로 작은 호두나무 탁자 위에 글쓰기 상자를 펼쳐놓고 글을 썼을 것이다.

—— 제인 오스틴이 초턴에 살던 당시 사용한 것으로 알려진 작은 호두나무 탁자. 눈이 안 좋아 안경을 썼던 오스틴은 밝은 창가에 앉아서 글을 썼다. 이 탁자가 놓여 있던 방은 식구들이 식사도 하고 응접실로도 쓰던 공간이었다. 오스틴이 세상을 떠난 뒤 언니 커샌드라가 오랫동안 이 탁자를 소유하다가 하인에게 물려줬다고 한다. 제인 오스틴 자택 박물관의 가장 중요한 보물이 된 이 책상 앞에서 많은 관광객이 눈물을 흘리고 간다. ⓒ 이혜수

—— 제인 오스틴의 아버지 조지 오스틴 목사의 뷰로 책장. 18세기에 서인도제도에서 수입되던 값비싼 마호가니 원목으로 제작했다. 제인 오스틴 자택 박물관 소장. ⓒ 이혜수.

책상을 챙길 수밖에 없는 사람을 위한 것이었다. 오스틴이 이런 휴대용 책상에서 글을 썼다는 사실은 자기만의 방과 자기만의 책상을 가진 여성이 많지 않았다는 사실을 보여준다. 파멜라의 책상보다 훨씬 작고 초라한 이 탁자와 글쓰기 상자에서 『오만과 편견』 같은 소설이 태어났다니, 겸손한 마음을 갖게 만드는 책상이다.

〈참고문헌〉

Dena Goodman and Kathryn Norberg, ed., *Furnishing the Eighteenth Century: What Furniture Can Tell Us about the European and American Past* (New York: Routledge, 2011).

Michael McKeon, *The Secret History of Domesticity: Public, Private, and the Division of Knowledge* (Baltimore: Johns Hopkins University Press, 2005).

Jacqueline Riding, *Basic Instincts: Love, Passion and Violence in the Art of Joseph Highmore* (London: Paul Holberton, 2017).

Freydis Jane Welland, "The History of Jane Austen's Writing Desk," *Persuasions: The Jane Austen Journal* 30 (2008): 125-28.

민은경_서울대학교 영어영문학과 교수

프린스턴대학에서 18세기 문학, 철학, 미학을 전공하고 비교문학으로 박사학위를 받았다. 주요 저서로 *China and the Making of English Literary Modernity, 1690-1770* (Cambridge UP, 2018) 등이 있고, 주요 논문으로 「아담 스미스와 감사의 빚Adam Smith and the Debt of Gratitude」 「타인의 고통과 공감의 원리」 「약속을 준다는 것: 인치볼드의 『심플 스토리』 읽기Giving Promises in Elizabeth Inchbald's *A Simple Story*」 「로빈슨 크루소가 본 만리장성Robinson Crusoe and the Great Wall of China」 등이 있다.

내 마음의 방, 여성의 책상

화장방

자기만의 방,
또는
침입자들

특정 공간이 한 시대의 문학적 상상력을 사로잡은 예는 아마도 18세기 영국의 '귀부인의 화장방 the lady's dressing room'이 유일할 것이다. 화장방은 청교도 혁명으로 프랑스에서 망명생활을 하던 찰스 2세가 1660년 복위하면서 유행한 '프랑스풍'의 영향으로 영국에 들어와 상류층 주거 구조의 일부로 편입되었다. 이 흥미로운 공간은 등장하자마자 당대 풍속희극을 시작으로 다양한 매체에 빈번히 언급되며 이름값을 올리더니, 급기야 조너선 스위프트의 「귀부인의 화장방」(1732)이라는 유명한 시로 영문학사에 영원히 이름을 남겼다. 이 시의 내용은 나중에 설명하겠지만, 일단 이 시는 소수 귀부인들의 전유물이었던 화장방이 치른 유명세의 증거로 기억해둘 만하다. 애초에 화장방은 프랑스풍의 영향으로 등장했지만 화장방을 둘러싼 독특한 문학적 상상력과 열광은 영국적인 현상이었고, 이는 18세기 영문학 지형에서 큰 역할을 했다.

화장방은 말 그대로 잠자리에서 일어난 여성이 머리부터 발끝까지 몸을 치장하는 별도의 방이지만, 실은 훨씬 더 많은 일이 벌어지는 곳이다. 윌리엄 호가스의 6부작 풍자화 〈신식 결혼〉 중 제4화 〈화장방〉이 이를 잘 보여준다. 생각보다 꽤 넓은 화장방은 사람들로 빼곡하고 이 방의 주인은 화장대 앞에 앉아 남성 미용사에게 머리 손질을 맡긴 채 한 남성의 말을 흐뭇하게 듣고 있다. '백작부인의 아침 접견The Countess's Morning Levee'으로도 불리는 이 그림은 프랑스 왕실의 아침 접견levée에서 유래한 화장방 풍습을 묘사하고 있다. 『옥스퍼드 영어 대사전』에 따르면, 아침 기상을 뜻하는 프랑스어 'lever'에서 유래한 'levée'는 화장대 또는 화장방을 뜻하는 프랑스어 'toilette'과 더불어 1660~1670년대부터 영국에서 사용되기 시작해 발음과 철자가 영어화되었다. 대부분의 화장방이 침실 안쪽 별도의 방이었지만, 호가스 그림의 화장방처럼 홍예문arch으로 침실과 이어지거나 아예 침실에 화장대를 두고 화장방을 겸하는 경우도 있었고 화장방과 응접실을 겸하는 경우도 있었다. 프랑수아 부셰와 니콜라 드 라르메생의 그림에서 볼 수 있듯 영국이든 프랑스든 귀부인의 아침 접견에는 애인, 다양한 상인, 그 밖의 여러 이유로 부름을 받고 온 사람들이 모여들었는데, 호가스 그림에서는 모일 수 있는 사람이 다 모인 듯하다. 잠자리에서 갓 일어난 차림으로 아침 접견을 시작한 귀부인은 방문객들이 보는 앞에서 몇 시간에 걸쳐 머리와 몸 치장을 마치고 화려하게 변신한다. 물론 재력과 인기가 떨어지면 방문객 없이 홀로 화장대 앞에 앉아야 했겠지만.

자기만의 방, 또는 침입자들

———윌리엄 호가스, 〈화장방〉,
90.8×70.5㎝, 1743~1745,
영국국립미술관.
화장대 앞에 앉아 머리 손질
을 받으며 아침 접견 중인 백
작부인의 화장방을 그렸다.

—— 프랑수아 부셰, 〈의류 상인, 또는 아침〉, 53×64㎝, 1746, 스웨덴 국립박물관.
아침 단장중인 귀부인의 화장방에 옷가지와 장신구를 판매하는 젊은 여성이 찾아와 물건들을 보여주고 있
다. 귀부인의 아침 접견에서 흔히 벌어지는 광경이다.

LE MATIN

En Sortant de gouter les douceur de Morfée,
Ce loisir passetemps pour elle ouvre le jour

Les Soins de la Parure auront bientost leur tour
Et l'Art a la Beauté va dresser un Trofée

—— 니콜라 드 라르메생의 동판화 〈하루의 네 때: 아침〉, 1741.
드 라르메생은 18세기 프랑스 상류사회 여성의 일상을 〈아침〉 〈한낮〉 〈오후〉 〈저녁〉으로 나누어 그린 니콜라 랑크레의 1739년 작 동명 유화 시리즈를 동판화로 제작했다. 〈아침〉에서 손님에게 차를 따라주고 있는 귀부인은 아직 머리 손질용 천을 어깨에 두르고 있고 의상도 다 갖춰 입지 않아 목과 가슴이 드러나 있다. 랑크레의 원작은 영국국립미술관에 소장되어 있다.

화 장 방 의 중 심 , 화 장 대
—

화장방의 귀부인을 둘러싸고 있는 물건들을 자세히 살펴보자. 호가스, 부셰, 드 라르메생의 그림을 보면 화장대에 앉아 머리 손질을 받고 있는 귀부인의 어깨에 천이 둘러져 있다. 원래 이 천을 프랑스어로 '투알toile'이라 불렀고, '작은 천'이라는 뜻의 '투알레트toilette'가 머리 손질과 화장, 그 도구 일습, 화장대 전체, 더 나아가 화장방을 가리키는 단어로 의미가 확장된 것이다. 그리고 이 단어의 철자와 발음이 영어화된 것이 '토일렛'이다. 호가스 그림의 화장대 주변을 확대한 그림과 요한

—— (왼쪽) 토일렛 서비스가 내장된 소형 화장대. 파리, 1780년대 추정. (오른쪽) 18세기에 제작된 여행용 토일렛 서비스.

조파니Johann Zoffany의 〈두 왕자와 함께 있는 샬럿 왕비〉의 화장대 주변을 보면, 둘 다 거울 주변에 천 장식이 드리워져 있고 화장대 위에는 한 세트로 보이는 고급스러운 화장용품들이 놓여 있다. 머리치장 용품 화장용품 전부를 '토일렛 서비스toilet service'라고 불렀는데, 호가스 그림 속 백작부인은 은제, 조파니 그림의 왕비는 역시나 금제 토일렛 서비스를 과시하고 있다. 머리 손질 도구가 일체형으로 들어 있는 미니 화장대나 여행용 세트 등 근사한 디자인에 기능성까지 갖춘 다양한 토일렛 서비스가 제작되었고, 아마도 그 업자들 모두 귀부인의 아침 접견에 찾아왔으리라.

　　화장방의 중심은 거울이 달린 화장대다. 치펀데일의 『신사와 가구 제작자를 위한 길잡이』 3판에 수록된 화장대 디자인과 실제 제작

—— 호가스, 〈화장방〉 일부.
화장대 위에 은제 토일렛 서비스가 놓여 있다. 부인이 외도를 하면 남편의 머리에 뿔이 난다는 유럽 미신에 따라, 귀부인 발치에 앉아 있는 소년 노예가 손가락으로 가리키고 있는 목각 인형의 뿔은 귀부인과 대화를 나누고 있는 남성이 정부임을 암시한다.

품이 대표적인 영국식 화장대를 잘 보여준다. 한편, 일본식 옻칠 화장대는 당시 '동양풍' 애호가들 사이에서 18세기 내내 특별한 인기를 누렸다. 영국에서는 옻칠 기법 자체를 '저팬japan'으로 불렀는데, 이는 포르투갈 공주였던 찰스 2세의 왕비가 포르투갈령 인도를 통해 일본의 옻칠 공예품을 입수해 1662년 영국에 처음 들여왔기 때문이라고 한다. 이는 중국산 자기가 아예 '차이나china'로 불리게 된 경위와 유사하다. 특히 검정 옻칠 화장대가 사랑받았는데, 영국에서 제작됐어도 '저팬 화장대'라 불렸다. 서랍이 달려 있어 옷가지 등을 보관할 수 있는 드레싱 테이

요한 조파니, 〈두 왕자와 함께 있는 샬럿 왕비〉, 128.3× 112.2㎝, 1765, 영국 왕실 소장.

조지 3세의 부인 샬럿 왕비가 버킹엄궁 화장방에서 두 왕자와 함께 있는 모습을 그린 독특한 초상화다. 화장대 위에 화려한 금제 촛대 한 쌍과 토일렛 서비스가 놓여 있다. 화장대 거울 양쪽에 촛대 한 쌍을 두는 것이 일반적이었다.

블인 커모드 테이블commode table도 18세기 중반 화장방의 새로운 가구로 등장했다. 프랑스어로 본래 편리하다는 뜻의 형용사 'commode'가 화장방용 서랍장의 이름으로 쓰였다. 『옥스퍼드 영어 대사전』에 따르면 이 단어가 영국에 들어와 이 뜻으로 처음 쓰인 기록은 치펀데일의 『신사와 가구 제작자를 위한 길잡이』 초판에 등장한다. 치펀데일이 제작해 유명해진 다이애나와 미네르바 커모드 역시 화장방에 두기 위해 만들어졌으며, 이 테이블은 현재 영국 헤어우드 하우스Harewood House에 남아 있다.

화장대 다음으로 시선을 끄는 가구는 병풍이다. 호가스의 〈화장방〉에도 화장대 뒤편에 병풍이 보인다. 아침 접견 중에 옷도 갈아입어야 했을 테니 그 주된 용도를 짐작할 수 있다. 호가스와 동시대인이면서 프랑스 로코코 회화를 대표하는 프랑수아 부셰는 유독 화장방을 즐겨 그렸는데, 그중 대표작인 〈화장방〉에는 유난히 아름다운 병풍이 등장한다. 이 그림에서 오른쪽 구석의 화장대는 가려져 잘 보이지도 않고 그 뒤로 화려한 금빛 병풍이 오히려 눈길을 잡아끈다. 당시 프랑스와 영국에서 인기 절정에 있던 '중국풍' 작품임을 한눈에 알 수 있다. 이런 병풍은 옷 갈아입는 귀부인을 가려주는 용도 못지않게, 방문객들에게 중국풍 사치품을 사들일 만한 재력을 과시하거나 남편에게 들켜서는 안 되는 누군가를 급히 감추는 데도 톡톡한 역할을 했으리라.

화장대와 병풍은 꾸미고 가리는 여성의 행위에 대한 은유이자 환유로서, 그것이 이른바 여성의 본성이라고 믿는 남성들에게는 여성의 기만적 아름다움에 대한 매혹과 혐오를 투사하기에 최적의 대상이었을 것이다. 이렇게 된 데는 왕정복고기 극장의 분장실도 한몫했다. 셰익스피어 시대에도 극장에 배우 대기실 또는 분장실이 있었지만, 왕정복고기에는 극장에 셰익스피어 시대에 없던 존재가 새로 등장했다. 바로

여성 배우다. 셰익스피어 시대, 즉 르네상스 시대 극장은 여성이 무대
에 오르는 것을 금기시하여 변성기 이전의 소년 배우가 여성 역할을 대
신했다. 이후 영국 전역의 극장이 청교도 혁명으로 폐쇄되었다가 찰스
2세의 복위와 함께 다시 문 열면서 최초로 여성 배우들이 등장했고, 몇
몇은 엄청난 스타가 되었다. 찰스 2세가 앞장서서 유명 여성 배우 여럿
을 공공연히 정부로 둔 시대에, 남성 관객들은 너나없이 신분과 재력을
이용해 여성 배우의 분장실을 찾는 은밀한 특권을 탐했다. 분장실은 여
성 배우가 연기를 위해 치장하는 공간, 소수의 남성 관객만 들여 사적인
시간을 나누는 공간이었다. 유래는 다르지만 분장실은 귀부인의 화장방
과 동시대에 생겨났고 여성의 몸, 화장, 섹슈얼리티에 대해 비슷한 환상
과 혐오를 부추기고 재생산했다.

실 리 아 의   비 밀   캐 비 닛
—

아침 접견이 잠자리에서 일어나면서 바로 시작된다면 귀부인
은 대체 언제 어디서 씻었을까? 알렉산더 포프의 시 『머리타래의 강탈
The Rape of the Lock』(1712) 중 유명한 화장방 장면에서 주인공 벨린다는 눈
을 뜨자마자 바로 화장대 앞에 앉는다. 하지만 포프의 시만으로 귀부인
의 위생 상태를 의심할 일은 아니다. 미셸 가르니에Michel Garnier의 〈화장
방의 우아한 여인〉을 보면 화장방 한구석에 빈 물병과 수반이 보인다.
귀부인은 하녀가 가져온 이런 도구를 이용해 몸과 얼굴을 씻었다. 도기
로 된 수반을 올려놓을 수 있는 거치대나 아예 수반이 빌트인으로 들어
있는 캐비닛형 가구도 차츰 등장했다.

J. Boucher 1742

프랑수아 부세, 〈화장방〉, 67×53cm, 1742, 스페인 티센 보르네미사 박물관.

유난히 화장방을 즐겨 그린 프랑수아 부세의 작품 중에서도 널리 알려진 그림. 여기에서 화장대보다 더 눈길을 끄는 것은 뒤편에 보이는 동양풍의 화려한 병풍이다. 병풍 또는 스크린은 화장대와 더불어 화장방의 대표적인 가구였다. 아름답지만 들쭉날쭉 접혀 있는 이 그림 속 병풍은 어지럽게 널린 옷가지와 가재도구, 귀부인의 다리 사이에 어딘가 얌전치 않은 자세로 누워 있는 고양이 등과 어우러져 그림 속 귀부인에 대해 섹슈얼한 상상을 하게끔 자극한다. 벽난로 옆 반쯤 열린 문도 관음증적 상상을 부추긴다.

───── 프랑수아 부셰, 〈혼자만의 화장방〉, 1760년대.

　　중국풍 병풍이 눈길을 끌었던 부셰의 〈화장방〉을 다시 자세히 보면, 병풍의 아름다움에 비해 방안은 의외로 너저분하다. 바닥에는 여러 물건이 널려 있고 벽난로 선반에는 풀어놓은 리본이 아무렇게나 늘어져 있다. 다시 보면 병풍도 들쭉날쭉 접혀 있는 것이, 병풍 뒤는 형편이 더 안 좋을 듯하다. 부셰의 또다른 그림 〈혼자만의 화장방〉은 제아무리 귀부인도 피할 수 없는 화장방의 가장 사적인 용도를 포착하고 있다. 최초의 비데도 이 무렵에 등장했고, 이는 당연히 화장방에 놓였다.

　　이쯤에서 서두에 언급했던 시 「귀부인의 화장방」으로 돌아가 보자. 이 시는 실리아가 장장 다섯 시간의 치장을 마치고 나간 화장방에 잠입한 청년 스트레폰의 이야기다. 스트레폰이 본 화장방은 어떤 모습이었을까? 화장방에는 꼬질꼬질하고 냄새나는 속옷, 스타킹, 수건 등이 널려 있고, 화장대 위에는 용도가 제각각 다른 빗들이 더께가 긴 채 널브러져 있으며, 수반은 구정물이 든 그대로다. 여기서 끝이 아니다. 방

—— 미셸 가르니에, 〈화장방의 우아한 여인〉,
46.7×38cm, 1788, 프랑스 에리크 코탈랑 미
술관.

한구석에 놓인 캐비닛 하나가 눈에 띈다. 호기심에 뚜껑을 열어 내용물
을 확인한 스트레폰이 실리아를 저주하며 뛰쳐나가는 것으로 시는 끝난
다. 실리아뿐만 아니라 많은 귀부인의 화장방에는 하단에 실내용 변기
를 감추어 비치할 수 있도록 만든 캐비닛 또는 테이블 모양의 가구를 두
었고, 나중에 이것은 '나이트 커모드night commode' 또는 그냥 '커모드'라
불리게 되었다. 오늘날 침대 곁에 두는 협탁의 기원인 이 커모드는, 멋
모르고 열어본 스트레폰에게는 치명적이었겠으나, 사실은 이름처럼 감
쪽같이 편리한 물건이었을 것이다.

자 기 만 의   방 ,   또 는   침 입 자 들
—
귀부인의 화장방을 묘사한 회화나 문학작품은 영국이든 프랑

───── 18세기 비데. 프랑스, 1750년대 추정.
비데는 17세기 말 또는 18세기 초 프랑스에서 처음
사용된 것으로 추정된다.

스든 주로 남성의 산물이었다. 여기에는 관음증적인 호기심, 매혹, 혐오
가 뒤섞여 있다. 가르니에의 그림을 비롯해 많은 화장방 그림은 귀부인
이 혼자 있는 경우에도 배경 어딘가에 남성 침입자 또는 반쯤 열린 문이
라도 그려넣어 관객이 남성 침입자의 응시gaze에 동참하도록 이끈다. 그
리하여 이들이 묘사한 화장방의 여성은, 정도의 차이는 있지만 대개는
제아무리 아름다워 보여도 실은 허영에 가득차 사치를 일삼고 꾸민 외
모로 뭇 남성을 농락하는 문란한 여성—종종 더러운 여성—이라는 인
상을 풍긴다. 반면, 여성 자신의 관점을 보여주는 드문 예도 있다. 레이
디 메리 워틀리 몬터규Lady Mary Wortley Montagu의 화장방 연작시는 여러 여
성의 저마다 다른 화장방 이야기 속에 내면 심리까지 담아 묘사한다. 몬
터규의 화장방 시에서 여성은 거울을 통해 얼굴만이 아니라 자신의 마
음속까지 들여다본다.

—— 나이트 커모드. 영국 랭커스터 판사관 박물관.
나이트 커모드는 겉보기엔 서랍장으로 보이게 만들어졌지만, 사실 그 용도는 내부에 실내용 변기를 감
추어 비치하기 위함이었다.

화장방이면서 내실을 뜻하는 프랑스어 '부두아boudoir'가 영국
문헌에 등장하기 시작하는 것은 18세기 후반으로, 영국식 화장방은 섹
슈얼리티가 지배하는 프랑스식 부두아와 점점 더 차별화된다. 원래 유
래야 어떻든 화장방을 가질 수 있는 귀부인이라면 처음으로 혼자서 조
용히 책을 읽고 글을 쓰며 자신의 내면을 들여다볼 수 있는 공간, 즉
20세기 초 버지니아 울프가 역설한 여성의 '자기만의 방'과 비슷한 공간
을 얻은 셈이었다. 물론 18세기 전반 회화와 문학에도 이를 시사하는 묘
사는 많았다. 『머리타래의 강탈』에서 벨린다가 잠에서 깨자마자 눈길을
주는 것은 연애편지이고, 부셰의 〈화장방〉 속 벽난로 선반 위에 언뜻 보
이는 편지도 보나마나 연애편지다. 역시 두 작품에 다 등장하는 '애완'
동물과 더불어, 연애편지는 귀부인의 섹슈얼리티를 환기시키는 화장방

—— 장프레데리크 샬Jean-Frédéric Schall, 〈경박한 사랑〉, 56×66㎝, 1780년대, 프
랑스 코냐크제박물관.

필수 요소다. 가르니에의 그림 속 화장방 바닥에는 책도 한 권 보이지
만, 여성의 자세와 화장방의 분위기는 그 책이 당시 유행하던 선정적 연
애소설류일 것임을 시사한다. 그러나 이는 여성이 글을 읽고 쓰는 행위
자체를 금지된 욕망의 표현으로 보아 억압하거나 성애화eroticize하는 남
성적 재현의 틀 안에서 그러하다. 연애편지든 연애소설이든 여성이 혼
자서 읽고 쓰고 생각하는 공간이 생겼다는 것은, 궁극적으로 귀부인의
화장방이 '신사의 서재'에 상응하는 자기만의 방 역할을 하게 됨을 뜻한
다. 영문학에서는 18세기 중반을 지나며 가정소설domestic fiction 장르 등
을 통해 화장방에 대한 인식과 재현에서 중요한 전환이 나타난다고 본
다. 물론 그후로도 혐오, 풍자, 검열의 침범이 사라지진 않지만, 그럼
에도 불구하고 화장방은 여성의 내면성과 자아가 깨어나는 공간, 그에
대한 자기 재현의 욕망이 실현되는 공간으로 점차 변모한다.

17세기 중반 프랑스 왕실과 상류층의 아침 접견 풍습과 더불어 영국 상류층의 주거공간으로 편입된 귀부인의 화장방은 그 유래에서부터 공적 행위와 사적 행위, 예술과 현실이 공존하는 독특한 공간이었다. 그에 걸맞게 화장방에는 장인이 만든 아름다운 가구, 금제 토일렛 서비스, 동양의 이국적 장식품과 더불어, 더러운 속옷과 스타킹에다 숨겨진 변기까지 나란히 놓여 있었다. 이 방에는 아침마다 많은 방문객이 찾아왔고, 귀부인이 초대한 친구들과 애인이 찾아와 차를 마시며 카드놀이를 하고 종종 그보다 더 은밀한 놀이도 했다. 물론 정말 혼자일 때 해야 하는 가장 은밀한 행위는 따로 있었고, 그 도구를 그럴듯한 예술품으로 감추어놓아도 굳이 들춰내는 스트레폰 같은 침입자도 있기야 했지만, 그렇다 한들 어쩌겠는가. 18세기 영국 화장방에서 귀부인은, 그리고 뒤이어 더 많은 여성은 화장, 연애, 독서, 사색에 배설까지 할 일 다 하면서, 자기만의 방식으로 몸과 마음을 들여다보고 가꾸었다.

〈참고문헌〉
이시연, 「『숙녀의 화장방"에서는 무슨 일이 있었는가?: 레이디 메리 워틀리 몬태규와 오거스턴 풍자의 젠더」, 『18세기영문학』 4.1 (2007): 1~22.
Tita Chico, *Designing Women: The Dressing Room in Eighteenth-Century English Literature and Culture* (Lewisburg: Bucknell University Press, 2005).
Charles Summarez Smith, *The Rise of Design: Design and the Domestic Interior in Eighteenth-Century England* (London: Pimlico, 2000).
Amanda Vickery, *Behind Closed Doors: At Home in Georgian England* (New Haven, CT: Yale University Press, 2009).

이시연_광주과학기술원 기초교육학부 영문학 교수
서울대학교 영어영문학과를 졸업하고 영국 에든버러대학에서 영문학 박사학위를 받았다. 주요 논문으로 "Colonial Discourse on Irish Dress and the Self as 'Outward Dress': Swift's Sartorial Self-Fashioning" "Somnium, The Man in the Moone, and Reading the Lunar New World in Post-Galileian Europe" "Newton and (Imp)aerial Science in *Gulliver's Travels*" "Anguished for a Houyhnhnm 'Avatar': Gulliver and Fantasies of Modern Selfhood" 등이 있다.

조선시대
상층 여성의
거주공간과 삶

　　30년 전 대학원에 다니던 시절, 옛날 여성들의 삶이 궁금해서 외할머니께 여쭌 일이 있다. 외할머니는 일고여덟 살 무렵 집에 '글할매(글을 가르치는 할머니)'가 와서 소설이나 편지 투식을 주면서 베끼라고 했고 그걸 베끼면서 소일했다고 하셨다. 그렇게 근 10년을 집안에 갇혀 지내다가 결혼하셨다고 한다. 어떤 소설을 베끼셨냐니까 다른 것은 기억나지 않고 『옥루몽』이 떠오른다고 했고, 소설이 재미있으셨냐니까 재미없었다고 하시면서, 그 시절은 모두 '깜깜했다'고 하셨다. 외할머니는 1915년 전라북도 남원 지리산 기슭의 산내라는 산수유가 예쁜 마을에서 시쳇말로 '배부르고 등 따신' 천석꾼의 딸로 태어나셨는데, 이런 집 여성들은 이렇게 집안에 갇혀 지냈다. 이유야 어떻든 할머니는 그 시절을 '깜깜'히 여기셨다.

『옥루몽』 제4권 표지. 활자본. 대창서원 1927년
간행. 서울대학교 중앙도서관.

남 녀 내 외 법

—

잘 알려진 것처럼 유교는 하늘과 땅의 건곤乾坤, 그늘과 빛의 음
양陰陽의 이분법에 기초해 남녀를 빗대어 보고, 남녀의 역할 범위를 내
외로 나누고자 했다. 남자는 굳세고 강하며 여자는 부드럽고 약해, 남자
는 바깥일에 적합하고 여자는 집안일에 적합하다는 통념이 남자를 하
늘과 볕陽의 이미지에 닿도록 했고, 여자를 땅과 그늘陰의 이미지에 적
합하도록 했다. 이 같은 남녀의 구별이 나아가 남녀의 차별로 이어지고,
이런 남녀관에 기초해 역할이 고정된다면, 이는 심각한 문제를 낳는다.

조선은 남녀의 엄중한 내외분별內外分別을 강조했다. 그 결과 조
선시대 여성들에게 숨막히게 갑갑한 고립과 유폐의 고통을 안겨주었다.
남자는 바깥일을 하고 여자는 집안일을 한다는 내외지분의 논리는 남자

는 바깥일을 해야 하고 여자는 집안일을 해야 한다는 당위의 논리로 받아들여졌다. 더군다나 이 논리는 평등하게 적용되지도 않아, 남자는 설령 능력이 부족해 바깥일을 하지 못해도 집안일을 할 필요가 없었지만 여자는 그럴 수 없었다. 여자는 피할 수 없는 집안일을 도맡아 해야 할 뿐만 아니라, 피치 못할 경우에는 바깥으로 내던져져 바깥일까지 했다.

1894년 서울을 방문한 독일인 헤세 바르텍은 한국 여성에 대해 다음과 같은 말을 남겼다. "아침 일찍부터 저녁까지, 밤이고 낮이고, 어디를 가든지 일을 하고 있는 남자들은 (짐꾼을 제외하고는) 보이지 않는다. 온갖 집안일은 가장 천시를 받고 있는 조선 여자들이 다 하는데, 이 세상 어디를 다녀보아도 이처럼 힘들게 사는 여자가 멸시를 당하는 곳은 없을 것이다."(김영자 편저, 『조선왕국이야기』, 서문당, 1997, 65쪽) 조선시대 한국 여성은 경제적으로 넉넉한 집 사람이면 집안에 갇혀 지내고, 그렇지 못한 사람이면 험하고 거친 집밖으로 내던져졌다. 가내 보호와 사회활동은 선택할 수 있는 것이 아니라 강제되었다. 보호가 속박이 되고 활동이 질곡이 되었다.

갇힌 여성의 꿈

—

생업의 세계로 던져진 하층 여성들이야 자기 공간이라고 할 만한 것도 없었지만, 경제적으로 신분적으로 상층에 있는 여성들은 집안에서도 안쪽에 있던 안채에 갇혀 지냈다. 내외법을 엄격히 지키던 조선시대 상층 가옥은 대문 안에 사랑채를 두고 그 안쪽에 안채를 두는 구조를 취했다. 사랑채는 손님들이 출입할 수 있는 열린 공간이지만, 안채는 집안사람이 아니면 아무나 쉽게 들어갈 수 없는 공간이었다. 심지어 양반집 안채는 반역죄 혐의가 아니라면 사법 당국도 감히 수색하지 못하는 폐쇄적 공간이었다. 그래서 조선 말기 천주교인들은 그 점을 이용해 프랑스인 신부를 안채에 숨겨주기도 했다.

　　양반 등 상층 여성들은 이런 안채에서 한평생을 보내야 했다. 안채에서 음식을 만들고 바느질을 하고 소설을 읽으면서 시간을 보내야 했다. 워낙 답답한 생활이라 꽃 피는 봄에 하루 음식과 술을 가지고 동네 뒷산에 올라 여성들끼리 담소를 즐기다 오기도 했는데, 시골에서 이런 화전놀이를 했다면, 서울에서는 저녁 시간을 이용해 자유를 누렸다. 서울에서는 야간에 남성들의 통행을 금지시켰는데, 밤이면 여인들이 거리로 몰려나오는 진풍경이 벌어진다고 19세기 말 서울을 방문한 영국의 여성 여행 작가 이사벨라 버드 비숍은 적었다.

　　당시 여인들이 느꼈을 답답함은 상상을 초월할 수준이었을 것이다. 영국의 화가이자 여행가인 새비지 랜도어는 『고요한 아침의 나라 조선』(1895)에서 조선 여성들은 상층으로 올라갈수록 정신질환으로 고생하는 사람이 많다고 했다. 그는 첩에 대한 염려와 질투, 지켜야 하는 엄정한 법도 등을 여성 정신병의 원인으로 꼽았는데, 좁은 공간에 갇혀 사는 갑갑함이 병을 키웠음을 부정할 수 없을 것이다.

　　안채에 사는 상층 여성들의 대표적인 소일거리가 소설 읽기였다. 이들을 주 독자로 삼은 규방소설에는 밖으로 돌아다니지 못하고 갇혀 사는 그들의 한탄과 바람이 잘 나타나 있다. 아래는 18세기 대장편소설인 『완월회맹연』에 등장하는 여성인물이 여동생에게 하는 말이다.

　　세간에 남자 됨이 어찌 쾌하고 기쁘지 않으며, 여자 됨이 일마다 구차하고 슬프지 않으리오. 우리가 인웅 아우보다 나이가 몇이나 더 많지만 친정으로 찾아갈 생각을 감히 하지 못하는데, 인웅은 열 살이 겨우 넘은 아이로되 만여 리 먼 곳을 능히 무사히 다녀 돌아오니 기특하고 귀하지 않으리오.

—『완월회맹연』 제130권

여성들은 나이가 많아도 그리 멀지 않은 그리운 친정조차 마음대로 다녀오지 못하는데, 남자들은 열 살만 넘어도 만리 여행을 한다고 했다. 남동생의 행동을 칭찬하면서도 스스로의 처지를 자조하고 있다. 여성들이 이렇게 유폐된 상황을 극복할 수 있는 길은 오직 상상 공간으로 떠나는 방법뿐이었다. 그런 공간을 제공한 대표적 작품군이 여성영웅소설이다.

여성영웅소설은 18세기 이후 창작됐는데, 이야기는 주로 여성 주인공이 장군으로 출전해 국가에 큰 공을 세운다는 내용이다. 고전소설에는 이런 작품이 수십 종 있는데, 여성영웅은 대개 어려서부터 당시 여성에게 주어진 길을 거부하고 바느질이나 열녀전 읽기보다 검술 연마나 병법서 읽기에 열중한다. 그러다가 나라에 난리가 나자 남자 옷을 입고 출전해 큰 공을 세우고 임금의 총애를 입지만, 벼슬이 높아질수록 결혼하라는 압력이 강해져 어쩔 수 없이 결혼하고, 여성의 길을 걷게 된다는 내용이다.

여성영웅소설은 여성이 대외적으로 혁혁한 공을 세우는 서사로 여성을 집안에 유폐시키는 내외분별의 논리가 얼마나 부당한지 보여주기도 하지만, 역으로 슈퍼우먼과 같은 여성영웅의 활약은 그들의 발끝에도 이를 수 없는 현실 속 여성들에게 열등감과 좌절감을 안겨주기

『홍계월전』 표지. 회동서관 1926년 간행. 서울대학교 중앙도서관.
여성영웅소설 중 남성에 대한 여성의 우위를 가장 잘 보여주는 작품에 속한다.

도 했을 것이다. 그런 의미에서 여성영웅소설은 여성주의적 작품일 수도 있지만 어떤 면에서는 반여성주의적 작품으로 읽힐 여지도 있다.

내 전 에 유 폐 된 왕 비

—

왕비는 조선 상층 여성을 대표한다. 왕비가 사는 공간을 통해 조선 상층 여성의 삶을 극명하게 볼 수 있다.

궁궐을 구중궁궐이라고 하는데, 아무나 들어갈 수 없게 둘러싸여 있다는 뜻이다. 그런 구중궁궐에서도 제일 깊고 은밀한 곳이 내전內殿이다. 내전은 곧 왕비의 일상 처소이며 임금의 공식 침실이다. 사가私家로 말하면 안채에 해당한다. 사가에서도 남의 집 안채에 들어가는 일을 상상하기 어려운데 궁궐이야 오죽하겠는가. 이런 궁궐 안채에 경상도 봉화의 시골 선비 이이순李頤淳이 들어갔다. 1802년 8월의 일이다. 이해 10월 16일에 순조가 왕비를 맞아들이게 되어, 임금 부부가 머물 내전의 수리를 명 받고 들어간 것이다. 아무리 높은 재상이라도 들어갈 수 없는 내전에, 시골 출신 말단 선비가 선공감 봉사라는 말직으로 들어갔으니 감격스럽지 않을 수 없었다. 그는 내전에 들어가서 본 화려한 궁궐의 인상을 글로 남겼다. 그의 문집『후계집後溪集』에 실린「대조전수리시기사大造殿修理時記事」가 그것이다.

　　이이순은 창덕궁에 있는 내전 대조전에 갔다. 대조전은 지금도 건재하다. 그러니 대조전에 관한 기록이 그렇게 중요하냐고 반문할지도 모르겠다. 하지만 지금의 대조전은 1802년 이이순이 본 모습과 같지 않다. 같은 자리에 있긴 하지만 완전히 새로 지은 것이기 때문이다. 지금 남아 있는 대조전은 1920년에 지은 것이다. 1917년 대조전이 화재로 소실된 이후 경복궁 교태전을 뜯어다 지었다. 1833년 10월 창덕궁에 불이 나서 대조전은 물론 희정당, 징광루까지 탔다. 이듬해 대조전을 포함해 창덕궁을 새로 지었는데, 그 과정을 기록한 책이『창덕궁영건도감의궤』다. 1833년 이전 대조전의 외형은 1820년대 그려진〈동궐도東闕圖〉(동아대학교 석당박물관 소장본)를 통해 볼 수 있는데, 이것이 이이순이 본 대조전일 거라 짐작한다.

　　이처럼 대조전의 외형을 어느 정도 보여주는 그림은 있지만, 실내가 어떠했는지 구체적으로 볼 수 있는 기록은 이이순의 글이 아니면 없다. 대조전은 편전인 선정전 뒤에 있는데,〈동궐도〉를 보면 담장과 행랑채로 막혀 있을 뿐만 아니라 대조전 정당 앞의 테라스인 월대 위에 다시 울타리를 쳐서 내부를 꽁꽁 봉쇄하고 있다. 이런 대조전의 내부를

「대조전수리시기사」에서는 이렇게 그린다. "가운데 여섯 칸이 정당이고, 왼쪽 여섯 칸은 동상방, 오른쪽 여섯 칸은 서상방인데, 동상방에는 여섯 개의 방이 있고 서상방에는 여덟 개의 방을 두었다. 방 앞뒤에는 모두 툇간을 두었는데 합치면 서른여섯 칸이며, 전후좌우 사방에는 모두 창호와 장지를 두었고, 흙벽은 없다."

대조전은 왕의 공식 침실이자 왕비의 일상 처소로, 정당은 말하자면 접견실 곧 거실 역할을 하는 공간이고, 동상방은 통상 왕의 침실로, 서상방은 왕비의 침실로 사용되었다. 장서각에 소장된 「대조전내인숙직」 명부를 보면 지밀내인, 세수간내인, 유모 등 20인 가까운 사람이 지존들을 모셨음을 알 수 있다.

정당과 함께, 왕의 침실이자 신혼의 왕과 왕비가 합방을 한 동상방의 실내장식에 대해서는 어떤 병풍과 어떤 글씨를 붙였는지 자세히 적고 있으나, 왕비가 한평생을 보낸 서상방에 대해서는 다음과 같은 간단한 기술이 전부다. "서상방 두 칸은 남쪽에 영창影窓을 두었으며, 나머지 한 칸에는 지게문을 두었다. 북쪽의 두 방에는 모두 큰 장롱을 두었다." 왕비의 거소는 특별히 치장을 하지 않았는지 아니면 안방의 일이라 차마 말을 못한 것인지 자세한 묘사가 없다.

여기서 특징적인 것은 미닫이 문 안에 따로 달아 붙인 채광용 겹문인 영창이다. 의궤 등 궁궐의 각종 기사에 '影窓' 또는 '映窓'으로 쓴 것이 적지 않은데, 이유원은 『임하필기』(1871)에서 영창이 원래 궁궐에서 쓰던 제도인데 근자에는 민간에서도 사용한다고 적었다. 대조전에서 오랜 시간을 보내야 하는 왕비에게는 육체적인 건강을 위해서도 정신적인 건강을 위해서도 빛이 많이 필요했을 것이므로, 특별히 영창을 두어 바람은 곧바로 맞지 않으면서도 빛을 얻을 수 있도록 했을 것이다.

───── 현재의 대조전. © 정병설.

왕 비 의 삶
─

왕비는 여러 경로로 궁궐에 들어오지만, 정식으로는 열 살 전후
의 어린 나이에 결혼식을 올리고 궁궐에 들어온다. 세자빈으로 있다가
남편이 왕위에 오르면 왕비가 되어 대조전에 들어간다. 대조전으로 가
기 전에도 이미 궁궐 안쪽에 고립되어 산다. 혜경궁 홍씨는 열 살에 궁
궐에 들어와 여든한 살까지 70년 이상을 궁궐에 갇혀 살았다. 혜경궁
은 왕비가 되지 못해 주로 창경궁 경춘전에 살았는데, 그의 궁궐 생활은
70년의 감옥살이라고 해도 과언이 아니었다.

다른 왕비들도 더하면 더했지 혜경궁보다 덜하지 않았다. 가뜩
이나 유폐된 환경에서 지내는데, 왕의 사랑을 받지 못한 왕비도 많았다.
영조는 초비 정성왕후를 첫날밤에 소박놓았다는 이야기가 궁중에 전해

─── 유리주렴팔각등. 국립고궁박물관.

왔고, 『한중록』에도 정성왕후를 향한 영조의 싸늘한 무관심이 자세히 기록돼 있다. 정성왕후가 죽을 때 검은 피를 한 요강이나 토했는데 혜경궁은 이것을 여러 해 묵은 한이 나온 것으로 여겼다. 정조 역시 효의왕후와 금슬이 좋지 못해 어머니 혜경궁과 신하들에게서 걱정을 들었는데, 정성왕후나 효의왕후나 남편한테 사랑 한번 받지 못하고 70 가까운 긴 인생을 살았다.

  이런 이유 때문인지, 왕비들은 자식을 낳지 못한 경우가 많다. 영조와 정조의 왕비는 모두 생산을 하지 못했고, 두 임금 모두 후궁에게서만 자식을 얻었다. 왕비는 누구보다 자식을 낳아 대를 잇고자 하는 열망이 강한 사람들이었지만, 극심한 스트레스가 생산을 어렵게 만든 것 아닌가 한다. 그나마 이이순이 수리해준 방에서 신혼을 보낸 순조 비 순원왕후가 효명세자를 낳은 것이 특이한 일이었다.

비교적 금실이 좋았던 순조와 순원왕후의 첫날밤을 그려본다. 1802년이면 아직 왕이나 왕비나 성인의 기준이 되는 열다섯 살도 못 된 어린 나이라서 합방을 하지는 않았을 것이니, 열다섯 살이 넘은 1804년 어느 날, 임금이 내관 몇 명을 거느리고 선평문을 지나 어로御路를 따라 판자 울타리 남쪽 문인 경복문을 거쳐 대조전 월대로 들어온다. 월대 위에서 달을 바라보니 쌀쌀한 초봄 밤바람이 얼굴을 스친다. 준비는 완벽하다. 동상방에 들어가 인견 의대로 갈아입고 조촐한 주안상을 받는다. 정침 안에는 꽃무늬 등이 여기저기 켜져 있다. 그 빛이 사방에 둘러친 〈모란도〉〈매화도〉〈죽엽도〉 병풍을 비추는데 화려하고도 부드럽고 부드러우면서도 세련된 차가움이 퍼진다. 이윽고 왕비가 상궁들에게 이끌려 방으로 들어온다. 상궁들은 나가고 단둘만 남는다. 등불에 비친 왕비의 단아한 아름다움, 고요하고 은은한 대조전의 밤.

정병설_서울대학교 국어국문학과 교수

한글고전소설에서 출발해 다양한 문학작품을 통해 조선시대 인간과 문화를 탐구해왔다. 『나는 기생이다』『구운몽도』『조선의 음담패설』『권력과 인간―사도세자의 죽음과 조선 왕실』『죽음을 넘어서 ―순교자 이순이의 옥중편지』『조선시대 소설의 생산과 유통』『한국고전문학수업』 등의 저서와 함께, 『한중록』『구운몽』『혜빈궁일기』 등의 역주서가 있다. 현재 한국문화의 위상과 성격에 대한 연구를 진행하고 있다.

2부

응접실,
거실

럼퍼드 벽난로와
소설 읽기의
비밀

온돌문화를 누려온 우리나라와 달리 영국에서 집안의 난방을 책임진 것은 벽난로였다. 그 흔적은 오늘날에도 남아, 서양 응접실에서 심심찮게 벽난로를 발견할 수 있다. 나무 장작을 태우는 전통 벽난로에서 전기 벽난로, 그리고 더 최근에는 디스플레이에 붉은빛만 발열시키는 '가짜' 벽난로까지 그 종류가 다양하다.

현대에도 벽난로가 여전히 각광받는 이유는 벽난로가 영국 가정 및 개인의 공간과 밀접한 연관을 가지기 때문일 것이다. 아이작 웨어Isaac Ware가 1756년 출간한 『건축 완성체 *A Complete Body of Architecture*』에 따르면, 난로는 집안 가장 좋은 방의 중심을 차지해야 한다. 그는 집을 꾸밀 때 가장 먼저 벽난로를 설계하고, 그것을 중심으로 나머지 방의 인테리어를 구상해야 한다고 설명한다. 이와 같이 벽난로는

18세기 영국 가정에서 물리적, 심미적, 더 나아가 심리적 중심부를 차지했다.

그렇다면 벽난로는 언제부터 안락함과 평화, 그리고 따뜻한 공간의 상징이 됐을까? 왜 그 안락은 집이라는 공간을 통해 구현됐으며, 그것이 개인 및 사생활의 발달과 어떻게 연결될까? 이 글에서는 벽난로가 18세기 영국 가정과 사생활의 지형을 어떻게 바꿔놓았는지 살펴보고자 한다.

제인 오스틴과 럼퍼드 벽난로

—

1817년 출판된 제인 오스틴의 『노생거 사원』은 고딕소설을 너무 많이 읽어 과거와 현재, 가상과 현실을 잘 구별하지 못하는 열일곱 살의 젊은 숙녀 캐서린 몰랜드의 여정을 그린다. 이 소설에서 캐서린은 자신이 흠모하는 헨리 틸니로부터 노생거 사원으로 초대받는데, 고딕소설에나 등장할 법한 오래된 건축물은 캐서린의 호기심을 자극하기에 충분하다. 일반적으로 고딕소설에는 오래된 비밀을 간직한 음침한 성이나 수도원, 뒤틀린 권력욕에 사로잡힌 가부장적 남자들, 그리고 순진한 처녀들이 등장한다. 이 공식을 따르자면, 노생거 사원 역시 길고 어두운 복도, 비밀을 간직한 방, 언제든 살아 움직일 것 같은 동상과 그림으로 가득찬 신비의 공간일 것이다.

그런데 웅장한 외관과 달리, 캐서린이 막상 저택 안에서 발견하는 것은 현대식으로 꾸민 인테리어다. "가구들은 현대식 취향으로 가득했다. 화려한 장식과 널찍한 모양을 한 전통식 벽난로 대신 평범하지

—— 〈리즈모어 성: 워터퍼드 카운티〉, 큐리어와 아이브스Currier & Ives 출판, 1856~1901년경, 미국 의회도서관.
노생거 사원은 실제로 존재하지 않는 가상의 성이다. 『노생거 사원』의 2007년 영화 버전에서는 고딕양식으로 건축된 아일랜드의 리즈모어성을 노생거 사원의 촬영지로 선택했다. 중세 유럽에서 유행했던 고딕 건축 양식은 1740년경 영국에서 부활해 19세기 초까지 큰 인기를 끌었다.

만 우아한 상판을 한 럼퍼드 벽난로Rumford fireplace가 놓였고, 그 위에는 영국식 찻잔 세트가 전시되어 있었다." 인간의 '내면성interiority'을 섬세하게 그려내기로 유명한 오스틴이 이 장면에서 사물 묘사에 집중한 점은 주목할 만하다. 럼퍼드 벽난로는 당대 유행한 최신식 벽난로로, 캐서린은 과거와 현재의 부자연스러운 조우에 적잖이 당황한다. 고풍스러워야 할 사원에 현대식 벽난로라니! 이 우스꽝스러운 장면은 캐서린이 무분별하게 고딕소설을 소비하며 키워낸 허무맹랑한 공상을 드러내고, 잘못된 소설 읽기 방식을 풍자한다. 럼퍼드 벽난로를 통해 오스틴은 캐서린의 고딕적 망상이 18세기 말 영국을 살아가는 젊은 여자에게 도무지 어

18세기의 방

울리지 않음을 지적한다. 그렇다면 도대체 럼퍼드 벽난로가 무엇이기에 캐서린의 몽상을 비웃는 소재로 등장하는 것일까?

벽난로의 역사 : 생존과 욕망의 발로

인류 역사에서 불의 중요성은 굳이 강조하지 않아도 자명하다. 불은 맹수의 위협이나 추위로부터 인간을 보호했고, 인류의 생존과 문명의 발달을 가능하게 했다. 영국에서는 중세의 그레이트 홀 정중앙에 피워놓은 불, 즉 중앙 난로가 벽난로의 시초였다. 고단한 하루일을 마치면 농노들은 대지주나 봉건 영주가 내주는 그레이트 홀의 중앙 난로로 모여들어 음식을 익혀 먹고, 추위와 어둠을 피하며 친목을 나눴다. 말하자면 불을 중심으로 하나의 공동체가 형성된 셈이다.

문제는 실내에 피운 이 모닥불이 독한 연기와 화학물질을 배출해 생활에 큰 불편을 초래했다는 점이다. 중세시대에는 굴뚝이 흔하지 않았기 때문에, 창문이나 지붕에 뚫어놓은 구멍으로만 연기가 빠져나갈 수 있었다. 보통 굴뚝은 12세기경 북유럽에서 처음 개발됐다고 하는데, 굴뚝이 영국에 언제 보급됐는지는 정확하지 않다. 일찍이 굴뚝문화가 발달한 프랑스와 달리 영국에서는 13~14세기를 지나면서 서서히 굴뚝이 등장했다고 보는 것이 일반적이다. 확실한 것은 근대 이전 영국에서 굴뚝과 벽난로는 대중적이지 않았다는 점이다. 불을 피우고 유지하는 일은 여전히 번거로웠고, 사람들은 불에서 나오는 매캐한 연기와 그을음을 감수해야 했다.

영국에서 벽난로가 본격적으로 자리잡은 것은 17세기 말이다.

찰스 1세의 조카인 루퍼트 왕자는 1678년 난로 연료를 받치는 벽난로 쇠살대fireplace grate를 개발하는 한편, 열린 공간 대신 벽 쪽에 불을 붙이고 공기가 원활히 순환되도록 이를 굴뚝과 연결했다. 당대 벽난로는 단면 개방형 벽난로로, 화구문이 없어 불이 타오르는 모습을 그대로 노출시켜 방을 데우는 측면에서 매우 비효율적이었다. 필요 이상으로 공기가 소모돼 방의 공기가 탁해졌고, 화실의 열기와 따뜻해진 실내 공기가 굴뚝으로 쉽게 빠져나가 열효율이 낮았기 때문이다. 게다가 가격이 비싸 중산계급에 퍼져나가지 못했다. 그런 이유로 굴뚝과 벽난로는 부의 상징으로 인식되었다. 굴뚝의 개수는 과시의 수단이었고, 여러 개의 굴뚝은 여러 방에 벽난로를 놓을 만한 재력이 있음을 암시했다.

사실 18세기 영국 귀족에게 '집'이란 가족 구성원 개개인의 사적 공간이기보다 타인에게 보이고 평가받는 공적 공간이란 의미가 더 컸다. 이는 중세시대 그레이트 홀이 공동생활 영역인 동시에 따뜻한 불로 표현되는 대지주의 부와 자애로움을 상징하는 공간이었던 맥락과 크게 다르지 않다. 17~18세기 영국 귀족들은 일반 농민들을 초대해 함께 살지는 않았지만, 대저택을 개방해 일반인이 관람할 수 있도록 했다. 이때 집 관람의 꽃은 화려한 응접실이었고, 건축가 웨어가 언급한 대로 그 중앙에 벽난로가 자리잡고 있었다. 이는 가족 초상화의 역사에서도 살필 수 있다. 18세기 영국에서 유행한 '담화도conversation piece portrait'는 상류사회 가족의 친밀함을 표현한 가족 초상화로, 우아한 집안이나 아름다운 정원에서 포즈를 취하는 경우가 대부분이었다. 담화도 속 멋지게 꾸며진 응접실에는 벽난로가 빠지지 않고 등장한다. 이 응접실은 가족 방이자 손님을 접대하는 공간으로, 화려한 벽난로와 벽난로 앞장식chimney piece은 당대 귀족 가문의 재력과 고상한 취향을 드러냈다. 흥미

그레이트 홀Great Hall.
1470년경 건축된 것으로
추정되는 영국 게인즈버러
올드 홀에 위치한 중세시대
그레이트 홀의 모습. 사진
과 같이 정중앙에 불을 피
웠을 것이다.

롭게도 개인 초상화에는 벽난로가 잘 등장하지 않았는데, 이는 벽난로
가 사적 공간보다는 공적 공간에서, 개인보다는 한 가문이나 공동체를
드러내는 표상이었음을 암시한다. 벽난로가 중간계층에 보급되고 사유
화된 공간으로 들어오는 데는 조금 더 시간이 걸렸다.

<h2>현 대 식   벽 난 로 와   안 락 함 의   '발 견'</h2>

—

　　17세기 말 영국에 벽난로가 본격적으로 소개되었음에도 불구
하고, 여전히 연기와 그을음 문제는 해결되지 않았다. 1770년대 출간
된 『브리태니커 백과사전』에서 '연기smoke'와 '굴뚝chimney'을 한 항목
에서 다루는 이유가 이 때문일 것이다. 이 항목을 작성한 제임스 앤더
슨James Anderson이란 정치경제학자는 인류 문명이 발달하면서 사람들
이 집안의 연기를 불편하게 여기기 시작했고, 이 연기가 "가정의 즐거
움"을 방해하는 가장 큰 장애물이라고 말했을 정도다. 사람들은 보다
안전하고 깨끗한 온열 시스템을 갈구했고, 과학의 혁신은 이런 문제를

작자 미상, 〈벽난로와 해바라기 장작 받침쇠를 단 쇠살대 디자인〉, 19세기, 메트로폴리탄미술관.
19세기 영국에서 유행했던 화려한 벽난로 쇠살대의 모습이다. 연료를 바닥에서 떨어뜨려 쇠살대 위에 놓는 것이 핵심으로, 이렇게 하면 공기에 노출되는 연료 표면적이 넓어져 불이 더 잘 붙는다.

해결해주었다.

흥미롭게도, 18세기 들어 벽난로가 영국에 본격적으로 보급되고 '근대화'되는 데 큰 공을 세운 것은 미국 출신 과학자 두 사람이다. 후대에 미국 대통령이 되는 벤저민 프랭클린과 미국에서 태어나 영국으로 귀화한 물리학자 럼퍼드 백작Count Rumford이다. 프랭클린은 기존 벽난로에서 발생한 배기가스로 "가구가 망가지고, 눈이 시리며 살갗이 베이컨처럼 구워지는" 현상을 통감하고, 뜨거운 공기가 굴뚝으로 빠져나가기 전에 머물며 열을 전달해줄 대류 배관을 개발한다. 그 결과 1740년경 그는 열손실을 줄여주는 주철로 된 프랭클린 벽난로, 일명 펜실베이니아 벽난로를 발명한다.

─── 프랜시스 헤이먼Francis Hayman, 〈조너선 타일러와 그의 가족〉, 1740, 런던 국립 초상화 갤러리.
복스홀Vaux Hall의 소유주인 타일러 가족의 초상화. 온 가족이 벽난로 앞에 모여 앉아 있고 타일러의
딸 엘리자베스가 차를 따르고 있다. 가족 뒤로 보이는 벽난로와 그 위로 웨일스 왕자 프레더릭의 모
습이 새겨진 벽난로 앞장식이 인상적이다.

—— 아서 데비스, 〈존 베이컨 가족〉, 1742~1743, 예일대학 영국미술센터.
과학에 관심이 많았던 존 베이컨의 응접실 창가에는 별과 해의 고도를 관측할 수 있는 쿼드런트와 망
원경이 놓여 있고, 뒤쪽 초록색 테이블보 위에는 공기 펌프와 현미경이 전시되어 있다. 이렇듯 담
화도는 가족 초상화이면서 동시에 그 집안의 재력, 취향, 지적 수준을 과시하는 수단이었다. 왼편으
로 활활 타오르는 불과 벽난로가 보이는데, 벽난로 쇠살대를 사용하고 있는 것을 볼 수 있다.

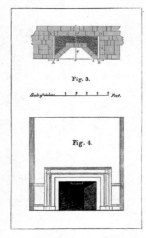
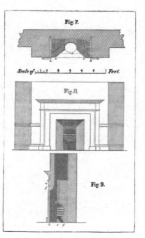

——— 럼퍼드 백작, 〈벽난로〉, 『럼퍼드 백작 글 모음집』 2집, 1796.
럼퍼드 백작이 직접 그린 럼퍼드 벽난로의 도면. 입구가 좁고 통로
가 긴 것이 특징이다. 시각적 화려함보다는 실용적인 측면에 집중
한 것이 눈에 띈다. 에세이의 부제는 '연료를 절약하고, 거주지를 보
다 안락하고 살기 좋게 만들며 지붕의 연기를 막기 위한 제안'이다.
특이하게도 럼퍼드 백작은 럼퍼드 벽난로의 특허를 신청하지 않았
는데, 이는 보다 많은 사람이 기술을 사용하도록 하기 위함이었다.

마찬가지로 럼퍼드 백작은 높고 좁은 화실firebox을 이용한 이른
바 '럼퍼드 벽난로'를 개발해 에너지 효율을 높이는 데 공헌했다. 위로
갈수록 좁아지는 배기 출구와 기존 벽난로에 비해 높아진 화실 덕분에
럼퍼드 벽난로는 연기를 굴뚝으로 잘 빨아들였다. 또 럼퍼드 백작은 화
실 양쪽 벽면을 넓히고 통풍 조절판을 이용해 난로의 불길을 쉽게 조절
하고, 실내 온기가 더 효과적으로 복사되도록 했다. 럼퍼드 백작은 "안
락함이 뭔지 아는 자만이 깨끗한 난로와 활기찬 불을 즐길 자격이 있다"
고 했는데, 그 덕분에 영국인들은 더이상 연기나 그을음 없이 적은 연
료를 가지고도 오랫동안 온기와 빛이 유지되는 안락함을 누릴 수 있게

됐다. 런던에서 1790년 중반 첫선을 보인 럼퍼드 벽난로는 상업적으
로 대성공을 거두었다. 『노생거 사원』은 오스틴이 죽고 난 뒤 1817년
에 출간되었지만 실제 집필은 1790년대 말에 이루어졌을 것으로 추정
되는데, 이는 럼퍼드 벽난로가 유행한 시기와도 일치한다. 런던에 살지
도 않았고 상류층도 아니었으며 목사 아버지 밑에서 사회적, 경제적으
로 평범한 삶을 살았던 오스틴이 럼퍼드 벽난로를 언급할 정도였다면
그 인기가 대단했음을 알 수 있다. 실제로 럼퍼드 벽난로는 19세기 전반
에 걸쳐 영국에서 사용됐고, 현대식 벽난로의 초석으로 여겨진다.

1800년에 나온 〈럼퍼드 난로의 안락〉이라는 제임스 길레이
James Gilray의 에칭은 럼퍼드 벽난로의 대중성과 혁신성을 잘 보여준다.
이 에칭에서 럼퍼드 백작은 화려한 색감의 옷과 부츠를 착용하고, 벽난
로의 온기를 등으로 느끼며 묘한 표정으로 웃고 있다. 유난히 붉게 달

아오른 그의 볼은 그가 느끼는 안락함을 시각적으로 드러내는 장치다. 18세기 말의 유명한 풍자화가 길레이는 런던에 럼퍼드 벽난로 광풍이 불고, 럼퍼드가 일약 유명인사가 된 현상을 우스꽝스럽게 표현한 것이다. 그러나 동시에, 이 그림은 럼퍼드 벽난로가 당시 얼마나 중요한 문화적 혁명을 일으켰는지 잘 보여준다. 개인과 벽난로가 한 공간에 등장한 것이다. 화려하게 갖춰 입은 럼퍼드 백작과 달리 정작 그림 속 응접실은 평범하기 그지없다. 럼퍼드 벽난로 위에는 화려한 장식 대신 투박하게 생긴 주전자와 냄비만 올려져 있는데, 럼퍼드 백작의 얼굴에 떠오른 홍조에서 이렇게 평범한 공간도 개인적 만족감을 고취시킬 수 있다는 암시를 읽을 수 있다(흥미롭게도, 럼퍼드는 현대식 가스레인지의 시초인 부엌 레인지kitchen range를 개발해 여러 음식을 동시에 조리할 수 있게 했다). 럼퍼드의 혁신 덕분에 벽난로는 더이상 귀족계층의 전유물이나 과시 수단에 머물지 않고 일반 시민의 평범한 집안에 안락함을 제공하게 됐다. 특히 과시할 목적으로 여러 사람에게 열려 있던 집이 개인의 안락을 추구하는 닫힌 공간으로 변신하게 됐다.

소 설 이   소 비 되 는   사 적   공 간 :
벽 난 로 와   여 성   독 자 의   은 밀 한   만 남
—

재미있는 점은 이 최신 기술이 당대 유행하던 또하나의 근대적 '발명품' 중 하나인 소설 읽기 문화와 밀접하게 연결된다는 점이다. 18세기에 출판 기술의 발달로 책이 보다 싸게 보급되고, 글을 읽을 수 있는 사람이 많아지면서 등장한 소설은 새로운 문학 장르이자 소비재

Pub.d Feb.y 26,1801 by R.W.Fores 50 Picadilly

LUXURY
or the Comforts of a Rum p ford.

Folios of Caricatures let out for the Evening

—— 찰스 윌리엄스, 〈사치, 혹은 럼퍼드 벽난로의 안락〉, 1801, 대영박물관.
럼퍼드 난로를 쬐고 있는 여인의 모습. 길레이의 그림에서보다 더 화려하다. 바닥에 등을 대고 누운
고양이의 나른함에서 여유가 느껴지고, 테이블과 바닥에 펼쳐진 책에서 이 여인이 캐서린처럼 '닥치
는 대로' 독서하는 사람임을 알 수 있다. 둔부를 노출한 모습과 손의 은밀한 위치, 그리고 빨간 구두가
그녀의 성적 욕망을 드러낸다.

였다. 이른바 전통 문학에서 영웅 서사시와 장편시가 주를 이뤘다면, 18세기에 이르러서는 평범한 사람, 특히 여성의 삶과 로맨스를 다루는 소설이 유행하기 시작했다.

동시에 당대 문호들은 여성 독자들이 소설을 소비하는 방식에 우려를 표하기도 했다. 예컨대 존 베넷John Bennet은 『젊은 아가씨에게 보내는 서한』(1789)이라는 품행 지침서에서 연극이나 오페라보다도 소설과 로맨스를 즐기는 행위야말로 가장 위험하다고 경고한다. "그 어떤 여린 아가씨들도 아무런 비난 없이 혼자서 스스로 즐길 수 있기 때문"이다. 사적 공간에서 공연되는 책읽기의 즐거움을 부적절한 쾌락과 연결시키고, 여성의 소설 읽기를 비윤리적인 것으로 치부한 것이다. 다시 오스틴으로 돌아가보자면, 오스틴은 캐서린의 무분별한 소설 소비를 럼퍼드 벽난로라는 최신 소비재를 통해 풍자하지만, 더 나아가 베넷처럼 여성의 독서 행위를 병적으로 문제삼는 문화를 꼬집는다고도 볼 수 있을 것이다.

또 풍자만화가 찰스 윌리엄스Charles Williams는 〈사치, 혹은 럼퍼드 벽난로의 안락〉이라는 그림에서 소설 읽기와 여성 독자의 문제를 표현했다. 길레이의 그림을 패러디한 이 삽화에는 럼퍼드 백작 대신 한 여인이 등장한다. 매춘부로 해석되기도 하는 이 여인은 백작과 마찬가지로 둔부를 럼퍼드 벽난로로 향하고 있는데, 어째 자세가 심상치 않다. 엉덩이를 반쯤 노출한 채 한 손을 치마 밑으로 넣은 포즈는 그녀가 "혼자서 스스로" 성적 쾌락을 즐기고 있음을 시사한다. 이때 그녀의 다른 손에 들린 것은 18세기에 유행했던 매튜 루이스 Matthew Lewis의 『수도승』(1796)이라는 고딕소설이다. 뿐만 아니라 바닥에 펼쳐진 또다른 책은 존 암스트롱 John Armstrong의 『사랑의 경제학』(1739)인데, 이는 에로틱한 묘사로 가득한 18세기 성 교본이 아닌가. 말하자면 윌리엄스는 이 그림을 통해 럼퍼드 벽난로가 가능하게 하는 것, 즉 은밀한 사적 공간의 탄생을 여성의 비밀스러운 독서 행위와 연결해 보여주고 있다. 재미있는 점은 여기서도 벽난로가 한 여성 개인의 공간에 등장한다는 점이다. 럼퍼드 벽난로가 사생활을 탄생시키고 영국 가정의 속성을 변화시킨 지점이 바로 여기에 있다.

럼퍼드 벽난로와 소설의 만남은 공동 영역과 개인 영역의 분리, 여성 독자와 소비자의 탄생, 그리고 사생활의 발견을 암시하며, 영국 가정의 문화적 지형을 바꿔놓았다.

〈참고문헌〉

G. I. Brown, *Count Rumford: The Extraordinary Life of a Scientific Genius* (Stroud: Sutton Publishing, 1999).

John E. Crowley, *The Invention of Comfort: Sensibilities and Design in Early Modern Britain and Early America* (Baltimore: Johns Hopkins University Press, 2001).

Samuel Y. Edgerton, "Heat and Style: Eighteenth-Century House Warming by Stoves," *Journal of the Society of Architectural History* 20, no. 1 (1961): 20-26.

Count Rumford, *The Collected Works of Count Rumford*, vol. 2, ed. Sanborn Brown (Cambridge, MA: Harvard University Press, 1969).

Charles Saumarez Smith, *Eighteenth-Century Decoration: Design and the Domestic Interior in England* (New York: Harry N. Abrams, 1993).

——

임재인_서울대학교 영어영문학과 조교수

서울대학교에서 영문학을 전공하고, 동 대학원에서 석사학위를 받았다. 미국 노스캐롤라이나 채플힐주립대학에서 18세기 영국문학으로 박사학위를 받았다. 인종, 젠더, 국가 정체성, 그리고 소설이 교차하는 지점을 영국 고딕, 오리엔탈, 가정 소설을 통해 연구한다.

거실

캘커타로 간

영국 여성의

거실

　　18세기 인도 식민통치의 중심도시였던 캘커타(현재 콜카타)에 이주한 영국 여성은 어떤 공간에서 생활했을까? 식민지의 행정 관료로 파견된 영국 남성들과 그 아내들은 새로운 기후나 문화에 맞닥뜨려서도 자신들에게 익숙한 공간 구조와 가구를 포기하려 하지 않았다. 〈살림을 감독하는 임피 부인〉은 18세기 말 인도의 영국인 거주공간을 그린 회화로, 특히 식민지의 엘리트 여성이 이용하는 공간을 그렸다는 점에서 매우 희귀한 예다. 임피 부인의 방에 그려진 가구와 인물들을 통해 당시 영국 지배층 여성이 새로운 문화에 적응하면서 제국의 일원으로 정체성을 형성해나간 과정을 추적할 수 있다.

　　〈살림을 감독하는 임피 부인〉을 보면 한 백인 여성이 천장이 높은 방 가운데 놓인 낮은 스툴에 앉아 허리를 굽힌 인도인에게서 모자를 받고 있다. 여성은 간소한 하얀 드레스를 입었으며, 머리에는 끈을 엮은 모양의 터번을 쓰고 있다. 그림의 여성은 메리 임피Mary Impey로, 캘커타 대법원 최초의 대법관으로 파견된 일라이자 임피 경Sir Elijah Impey의 아내였다. 1774년 캘커타에 도착한 후 임피 부인은 이국땅에서 살림을 꾸려 나가며 세 아이를 낳아 키우고 손님들을 접대했다. 이 바쁜 와중에 그녀의 취미는 이국적인 동식물을 모으는 것이었다. 낯설고 이국적인 환경을 접한 영국인들은 인도 전통 회화나 유물을 수집하기도 했는데, 임피 부부는 화가들을 고용해 자신들이 소유한 동식물을 그리도록 주문했다. 현재 셰이크 자인 알딘Shaykh Zayn al-Din을 포함해 세 명의 인도인 화가가 임피 부부를 위해 제작한 그림 중 63점의 화훼화가 전해지며, 〈살림을 감독하는 임피 부인〉역시 6년여 간 그녀를 위해 일했던 자인 알딘이 그린 것으로 추정된다.

임피 부인의 화훼화나 초상화같이 영국인 후원자를 위해 인도 화가가 남긴 작품들은 영국과 인도 간 문화교류의 산물이라고 할 수 있다. 동인도회사의 상인이나 관료들이 인도 화가를 고용해 제작한 회화를 회사양식 회화Company Style Painting라고 한다. 인도의 동식물 외에도 다양한 직종과 카스트의 원주민, 축제나 유적 등이 회사양식 회화로 기록됐다. 인도 화가들은 북인도 전역을 다스리던 무굴제국이 쇠퇴하면서 독립 왕국으로 성장한 아와드Oudh나 벵골의 지배자들을 위해 일하다가 새로운 후원자를 찾아 영국령 캘커타까지 이주했을 것이다. 이들은 무굴제국 회화에서 볼 수 있는 정교하고 세밀한 자연 묘사에 서양 회화의 재료와 원근법, 18세기 유럽에서 큰 인기를 끌던 생물학 도감에서 구사한 사실적인 표현을 도입했다. 그리고 영국인들은 이런 회화를 통해 인도라는 새로운 영토를 분류하고 이해함으로써 인도를 통치하는 데 도움을 받고자 했다.

세이크 자인 알딘 추정, 〈살림을 감독하는 임피 부인〉, 45.5×53.3㎝, 캘커타, 1780년경, 개인 소장.

──── 셰이크 자인 알딘, 〈보라빛 흑단목 가지에 앉은 검은 주홍머리 팔색조와 박각시 나방〉, 59.7×80㎝, 캘커타, 1778, 메트로폴리탄미술관.
하나의 가지에 잎과 꽃, 심지어 열매까지 달린 모습은 사실적인 묘사라기보다 식물에 대한 정보를 최대한 제공하려던 당대 유럽 생물도감 특유의 표현 방식이었다. 그러나 자인 알딘 같은 인도 화가들은 새로 주어진 표현의 틀 안에서도 다양한 조류나 곤충 등을 적절히 배치해 생동감 넘치는 작품을 남겼다.

동 인 도 회 사 와   영 국   문 화 의   유 입

—

1600년 설립된 영국 동인도회사는 인도 아대륙 여러 항구도시에 상관商館, factory을 설치하면서 세력을 확장했다. 특히 1690년 캘커타에 상관을 설치하고 캘커타를 인도 통치의 중심지로 삼았다. 동인도회사는 우여곡절 끝에 무굴제국으로부터 벵골 지역 조세징수권을 획득한다. 그리하여 1770년대부터 동인도회사는 단순한 상업적 기구 역할을 넘어 식민통치를 담당했으며, 그 문화도 변화하기 시작했다.

인도 진출 초기 동인도회사의 영국인들은 주로 탐험가나 상인,

자마jama를 입고 값비싼 숄을 걸친 푸
트 선장은 당시 친구이자 역사화로 명
성을 높이고 있던 레이놀즈에게 자신의
초상화를 의뢰했다. 화려한 황금 자수
가 놓인 의복은 북인도 귀족들이 입는
가운으로, 인도의 왕족 또는 친구에게
선사받았을 것으로 추정된다. 푸트 선
장의 초상화에 그려진 의상도 현재 요
크 시립미술관에 함께 보존되어 있다.

군인이었다. 이들의 가장 큰 목표는 강력한 무굴제국과 겨루며 이익을
추구하거나 정보를 모으는 것이었다. 이들은 살아남기 위해 인도의 덥
고 습한 기후에 적합한 인도식 의복을 입기도 하고, 인도식 궁궐이나 저
택을 개조해 사용하기도 했다. 또한 인도의 언어를 배우거나 전통 의술
을 익히고자 인도 여성과 동거하기도 하고, 심지어 무슬림 귀족 여성과
결혼하기 위해 이슬람으로 개종하는 경우도 많았다.

　　당시 이러한 영국인들의 모습을 보여주는 예가 무굴식 정장을
입은 존 푸트 선장Captain John Foote의 초상화다. 푸트 선장은 동인도회사
의 직원으로 인도에서 큰돈을 벌었는데, 영국으로 귀국한 후 그는 당대
가장 유명한 초상화가 조슈아 레이놀즈Joshua Reynolds에게 초상화를 그
려달라고 했다. 초상화 속 푸트 선장은 수놓은 인도식 가운에 화려한 허
리띠와 보석이 달린 터번을 착용하고 값비싼 숄을 두른 나봅nabob의 모

작자 미상, 〈물담배를 피우는 존 웜웰〉, 32.3×28.5㎝, 1785~1790년경. ⓒFondation Custodia, Collection Frits Lugt, Paris.

존 웜웰은 동인도회사 이사장이었던 사촌형의 후원을 받아, 무굴제국의 쇠퇴로 새롭게 성장한 인도 북부 도시 러크나우에 파견돼 수년을 거주한 것으로 알려졌다. 웜웰은 강이 내려다보이는 테라스에서 고급스러운 카펫을 깔고 쿠션에 기댄 채 후카를 쥐고 있다. 그의 뒤에 선 인도인 하인은 부채를 어깨에 걸친 채 주인과 같은 방향을 응시하는 모습이다. 전체적으로 원근법에 따라 경관과 그림자를 표현하는 등 유럽 회화의 모습도 보이지만, 측면을 보는 인물상이나 인물의 중요도에 따라 크기가 다르게 그려지는 점 등 전형적인 인도 회화의 표현도 여전히 볼 수 있다.

습이다. 나봅은 인도 귀족의 호칭 중 하나인 나왑nawab에서 유래한 단어로, 당시 인도에서 돌아온 벼락부자를 낮추어 부른 말이다.

레이놀즈 같은 유명 화가에게 그림을 주문할 수 없었던 대다수 영국인은 인도 화가들에게 화훼화나 풍속화 외에 자신들의 초상화를 주문하기도 했다. 오랜 기간 아와드의 수도 러크나우에서 활동했던 존 웜웰John Wombwell의 초상화도 그렇게 그려졌다. 그림 속에서 물담배huqqa를 손에 쥐고 옆으로 앉은 그의 모습은 당시 인도 왕이나 귀족 초상화의 일반적인 구도를 따른 것이다. 그러나 주인공의 권위를 부각한 구도와 도상은 전통을 따랐으되, 인물의 그림자와 양감 표현 등은 서구 회화의 영향을 받은 것으로 볼 수 있다.

동인도회사가 풍요로운 뱅골 징수권을 획득하고 식민통치기구로 변모하면서, 인도인과 자유롭게 어울리던 문화는 점차 관료 중심의 영국식 문화로 바뀌기 시작했다. 이런 현상은 1772년 워런 헤이스팅스Warren Hastings가 최초의 총독으로 부임하면서 나타나기 시작했다. 보다 높은 수준의 교육을 받은 법관이나 변호사, 의사 등 전문직 종사자들이 아내를 동반하고 인도에 파견되는 경우가 늘었고, 영국 여성의 체류가 늘면서 영국 남성과 인도 여성의 사실혼 관계가 이전에 비해 눈에 띄게 줄어들었다. 당시 인도에서 사망한 영국인의 유언을 분석한 연구에 따르면, 1780년에서 1785년 사이 작성된 유언 중 3분의 1 이상이 인도인 여성, 또는 그들 사이에서 태어난 자식에게 재산을 물려주는 내용이었다. 그러나 1790년대 이후 이런 예가 급감해 1815년 이후에는 그런 내용을 거의 찾아볼 수 없었다고 한다. 18세기 말에 이르러서도 뱅골에 거주하는 영국 여성의 수는 200명을 넘지 않았으나, 임피 부인 같은 고위 관료의 아내나 엘리트 계층 여성이 늘면서 인도에 거주하는 영국인들의 문화도 상당히 바뀌었다.

　　헤이스팅스에 이어 1786년 찰스 콘월리스Charles Cornwallis가 총독으로 부임하면서 인도 의복을 일상적으로 입는 영국인은 거의 사라졌다. 또한 영국 남성과 인도 여성 사이에서 태어난 자녀를 동인도회사 직원으로 고용하지 못하도록 법적 제재를 가했다. 이 시기에 영국에서는 산업혁명에 따른 경제적, 사회적 변화로 크게 성장한 중산층이 식민지로 진출하기 시작했다. 이들은 기독교 문명의 일원이라는 자신감을 안고, 자신이 인도의 '야만적 상태'를 개선시킬 사명을 띤 지배층이라 인식하며 인도인을 대했다.

열 대 기 후 와　캘 커 타　생 활
—

　　이러한 시점에 벵골에 도착한 메리 임피는 캘커타 남쪽 새로운 교회와 주택지가 조성된 지역에 가정을 꾸렸다. 앞에서 본 그림 〈살림을 감독하는 임피 부인〉에서 그녀가 사용하던 거실의 모습을 엿볼 수 있다. 천장이 높은 방은 장식커튼pelmet까지 드리운 창문이 여러 개 있으나 모두 닫힌 상태다. 소설 『하틀리 저택, 캘커타 Hartly House, Calcutta』의 여주인공 소피아에 따르면 1790년대 말까지도 총독 관저 외에는 유리창 있는 집이 매우 드물었다는데, 대신 뜨거운 햇볕을 차단하기 위해 덧문을 달고 열주 회랑으로 건물을 감싼 베란다에 키 큰 식물이나 넝쿨을 키우는 것이 일반적이었다.

　　석고 몰딩으로 장식한 벽 중앙에는 화려한 문양의 테두리로 장식한 거울이 보인다. 임피 부인과 동시대 캘커타에서 활동한 변호사 윌

──— 웨일스공이 선사받은 **모르찰**morchal 한 쌍, 1875년경, 로열 컬렉션 트러스트. © Her Majesty Queen Elizabeth II 2019.
금박에 다이아몬드를 상감한 한 쌍의 모르찰(공작 깃털로 만든 부채)은 에드워드 왕세자가 1875년 인도를 방문했을 때 선물로 받은 것이다. 웜웰의 초상에서 볼 수 있듯이 시종들은 왕의 뒤에서 화려한 부채를 들고 벌레를 쫓았으나, 이는 실용적인 기능보다는 다른 사람의 이목을 끄는 도구로 사용되었다고 할 수 있다.

리엄 히키는 5000루피(약 500파운드)가 넘는 거울을 들였다고 자랑하기도 했는데, 이러한 사치품도 1790년대 이후에야 종종 찾아볼 수 있었다고 한다. 거울 양옆에는 두 개의 공작 깃털 부채가 걸려 있다. 인도에서 부채는 부채질을 하거나 벌레를 쫓는 데 쓰였을 뿐 아니라 전통적으로 왕이나 사제의 권위를 상징했다. 오른쪽 벽면에는 우의적 소재로 보이는 둥근 회화 한 점이, 그리고 그 양옆으로는 작은 초상화들이 걸려 있다. 대부분의 저택은 덥고 습한 기후, 쥐나 도마뱀, 각종 벌레로 인한 피해 때문에 벽지나 벽판을 붙이기 힘들었으며, 심지어 벽에 액자를 거는 것 자체가 불가능했다고 한다. 그러나 임피 부인의 방에는 석고로 몰딩과 벽판 문양을 재현하고 액자까지 걸려 있어, 가능한 한 전형적인 영국 거실을 재현하고자 했음을 알 수 있다.

　　또 여러 가지 색 수수로 엮은 바닥을 드러낸 오른쪽 침실과 달리, 거실에는 꽃과 당초문, 메달리온medallion으로 정교하게 장식된 카펫이 깔려 있다. 캘커타의 더운 기후 때문에 카펫은 1년에 몇 주 정도만 사용하는 사치품으로 여겨졌으며, 대부분 모직으로 만든 긴 털 카펫pile carpet이 아니라 임피 부인의 방에서 보이는 것처럼 문양을 찍은 면직물 깔개를 사용하는 경우가 많았다. 이러한 면직물 깔개를 더리dhurrie라고 불렀는데, 더리를 바닥에 깔 때도 개미들이 갉아먹는 것을 막기 위해 맨바닥에 수수 매트를 고정하고 방충제로 며칠 동안 적신 후에야 사용할 수 있었다고 한다. 더리와 커튼, 그리고 침대의 꽃무늬 시트와 벽난로 덮개 등은 모두 인도에서 제작한 고급 면직물로 만들었을 것이다. 그림에 보이는 사주식 침대는 커튼으로 장식했으나, 실제로는 전갈이나 벌레가 숨기 쉬운 커튼보다 투명하고 얇은 모슬린으로 만든 모기장을 치는 것이 일반적이었다. 영국식 거실이었다면 벽난로가 있었을 자리에는 높은 단을 만들어 천으로 덮고, 그 위에 화장용 거울과 향수나 분 등을 담은 것으로 보이는 은제 장식품을 놓았다. 소피아는 자신의 방을 장식한 화병이나 향수 등이 영국에서도 볼 수 없던 최고급품이었음을 언급한다. 이런 공예품은 인도 각지뿐 아니라 중국에서도 다양하게 수입된 듯하다.

가 구 와　하 인, 부 의　상 징

—

임피 부인의 방에는 찻잔 또는 촛대를 올리던 티포이teapoy와 서랍장, 의자와 작은 책상 등 유사한 문양의 가구 여러 점이 함께 놓여 있다. 당시 서간문과 소설을 보면, 캘커타에서 가구는 매우 비싸고도 귀한 것이었다. 캘커타에 새로 도착한 이들은 대부분 가구가 없는 집을 임대해야 했고 새로 가구를 장만한 후에도 발령지가 바뀔 때마다 이를 팔고 떠나는 것이 일반적이었다. 히키의 자서전에 따르면 그는 캘커타 시내의 좋은 위치에 월 40파운드 정도로 싸게 세를 구할 수 있었다고 한다. 그러나 필요한 최소한의 가구와 집기를 장만하는 데 1000파운드 가까이 들었다고 하니, 가구 가격이 얼마나 부담됐을지 추측할 만하다. 여러 기록에 따르면 17세기부터 침대 틀이나 식탁, 궤짝, 필기용 책상 등이 포르투갈을 비롯해 유럽에서 수입되었고, 새로 도착하는 선박에 실린 가구를 선점하려고 부두에서 기다리는 경우도 많았다고 한다. 18세기부터는 입식생활을 하던 중국에서도 가구가 수입되었으며, 중국인들이 유럽인들의 기호에 맞는 수출용 가구를 제작하기 시작하면서 이에 대한 기록도 다수 등장했다. 그러나 이 역시 구하기 어려운 희귀품이었다. 예를 들어 유언장에 "검은색 중국 의자 여섯 개"를 특별히 언급한 점에서 이를 확인할 수 있다.

수입 가구를 살 형편이 안 되는 이들은 다른 영국인들이 이사 가거나 사망한 후 경매에 나오는 가구를 사거나 인도 목공에게 가구를 주문하는 수밖에 없었다. 쿠션과 매트를 이용한 좌식생활에 익숙한 인도인들에게 유럽식 가구는 매우 낯선 것이었으나 18세기 말부터 무르시다바드, 파트나, 봄베이(현재 뭄바이) 등지에서 유럽 디자인으로 가구를 제작하는 공방들이 생기기 시작했다. 1785년 캘커타의 주간지 『인디아 가제트: 캘커타 공식 광고지』에 실린 광고 중 토머스 치펀데일의 가구 카탈로그가 있었던 것으로 보아, 영국 가구 디자인은 상당히 빠른 속

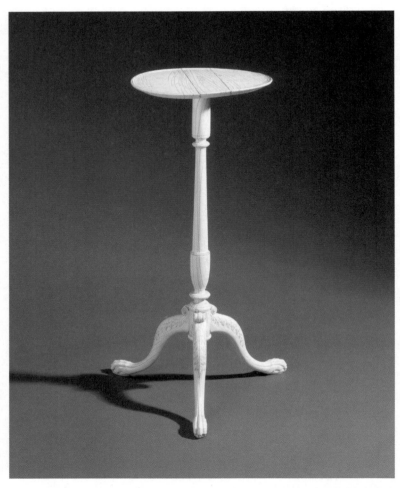

──촛대받침 또는 티포이Candlestand or 'teapoy', 무르시다바드, 1790년경. 런던 빅토리아 앨버트 박물관.

그림에서 보이는 세발탁자는 촛대나 후카를 올려놓는 용도로 사용되었다. 당시 북인도에서 이를 틴파이tin pai라 불렀는데, '세 개의 다리'라는 뜻이다. 여기서 티포이라는 이름이 생겼다. 인도의 목공들이 유럽의 촛대 탁상을 모방해 만들었으나 그 발음으로 인해 영국에서는 홍차를 마실 때 쓰는 탁상으로 이용되기도 했다. 위 탁자는 당시에도 매우 비싼 상아를 조각해서 제작한 티포이다.

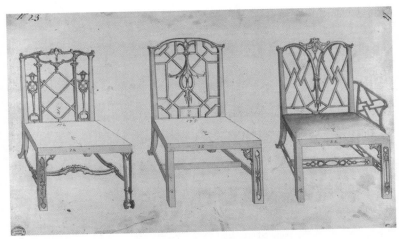

—— '중국 의자', 『치펀데일 소묘chippendale Drawings』1권, 1753, 메트로폴리탄미술관.
치펀데일 양식이나 당시 유행했던 헤펠화이트 양식의 의자들은 카탈로그를 통해 아시아로 빠르게
전파되었고 곧 중국에서 유사한 모양의 수출용 의자들이 제작되기도 했다.

도로 인도에 전파되었던 듯하다. 임피 부인의 거실 가구는 대부분 검은
바탕에 금색 또는 흰색 문양으로 장식되어 있어, 캘커타 또는 파트나에
서 주문 제작한 가구 세트로 추정된다. 지금은 침대와 의자, 탁자, 거울
로 이루어진 가구 구성이 그리 놀랍지 않지만 당시 이런 규모의 가구
세트는 매우 고가품이었다. 특히 사주식 침대는 캘커타에서 대단히 희
귀한 가구였는데, 일반적으로 침대는 집에서 가장 시원한 옥상이나 심
지어 야외로 쉽게 옮길 수 있는 조립식 간이침대cot를 사용하는 경우
가 대부분이었기 때문이다. 어떻게 보면 사주식 침대를 그린 것은 단
순히 고가의 가구를 자랑하려는 의도 외에도, 뜨내기 생활에서 벗어나
이제 한곳에 깊이 뿌리내린 식민통치의 영속성을 상징한다.

임피 부인은 당시 캘커타 사교계에서 총독 부인 다음으로 지위
가 높았으며, 그녀의 집에서 열리는 만찬과 파티는 매우 중요한 행사로

캘커타로 간 영국 여성의 거실

꼽혔다. 그러나 〈살림을 감독하는 임피 부인〉은 이런 화려한 행사의 현장이 아니라, 모든 만찬이나 파티가 시작되기 전, 그녀가 거느린 권솔과 매일같이 구매하는 물건을 점검하는 모습을 담고 있다. 임피 부인 주변으로 백인 집사 한 명과 모자 상인, 그리고 열여섯 명의 인도 남성이 둘러서거나 앉아 있다. 영국인이 인도 생활 중 수많은 하인을 부리는 모습은, 당시 영국에서 인도를 방문한 이들의 편지나 기록에서 늘 놀라운 일로 언급됐다. 이는 낮은 인건비 덕분이기도 했으나 영국인들은 이를 '카스트'에 따른 직종 분리를 확인할 수 있는 인도만의 특성으로 꼽기도 했다. 임피 부인 뒤로는 어린 소년이 부채를 들고 서 있고, 그 뒤로는 고급스러운 숄을 두른 인도인 통역사가 서 있다. 그 뒤에는 시계방향으로, 수를 놓는 두 노인과 무기를 들고 선 호위병 둘, 터번을 쓰고 주홍색 허리띠를 맨 채 대기중인 전령, 바느질하는 남성 둘, 정원의 꽃과 열매를 쟁반에 담아 들고 서 있는 정원사, 바느질하는 남성과 실을 꼬는 두 남성, 호위병 둘, 물품 목록을 들고 서 있는 상인, 그리고 코트와 바지, 스타킹과 구두까지 착용한 영국인 집사의 모습이 보인다. 초기 회사양식 회화에서 보이는 '원주민'이 임피 부인의 초상에서는 '하인'으로 변모했으며, 그들은 이제 '정복'해야 하는 이국적 대상에서 '길들여진' 기술로 바뀌었다. 사실상 인도 하인들 앞에 모든 행동이 공개되는 공적인 삶 public life에 익숙해지기 시작하면서 영국인들은 인도에 대한 두려움을 떨치고 식민통치에 대한 확신을 드러내기 시작한 것이다.

그 녀 의   거 실 :
영 국 과   인 도 의   관 계 를   말 하 다
―

가정의 영역domestic sphere을 식민통치의 축소판으로 보았던 시기에 그려진 임피 부인의 거실은 그녀가 이해하고 받아들였던 인도를 그린 것으로 볼 수 있다. 거실을 채운 가구와 직물들에서 엿볼 수 있듯, 인도는 영국이 엄청난 부와 사치를 누릴 수 있게 해준 곳인 동시에 자신의 명령에 따르는 하인들로 가득한 통치의 공간이었다. 특히 앉아 있는 옆모습을 그린 임피 부인의 초상이나 주변을 둘러싼 하인들의 모습은 전통적인 인도 회화에서 볼 수 있는 왕의 도상을 따르고 있어, 비록 여성임에도 임피 부인이 통치자로서 지니는 권위를 보여준다.

임피 부인이 캘커타에 거주하던 18세기 말 이후 영국 여성들은 점차 인도와 인도인을 알거나 이해할 필요조차 없다는 태도를 보이기 시작하며 '멤사힙memsahib'으로서 배타적인 모습을 보이기도 했다. 멤사힙이란, '마님'이란 뜻으로 인도인이 영국을 포함한 유럽 여성을 높여 부르던 말이다. 그러나 임피 부인의 초상에서는 임피 부인만큼 크게 묘사된 인도인 통역사나 상인의 모습으로 볼 때 아직 인도인의 조력이 필요했던 영국 식민통치 초기의 분위기를 읽을 수 있다. 같은 맥락에서 옥좌나 테라스의 고급스러운 쿠션이 아닌 낮은 의자에 앉은 임피 부인의 자세에는 동인도회사 진출 초기의 조심스러운 태도도 나타나 있다. 즉 임피 부인의 거실은 인도와 인도인에 대한 영국의 태도가 빠르게 변화하던 시기에 그녀가 영국인 여성, 그리고 인도인들을 통치하는 엘리트 계층으로서 정체성 변화를 맞으며 이행해가는 모습을 보여준다.

그렇다면 당시 인도인들은 임피 부인과 같은 영국인 지배자들을 어떻게 생각했을까? 아쉽게도 18세기 임피 부인의 거실 모습이나 생활을 가능하게 했던 이들의 생각을 알 수 있는 기록은 거의 없으며, 화가 자인 알딘도 스스로 남긴 서명과 임피 부인의 짧은 기록을 통해서만 알려져 있다. 연구자에 따라 회사양식 회화에 나타나는 인도인들의 마른 몸매나 어두운 얼굴 표정 등이 당시 영국의 지배에 억압받고 착취당하는 인도 사회상을 반영한다고 주장하기도 한다. 그러나 식민통치의 야욕이나 인종 차별이 아직 거세지지 않았던 18세기 말, 자인 알딘이나 임피 가정의 통역사, 상인과 하인들은 임피 부인 등을 이전에 인도를 지배했던 수많은 정복자와 다를 바 없이 여겼을 가능성도 크다. 물론 근대 문명과 기술을 등에 업은 새로운 정복자들은 곧 태도가 바뀌었고, 식민 지배가 체계적으로 이루어지기 시작하면서 결국 임피 부인 같은 여성이나 이를 그린 모습도 찾아보기 힘들게 되었다.

〈참고문헌〉

Prasannajit de Silva, *Colonial Self-Fashioning in British India, c. 1785-1845: Visualising Identity and Difference* (Newcastle upon Tyne: Cambridge Scholars Publishing, 2018).

Margot Finn and Kate Smith, ed., *The East India Company at Home, 1757-1857* (London: UCL Press, 2018).

Phoebe Gibbes, *Hartly House, Calcutta* (London: J. Dodsley, 1789).

E. Adair Impey and Irene Clephane, ed., *About the Impeys* (Worcester: Ebenezer Baylis, 1963).

Anna Jackson and Amin Jaffer, ed., *Encounters: The Meeting of Asia and Europe 1500-1800* (London: V&A Publications, 2004).

Amin Jaffer, *Furniture from British India and Ceylon* (London: V&A Publications, 2001).

Jemima Kindersley, *Letters from the East Indies (Or, Letters from the Island of Teneriffe, Brazil, the Cape of Good Hope, and the East Indies)* (London: J. Nourse, 1777).

Alfred Spencer, ed., *Memoirs of William Hickey*, 4 vols. (London: Hurst & Blackett, 1913-25).

구하원_서울대학교 아시아언어문명학부 교수

미네소타대학에서 19세기 식민통치하 인도의 건축과 회화를 전공해 박사학위를 받았으며, 인도의 대학과 대학 건축에 대한 연구를 비롯해 식민치하에서 20세기까지의 인도 시각문화를 다각도로 조명하고 있다. 최근 연구는 임피 부인의 방에서 볼 수 있는 당시 사회상을 비롯해, 19세기에 여성 후원자가 지은 사원 건축에 집중하고 있다.

선비의 공부방이자
놀이터였던
작은 박물관

18세기 조선의 문인은 한양과 근교에 별장과 원림團林, 집터에 딸린 숲을 마련하고 향을 피우고 차를 마시면서 시문, 서화와 음악을 즐기거나 서책, 분재, 수석 등을 감상하곤 했다. 이는 당시 지식인의 우아하고 낭만적인 일상이었고, 유가나 도가적 삶을 실천하는 고결한 방식이었다. 특히 사랑채는 독서와 집필을 위한 서재이자 수집한 문방구와 고동古董 기물을 진열한 작은 박물관이며, 친한 벗과 사귐을 나누는 우정의 장소였다. 문인의 살림집에서는 남성의 전용 공간인 외별당, 즉 당堂, 헌軒, 정후, 대臺, 재齋, 각閣 등이 학문과 사교를 위한 사랑채로 활용됐다. 기본적으로 책을 읽거나 글을 쓰는 방이므로 재두齋頭, 서실書室, 서방書房이라고 불렸다. 서구에도 사랑채에 비견될 만한 공간이 있었다. 중세 유럽 귀족 부인들이 저택이나 별장에 문화계 인사들을 초청해 창작물을 감상하며 자유롭게 토론한 살롱이 그런 곳이었다. 유럽 지성인은 살롱에 모여 문학과 예술을 논하며 지적인 사귐을 추구했다.

사랑채에 나열된 기본 물건은 아마 필기도구, 즉 '지필묵연'이었을 것이다. 그러나 중국 북송 사대부 관료들은 종이, 붓, 먹, 벼루뿐 아니라 오래됐거나 희귀한 고동 기물을 열심히 모아 이를 벗처럼 아끼면서 그 생김새나 쓰임새까지 상세하게 기록했다. 이렇게 탄생된 청언소품문清言小品文은 문인들의 섬세한 품격과 뛰어난 감식안을 느끼게 하는 소중한 수필이다. 북송 사대부 관료의 높은 감식안은 명대까지 계승됐고, 강남 지역에 기거한 문인들은 사랑채의 꾸밈과 기능을 면밀히 탐구했다. 예컨대 도융屠隆은 『고반여사考槃餘事』에서 문인이 일상에서 다루는 물건 열여섯 가지를 골라 그 특징과 사용 및 보관법을 상세히 설명했다. 도융이 제안한 서재 운용법이다.

> 서재는 밝고 조용한 것이 좋으나 너무 넓고 개방적인 것은 좋지 않다. 밝고 조용하면 심신이 상쾌하고 넓고 개방적이면 눈을 상할 수 있다. (…) 서재에 두는, 몸을 기대어 앉는 침상이나 거문고와 칼, 책과 그림, 솥과 연적은 생김새가 속되지 않아야 하고, 배열법도 격식에 맞아야 깨끗하고 그윽하게 보인다. 봄날의 긴긴 해를 이곳에 의지하고, 가을의 긴긴 밤을 등불로 밝힐 때 마음의 근심도 사라지니, 이처럼 한결같은 일생을 마칠 수 있을 것이다.

명대의 청언소품을 읽고 조선 문인들도 저마다 나름대로 서재 가꾸는 방식을 생각해냈다. 조선 후기 정원 가꾸기에 조예가 깊었던 서유구도 『임원경제지』의 「이운지怡雲志」에서 서재의 내부 기물 배치법을

—— 강세황, 〈현정승집도〉, 1747, 개인 소장.

알려주었다.

자연스럽게 생긴 안궤案几, 책상이나 궤짝를 실내 왼쪽 옆에 하나 놓아
둔다. 동향으로 놓되 창이나 난간에 바짝 대어놓아 바람과 햇볕에
노출시켜서는 안 된다. 안궤 위에는 낡은 벼루 하나, 필통 하나, 붓
꽂이 하나, 수중승水中丞 연적 하나, 연산研山, 기암절벽을 형상화한 산 모양
의 벼루 하나를 올려놓는다. 옛사람이 벼루나 여러 가지 물건을 왼편
에 놓은 것은 먹물 빛이 반사하여 눈에 번뜩이지 않도록 하기 위함
이다. 등불 아래에서는 더욱 그렇다.

문방구나 고동 기물은 방 주인이 가장 아끼는 애장품이었고, 이
것이 진열된 사랑채는 단순한 서실이 아닌 진귀한 물건이 축척된 보물
창고나 다름없었다. 그곳은 방 주인이 꿈꾸는 작은 이상향이자 온 세상
이 축소된 사적인 공간이었던 셈이다. 특히 "서재는 작은 세상이요, 이
세상은 커다란 서재다書齋小世界 世界大書齋"라는 시구는 사랑채에 담긴 다
양한 뜻을 짐작케 한다.

아 회 와   유 상 의   공 간
—

값지고 귀한 물건이 수집된 사랑채는 문인들의 놀이터로 변신
했다. 방 주인이 애장품을 자랑하고 싶어 친한 벗들을 사랑채로 불러모
았던 것이다. 그 속내를 잘 아는 벗들이 빈손으로 초청에 응했을 리 없
다. 저마다 어렵사리 구한 물건을 손수 들고 와서 자랑하기에 여념이 없

었다. 안목 있는 문인들이 모였으니 술과 풍류를 즐기며 본격적으로 시서화를 창작하고 이를 품평했다. 아회雅會란 문인의 자유롭고 사적인 집회를 뜻한다. 취미를 공유하거나 소소한 일상을 함께 즐기고자 마련된 우아하고 고상한 작은 모임인 셈이다. 사랑채는 아회에 안성맞춤 공간이었다.

강세황의 〈현정승집도玄亭勝集圖〉는 18세기 조선의 사랑채 아회 풍경을 보여준다. 강세황은 18세기를 대표하는 비평가이자 여러 장르의 그림을 두루 섭렵한 작가였다. 늦은 출사로 다소 궁핍한 중년을 보낸 탓에 30대 중반 처남 유경종柳慶種이 살고 있는 안산으로 거처를 옮겨야 했다. 이때의 안산 생활은 많은 문인과 친분을 다지며 안목과 학식을 키우는 소중한 기회가 되었다. 비록 살림은 어려웠지만 그는 우아하고 멋스러운 아회에서 예술을 즐기고 학문의 깊이를 심화해갔다. 강세황과 친구들은 1747년 초복 다음날에도 유경종의 사랑채인 청문당淸聞堂에 모여 개고기로 포식한 후 즐거운 한때를 보냈다. 현재 청문당은 경기도 안산시 상곡동에 있으며 경기도 문화재자료 제45호로 등록되어 있다. 모임을 마련한 인물은 아마도 청문당 주인인 유경종일 것이다. 강세황은 유경종의 부탁으로 모임 장면을 간략하게 그렸고, 정겨운 시도 지었다. 청문당의 풍류가 강세황의 붓끝을 통해 시서화로 완성된 셈이다.

사랑채의 흥겨운 아회는 이유신李維新의 그림에서도 감상할 수 있다. 이유신은 한양 포동浦洞 근처에서 열린 춘하추동의 아회를 각각 〈포동춘지浦洞春池〉〈귤헌납량橘軒納凉〉〈행정추상杏亭秋賞〉〈가헌관매可軒觀梅〉로 그렸다. 포동이 성균관 서북쪽 연못 부근이라고 전해지니, 그림 속 저택의 위치가 추정된다. 이유신은 정원과 사랑채를 장식한 갖가지

—— 이유신, 〈가헌관매〉, 18세기 말~19세기 초, 개인 소장.

화분과 수석, 수목 등을 화사하게 채색해 봄, 여름, 가을, 겨울의 계절감
을 담아냈다. 그중 여름 장면인 〈귤헌납량〉과 겨울 장면인 〈가헌관매〉
가 사랑채 아회도다. 〈귤헌납량〉은 한여름 울창한 나무 그늘이 드리워
진 사랑채에서 문인들이 금기서화琴棋書畫를 즐기는 풍경이다. 금기서화
란 속세를 떠난 경지에서 거문고·바둑·글씨·그림을 즐기는 것을 다룬
동양화의 화제다. 〈가헌관매〉는 촛불이 은은한 겨울밤 사랑채에서 열린
매화 감상 품평회 정경을 묘사했다. 그림 속 사랑채에는 지필묵연뿐 아
니라 흥겨운 모임에서 빠질 수 없는 주안상과 실내를 장식한 수석, 꽃
화분 등이 보인다. 사랑채 주변의 아름다운 정원까지 빠뜨리지 않고 묘
사한 이유신의 그림들은, 당시 한양 문인의 화려한 집짓기와 실내 치장
풍조를 알려주는 귀한 자료다.

선비의 공부방이자 놀이터였던 작은 박물관

18세기 문인들은 사랑채에 진열한 물건을 친한 벗으로 생각했다. 서직수徐直修는 자신의 사랑채인 십우헌十友軒에 평소 존경하던 인물의 애장품 열 개를 진열해놓고 '아무아무 친구'라 부르며 소중히 감상했다. 서직수의 애틋한 '십우十友', 즉 열 명의 벗은 철영 대사의 책(철영서), 수경 도인의 지혜(수경편), 동기창의 글씨(동법필), 정종의 칼(정종검), 초당의 시(초당시), 심주의 그림(심주화), 왕표의 가락(평우조), 근심을 없애는 신선한 술(녹의주), 반안인의 꽃 키우는 법(화경집), 양생의 비결을 적은 책(금신결)이었다. 서직수에게 '십우'는 사랑채에 보관한 물건 이상이었다. 십우는 "고요한 방안에 여러 친구가 가득 앉아 심신이 내키는 대로 속을 풀어놓기에" 적절한 대상이자, "앞에서 부르면 뒤에서 응하고 얼굴을 마주해 서로 따르는 벗"이었기 때문이다.

서직수는 여항 화가 이인문李寅文에게 열 명의 벗을 그려달라고 청했다. 이런 과정을 거쳐 탄생된 〈십우도〉는 폭포수가 흐르는 계곡을 배경으로 여섯 인물이 둥글게 모여 앉아 다섯 가지 물건을 펼쳐놓고 풍류를 즐기는 모임 장면으로 연출됐다. 즉 철영서, 수경편, 동법필, 평우조, 금신결에 해당하는 철영 대사, 수경 도인, 동기창, 왕표, 진남왕 등은 고결한 인품의 선비나 도사로, 정종검, 초당시, 심주화, 녹의주, 화경집은 그윽하고 운치 있는 사물로 표현된 것이다. 그리고 이인문은 이 물건의 주인인 서직수도 다섯 명의 인물상 옆에 그려넣었다. 바로 동파관을 쓴 선비가 서직수다. 이렇듯 사랑채의 소품은 방 주인의 애틋한 벗이 되어 존경하는 고사로 의인화되었다. 어렵사리 모은 귀한 물건을 감상하며 인간세상에서 얻지 못한 치유와 위로를 받은 것이다.

—— 이인문, 〈십우도〉, 국립중앙박물관.

사 랑 채 , 선 비 의 또 다 른 자 화 상

—

　　18세기 사랑채 그림에는 방이나 툇마루에서 문인이나 고사가 한적하게 휴식을 취하거나 독서를 즐기는 모습이 자주 등장한다. 초당에서 바깥 풍경을 구경하며 책 읽는 선비를 그린 이명기의 〈송하독서도〉와 쌓아올린 서책을 베개 삼아 낮잠 자는 고사를 그린 이재관의 〈오수도〉가 그 예다. 책상 위에 놓인 갖가지 서책과 소소한 문방구는 방 주인의 높은 학식과 고결한 인품을 상징한다. 모름지기 공간에는 사용하는 사람의 성격, 습관, 일상이 오롯이 투영되기 때문이다.

　　18세기 조선의 사랑채 풍경은 김홍도의 자화상으로 추정되는 〈포의풍류도〉에서 발견된다. 〈포의풍류도〉에서는 당비파를 연주하는 선비와 그 뒤편에 위치한 서책, 두루마리로 말린 서화권, 금이 간 연푸른빛 쌍이병雙耳甁, 산호, 여의, 절지, 공작 깃털 등이 꽂힌 고觚·길쭉한 모양의 술잔, 정鼎·다리가 세 개 달린 청동 솥, 생황, 종이, 붓, 먹, 벼루, 파초 잎사귀, 호리병 등을 볼 수 있다. 이러한 고동 기물은 대부분 청과 일본을 드나들던 역관을 통해 어렵사리 구입한 고가의 명품이었을 것이다. 그러나 김홍도는 〈포의풍류도〉에 "종이로 만든 창과 흙벽으로 된 집에 살지만 평생토록 벼슬하지 않고 그 속에서 시가나 읊조리며 살고자 한다綺窓土壁終身布衣嘯詠其中"라고 적었다. 사랑채의 화려한 기물과는 다소 어울리지 않는 화제다.

　　김홍도의 화려한 사랑채와 달리 강세황의 서재는 무척 소박했던 것 같다. 강세황은 〈청공도淸供圖〉에서 서안書案과 화탁花托만을 간결하게 그렸고, "무한경루 청공지도無限景樓 淸供之圖"라는 화제를 적었다. '무한경루'는 그가 환갑 넘어 상경한 후 구입해 10여 년간 기거했던 남산

―― 김홍도, 〈포의풍류도〉, 18세기, 삼성미술관 리움.

전 이인문, <산수인물도>, 18세기, 국립중앙박물관.

余年二十六庚辰像
緣
七十己丑年五十 [한자 방서]

—— 작자미상, <이하응 초상>, 19세기, 비단에 색, 133.7×67.7㎝, 서울역사박물관.
책상에 놓인 문방구와 각종 기물이 눈길을 끈다.

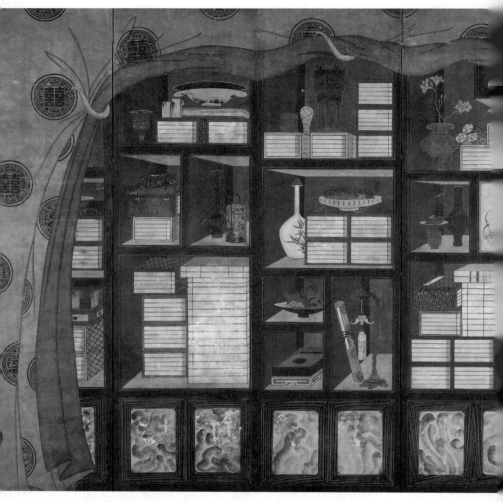

───── 장한종, <책가도>, 19세기, 경기도박물관.
책과 함께 당시 선비들이 애장했음직한 물건들을 함께 감상할 수 있다.

아래 집이다. 그곳은 아래로 한없이 펼쳐진 한양 경치가 한눈에 들어오는 전망대이자 활쏘기가 가능한 너른 공간이었다. 그림 속 무한경루는 서책, 벼루, 필통, 연적, 담뱃대가 놓여 있는 서안과 매화 가지, 괴석 분경이 있는 화탁, 그리고 바닥에 있는 지팡이만으로 장식된 수수한 사랑채다. 방 주인이 생략된 〈청공도〉는 진귀하고 값진 고동 기물이 아닌 소소하고 간결한 문방구를 아끼고 사랑했던 강세황의 또다른 모습을 보여준다.

이렇듯 18세기 조선의 사랑채는 책을 읽고 글을 쓰는 선비들의 공부방이자 벗들과 술잔을 기울이며 문학과 예술을 토론하는 문예의 장이었다. 그리고 마음에 드는 물건을 수집하고 보기 좋게 배열해 감상하는 작은 박물관이었다. 개인의 취향과 정서, 사물에 대한 애틋함이 반영된 사랑채는 당시 문인문화의 산물이자 방 주인의 또다른 자화상과도 같다.

〈참고문헌〉
송희경, 『아름다운 우리 그림 산책―선비 정신, 조선 회화로 보다』, 태학사, 2013.
송희경, 『사대부의 만남과 풍류의 장, 아회도』, 한국학중앙연구원, 2016.

———

송희경_고려대학교 디자인조형학부 초빙교수
우리 옛 그림의 아름다움에 매료되어 그 함의와 조형성을 찬찬히 관찰해왔다. 특히 조선 후기 문인들의
사적이고 우아한 모임을 그린 아회도와, 문학작품을 도해하거나 덕이 높은 성현을 그린 고사인물화를
연구하는 데 힘쓰고 있다. 최근에는 연구 영역을 넓혀 20세기 한국화를 재조명하는 글을 쓰며, 이와 관
련된 전시도 기획했다. 저서로는 『조선 후기 아회도』『아름다운 우리 그림 산책―선비 정신, 조선회화
로 보다』『이 그림을 왜 그렸는지 알아?』『대한민국의 역사, 한국화로 보다』『사대부의 만남과 풍류의
장, 아회도』『동아시아의 아름다운 스승, 공자』등이 있다.

3부

부엌과
화장실

설거지 방 하녀와

귀족의

아침식사

사람들은 불을 중심으로 모여들다가 함께 살게 되었고, 음식을 나누어 먹으면서 식구가 되었다고 한다. 그러니 집과 가족의 핵심은 아궁이가 있는 부엌에 있다고 볼 수 있을 것이다. 그러나 18세기에도 부엌은 여전히 집의 심장부가 아니라 주변부에 있었다. 부엌이 헛간처럼 집과 따로 떨어져 지어지는 경우도 많았다. 주택 건축의 역사에서 부엌은 오래도록 험하고 감추어진 구석이었으며, 근사한 삶이 이루어지는 무대 밖의 더러운 장소였다. 건축가들은 부엌을 집의 외곽에, 거실과 침실에서 되도록 멀리 떨어뜨려놓았으며, 하녀들이 일하는 곳이란 전제하에 일의 효율성을 조금 고려하는 정도로만 디자인했을 뿐 세부적인 것까지 공을 들이지는 않았다.

—— 프랑수아 부셰, 〈부엌 하녀와 젊은이〉 일부, 1735, 개인 소장.
부엌에서 하녀와 야채장수가 눈이 맞았다. 하녀가 앞치마로 받은 양배추는 예로부터 임신한 자궁을
은유해왔고, 야채장수가 손에 쥔 당근은 남근 형상을 떠올리게 해 에로틱한 분위기를 자아낸다.

하 녀 들 의   일 터

—

부엌은 오랫동안 하녀들만 드나드는 축축하고 악취 나는 젖은
곳으로 여겨졌다. 젖은 자리에 있는 사람은 마른자리에 있는 사람과 신
분적으로 차이가 있었다. 부유한 집 여주인이라면, 하녀들에게 일을 지
시할 때를 제외하고 부엌 깊숙이 발을 들여놓는 일이 없었다. 게다가 부
엌은 하녀들이 모여 수다를 떨고 뜨내기 봇짐장수들과 어울리기도 하는
점잖지 못한 곳으로 여겨져, 주인집 식구들은 쓸데없는 오해를 피하기
위해서라도 부엌에 들어가지 않았다.

18세기에도 여전히 부엌은 격리된 영역이었으며, 집주인의

—— 장 밥티스트 시메옹 샤르댕, 〈순무 벗기는 여인〉, 1738, 워싱턴 국립미술관.
샤르댕은 정물화의 일부처럼 차분한 인물화를 잘 그렸다. 흰색 앞치마를 두르고 두건을 쓴 하녀 복장은
그의 그림에서 자주 볼 수 있다. 흰색은 청결의 색으로 여겨졌다.

──장 밥티스트 시메옹 샤
르댕, 〈시장에서 돌아옴〉,
1763, 루브르박물관.
시장을 다녀온 하녀가
식품저장실 장롱 위에
음식을 내려놓고 있다.
문 쪽으로는 급수실이
보인다. 외출할 때 하녀
는 집에서 일할 때 입는
흰색 앞치마를 벗고 색
깔 있는 일상용 덧치마
를 입었다.

거주공간과 구별되는 노동의 장소였다. '설거지 방'이라는 뜻의 단어
'수야르드souillarde'는 설거지하는 하녀들을 지칭하기도 했는데, 주로 더
럽고 냄새나는 여자들을 일컬을 때 썼다. 당시 부엌은 음식쓰레기에, 바
닥에 버려진 질척질척한 오물에, 하녀들의 땀냄새까지 섞여 악취의 도
가니였다고 해도 과언이 아니었다. 하녀들은 부엌에서 청소하고 요리하
고 잠도 잤다. 주인집에서 하인이 먹고 자는 방식의 고용 형태는 18세기
부르주아 저택에서 대부분 사라졌지만, 가사노동의 경우에는 그런 고용
형태가 19세기까지도 지속되었다. 남자 하인들은 보통 자유롭게 옷을
입고 출퇴근했으나, 집에 거주하는 하녀들의 차림새는 여주인의 간섭을

받았다. 19세기에 하녀들은 아예 유니폼처럼 검정 드레스에 흰 앞치마와 흰 두건을 착용하기도 했다. 여주인은 한집에 사는 하녀와 본인이 구별될 수 있도록 하녀의 옷차림을 확실하게 지정할 필요가 있었던 것이다.

17세기 중반 네덜란드 그림에서 주로 볼 수 있는 부엌은 온갖 식재료가 너저분하게 널려 있는 모습이었다. 부엌은 풍요와 번식의 알레고리로, 혹은 식욕과 성욕이 넘실대는 공간으로 나타났다. 그러다 18세기 프랑스 그림에서는 부엌이 청결과 근면의 미덕을 실천하는 공간으로 제시되기 시작했다. 철학자들과 교육자들은 가정에서 여자의 역할을 강조하며, 이상적인 주부라면 밖으로 나다닐 것이 아니라 집이 기계처럼 돌아가도록 살림을 지휘해야 한다고 훈계했다. 하녀는 위생 개념이 부족하기 십상이었고, 주인의 눈에 띄지 않는 곳에서 임무를 수행하기 때문에 더욱 관리가 필요했다. 주부의 휘하에서 하녀들은 흐트러짐 없이 단정하게 차려입고 꾀부리지 않고 성실하게 일해야 했다. 이 시절 교육받은 중간층에게 청결과 질서는 자신도 상류사회에 속하게 되었다는 가시적인 자부심이었다. 위생 개념은 정신의 정결함으로 연결돼 성스러운 의미까지 부여받았으며, 점차 근대적인 미덕으로 그 의미가 확장됐다.

부 엌 의   도 구 들
—

18세기 부엌에서 중심을 이룬 것은 벽난로형 화덕이었다. 취사도구는 화덕에 걸어놓을 수 있는 커다란 솥단지, 그리고 구리로 만든 냄비와 프라이팬이 전부였다. 화덕 안에 있는 봉에 음식물이 가득찬 무거운

── 니콜라베르나르 레시피에, 〈아침 준비〉, 18세기, 렌미술관. 레시피에는 샤르댕의 영향을 많이 받은 화가다. 채소를 바닥에 늘어놓은 채, 젊은 여성이 붉은 숯불이 들어 있는 화로를 이용해 요리를 하고 있다.

솥을 걸려면 무릎을 꿇어 허리를 바닥 가까이 굽혀야 했고, 조리 중간에 스튜를 젓거나 수프가 졸지 않았는지 살피려면 활활 타는 불에 얼굴을 들이대야 했다. 이처럼 부엌은 항시 불에 데기 쉬운 위험천만한 곳이었다.

1798년에 문을 여닫을 수 있는 주철 화덕이 발명됐는데, 이것이 오늘날 조리용 레인지의 전신이라고 할 수 있다. 당시에는 이 화덕의 발명을 부엌에 일어난 작은 혁명으로 언급하기도 했지만, 이후 이 주철 화덕이 많은 이의 부엌에 보급되기까지 반세기 넘는 시간이 걸렸다. 1851년 런던 산업박람회에서는 석탄 대신 가스를 연료로 쓰는 레인지가 첫선을 보였다.

—— 장 밥티스트 시메옹 샤르댕, 〈급수통에서 물을 따르는 여인〉, 1733~1735, 스톡홀름 국립미술관. 뚜껑과 꼭지가 달려 있는 고급스러운 구리 급수통을 떡갈나무 받침대에 올려두었다.

넘비나 프라이팬으로 요리를 할 때는 화덕 대신 간편하게 쓸 수 있는 화로를 이용했다. 화로는 숯불이나 뜨거운 석탄을 담아 음식을 익히는 도구인데, 발이 세 개 달리고 양쪽으로 손잡이가 달려 있는 모양이 가장 흔했다. 화로는 18세기 전반에 보편화되어, 한 가구에 하나 이상씩 소장했다. 니콜라베르나르 레시피에Nicolas-Bernard Lécipié의 〈아침 준비〉에도 화로가 보인다. 그림 속 여자는 삼각모를 쓴, 아마도 봇짐장수인 듯한 남자에게서 방금 식재료를 구입했는지, 바닥에는 양배추와 양

18세기의 방

—— 게오르크 카를 우어라우프, 〈부르주아 가정의 부엌〉, 1790, 프랑크푸르트 역사미술관.
우어라우프는 독일의 화가로 풍속화를 자주 그렸다. 여자가 개수대에서 설거지를 하고 있으며, 머리 위
식기장에는 설거지를 마친 그릇들이 단아하게 정리되어 있다.

파를 대충 던져놓고 손에는 베이컨 한 덩어리를 쥐고 있다.

당시에는 냉장고가 없었으므로 식재료를 쌓아두고 먹지 않았
고, 그때그때 지나다니는 봇짐장수들을 불러 필요한 야채와 생선을 구
입했다. 도시에 사는 사람들은 부엌 창고에서 닭을 키워 닭고기와 계란
을 얻기도 했다. 돼지기름, 소금, 햄, 말린 채소 등 며칠 둘 수 있는 재료
정도만 부엌에 있을 뿐, 찬장은 거의 텅 비어 있었다.

게오르크 카를 우어라우프Georg Karl Urlaub의 〈부르주아 가정의

부엌〉은 부유한 가정의 잘 정리된 부엌을 보여준다. 식기장에는 그릇과 물병, 접시 등이 질서정연하게 놓여 있다. 젊은 여자가 설거지를 하고 있는데, 개수대 옆에는 나무로 된 물통이 보인다. 수돗물이 없던 시절에는 물을 필요한 만큼 수시로 길어 보충해두어야 했다. 우물에서 물을 길어 나르는 일은 아직 요리에 서투른 어린 하녀들의 몫이었다. 식수는 급수용 물통을 별도로 사용했다. 제법 고급스러운 급수통은 장 밥티스트 시메옹 샤르댕Jean Baptiste Siméon Chardin의 〈급수통에서 물을 따르는 여인〉에서 보듯, 그리고 앞에서 본 샤르댕의 〈시장에서 돌아옴〉에서도 작게 보이는 것처럼, 주로 붉은 광택이 도는 구리로 만들고 뚜껑과 꼭지가 달려 있었다. 이런 밀폐형 급수통이 없는 집에서는 그냥 구리로 된 양동이에 식수를 담아 무언가로 덮어두었다.

식당의 탄생
—

식당이라는 뜻의 '살라망제salle à manger'가 대화에서 흔히 쓰이면서 그 공간이 부르주아와 귀족의 저택에 들어서게 된 시점은 18세기 중반이다. 하지만 여전히 집의 설계도에는 식당이 표시돼 있지 않은 경우가 많았다. 그곳은 언제든 다른 용도로 쓸 수도 있는 작은 방이었기 때문이다. 식당이 따로 없는 집에서는 응접실 같은 장소를 활용해 밥을 먹을 때만 식탁을 놓고 식탁보를 깔았다.

프랑수아 부셰의 〈식사 시간〉은 귀족 집안의 아침식사를 보여준다. 벽시계는 아침 8시를 가리키고, 응접실 또는 놀이방에 두 여자, 두 아이, 집사 한 사람이 모여 있다. 이들은 1730~1740년대 프랑스에서 크

───── 프랑수아 부셰, 〈식사 시간〉, 1739, 루브르박물관.
부셰는 루이 15세 통치기에 베르사유궁에서 활약했던 궁정화가로, 귀부인을 잘 그렸다. 이 그림은 부유한 저택에서 젊은 부인들이 아이들과 함께 아침 식사하는 모습을 보여준다.

게 유행했던 커피 혹은 코코아를 즐기고 있다. 평민들에게는 아침에 먹
는 식사라는 것이 일상적이지 않았다. 평민은 오전 10시에서 12시 사이
에 느지막하게 아침 겸 점심을 먹는 반면, 귀족들은 훨씬 일찍 일어나
아침을 먹고 산책이나 독서를 했다.

　　귀부인들이 아이들에게 내민 티스푼, 집사가 뜨거운 물을 따라
주려고 들고 있는 은주전자, 칠기 탁자 위에 놓인 도자기 그릇, 김이 모
락모락 나는 커피, 커다란 거울과 값비싼 벽시계, 어느 것 하나도 허술
한 것이 없다. 그림 왼쪽에 앉은 여인이 손에 두른 팔찌, 오른쪽 아이가
가지고 노는 장난감 인형과 말에 이르기까지 모두 고급 취향을 말해주는
'럭셔리한' 물건들이다. 이 물건들은 인물과 인물 사이를 연결하면서, 남
이 보기엔 근사하지만 주인공들에게는 일상적인 아침 식사 장면을 연출
한다. 너무도 자연스러워 보이지만, 알고 보면 화가가 상류층의 아침 식
사 장면을 묘사하기 위해 하나하나 신중하게 선택한 소품들이다.

　　부셰의 그림은 소비문화가 싹트던 시기에 개인의 일상 속에서
상품이 점차 중요한 의미를 띠게 된 현상을 다루는데, 이런 그림을 '유
행풍의 그림tableau de modes'이라고 한다. 당시 사람들은 이런 그림을 감상
하면서 고급스러운 상품 하나하나에 부러운 눈길을 주었을 것이다. 계
몽주의 철학자 장 자크 루소는 사치품은 필수품이 아니면서 허영심과
과시욕을 자극한다며 사치품에 대해 부정적인 입장을 표방했다. 부셰의
〈식사 시간〉은 루소가 사치품을 비판하기 전에 완성된 것이지만, 우연
인지 의도된 것인지 오른쪽 여자의 머리 뒤로 바로 연결되듯 거울이 그
려져 있다. 거울과 여자가 그림 속에 함께 나올 경우 허영과 그 덧없음
을 상징하는 경우가 많다.

　　식당에서 가장 중요한 가구는 식탁이다. 가구 세공인들이 양쪽

을 펼쳐 늘일 수 있는 접이식 식탁을 선보인 것은 17세기 무렵이었는데, 1780년경에는 접이식 대형 식탁을 주문하는 집이 대거 증가했다. 이 무렵 집집마다 식당으로 쓸 방을 마련했다는 증거다. 식당에는 식탁과 의자 외에 가장을 위한 안락의자를 두기도 했고, 식사 전에 손씻기용 물을 담은 금속 대야를 받침대 위에 올려두기도 했다. 18세기 말에는 식당용 가구들이 좀더 세분화되어 나왔는데 '식기대'라고 불리는, 음식과 그릇을 서빙하기 전에 놔둘 수 있는 작은 테이블이 등장했다.

장 프랑수아 드 트루아Jean François de Troy의 〈석화가 있는 점심〉에서는 사냥 모임에서 돌아온 귀족들이 점심때 굴 파티를 벌이고 있다. 하인 하나는 무릎을 꿇고 앉아 굴을 까고 있고, 귀족들은 껍질을 바닥에 버려가며 굴을 먹는 중이다. 왼편에 위를 쳐다보고 있는 사람들이 있는데, 이들의 시선은 방금 천장으로 솟아오른 샴페인 마개를 향해 있다. 샴페인은 이 무렵 귀족들의 식탁에 새롭게 등장해 집중적인 관심을 받았다. 굴은 예로부터 유럽인들 사이에서 최음제 효과가 있다고 알려져왔고, 그래서 남자들의 굴 파티는 언제나 향락적인 성격을 띠기 마련이었다. 오른쪽에는 하얀 대리석상이 놓여 있는데, 육체적 쾌락의 여신 아프로디테. 최음제를 뜻하는 애프로디지액aphrodisiac과도 연관된 이미지다. 지금 아프로디테는 굴과 더불어 남자들에게 강림해 쾌락의 은총을 내리고 있다.

여 성 적   미 덕 이   행 해 지 던   곳
—
귀족의 식당 그림이 소비문화적이고 유희적인 남성의 공간과

장 프랑수아 드 트루아, 〈석화가 있는 점심〉, 콩데미술관.
드 트루아는 럭셔리한 귀족의 소비문화를 잘 그린 로코코 화가였다. 이 그림은 루이 15세가 베르사유궁에 있는 저택의 식당에 걸기 위해 주문한 것이다. 커다란 원형 식탁 앞쪽에는 식기대가 보이는데, 식기대 위쪽에는 샴페인을 얼음에 꽂아두었고 아래쪽에는 빈 접시를 놓아두었다.

관련되어 있는 것과 달리, 서민의 식당 그림은 모성성의 공간으로서 묘사되니 교훈과 계도의 느낌을 강하게 풍긴다.

　　부엌은 요리 준비를 하지 않을 때 어머니가 아이들에게 책을 읽어주고 아이들과 함께 놀아주는 곳이기도 했다. 샤르댕의 〈식사 기도〉에서도 어린이가 앉은 낮은 식탁의자에는 방금까지 가지고 놀던 장난감 북이 걸려 있는 것을 볼 수 있다. 집집마다 벽난로 위에는 역사서나 작은 어린이책이 진열돼 있고, 더불어 성경도 항상 같은 자리에 놓여 있었다. 가내 종교생활은 대부분 부엌에서 이루어졌다. 부엌은 성찬을 떠올리는 곳이었고 열심히 일해서 얻은 양식에 대해 감사기도를 드리는

──장 밥티스트 시메
옹 샤르댕, 〈식사
기도〉, 1740, 루브
르박물관.
어머니와 아이들
의 식사 장면. 어
머니가 아이들에
게 식사 전에는 감
사기도를 드려야
한다고 가르치는
중이다.

──장 밥티스트 시
메옹 샤르댕, 〈요
양을 위한 식사〉,
1747, 워싱턴 국
립미술관.
그림 속 여성은 환
자 혹은 노인을 보
살피기 위한 식사
를 차려놓았다. 보
살핌이라는 미덕
이 여성적 덕목으
로 제시되고 있다.
오른쪽에 벽난로
형 화덕이 보이는
데, 여성이 갖고
있는 손잡이가 긴
냄비는 화덕에 넣
는 용도다.

곳이었기 때문이다.

부엌이 무질서하면 타락한 가정으로 여겨져 도덕적인 개혁이 필요함을 뜻했다. 자녀교육에서 어머니의 역할을 강조하던 계몽시대에 부엌은 여자들에게 보이지 않는 신이 임하는 곳이었다. 샤르댕의 〈식사 기도〉와 〈요양을 위한 식사〉는 경건하고 엄숙한 어조로 부엌에서의 여자는 늘 타인을 돌보며 겸허하고 온화한 성품을 갖추어야 한다고 가르치는 것만 같다. 이는 기독교적 미덕과 직결되기도 하지만, 다른 한편으로는 부엌과 여자다움을 연결시킨 젠더 이미지이기도 했다.

〈참고문헌〉
Ewa Lajer-Burcharth, *The Painter's Touch: Boucher, Chardin, Fragonard* (Princeton, NJ: Princeton University Press, 2018).
버지니아 스미스, 『클린―개인위생과 화장술의 역사』, 박종윤 옮김, 동아일보사, 2008.
베아트리스 퐁타넬, 『살림하는 여자들의 그림책―중세부터 20세기까지 인테리어의 역사』, 심영아 옮김, 이봄, 2012.
에이드리언 포티, 『욕망의 사물, 디자인의 사회사』, 허보윤 옮김, 일빛, 2004.
이주은, 『미감: 그림 맛, 음식 멋―지친 나를 일으키는 행복에너지』, 예경, 2015.

이주은_건국대학교 문화콘텐츠학과 교수
〈이주은의 미술관에 갔어요〉를 신문에 연재해, 미술을 이야기로 쉽게 풀어내는 작가로 알려졌다. 『그림에, 마음을 놓다』로 10만 독자를 사로잡았으며, 벨 에포크 문화를 다룬 『지금 이 순간을 기억해』와 빅토리아 시대 영국 그림을 안내한 『아름다운 명화에는 비밀이 있다』, 음식문화와 미술을 접목시킨 『미감』 등을 썼다. 이미지가 활용되는 다양한 문화적 맥락에 대해 연구하고 있다.

설거지 방 하녀와 귀족의 아침식사

네덜란드 낙농실의 파란 손 그림 타일

델프트 블루 또는 델프트웨어라고도 불리는 델프트 타일은 도기질earthenware의 청화 타일을 말한다. 17세기 초 네덜란드 남서부의 작은 도시 델프트에서 만들어지기 시작해 지금의 이름을 얻게 되었다. 당시 유럽을 휩쓴 시누아즈리chinoiserie, 중국 취향 열풍 속에서 중국의 청화백자를 모방해서 탄생한 것이라, 하얀 바탕에 파란 손 그림 장식이 특징이다. 델프트 타일은 중국에 대한 환상을 만족시키는 장식인 동시에 청결 유지가 용이하고 내화성과 내습성이 뛰어나, 빠른 속도로 네덜란드 최고 수출 상품으로 성장했다. 18세기에 이르러 영국, 프랑스, 독일, 스페인, 포르투갈 등 유럽 곳곳에서 소위 '짝퉁' 델프트 타일이 만들어질 정도로 큰 인기를 누렸다.

그림 속 청화 타일

—

델프트는 황금기 네덜란드를 대표하는 풍속화가 요하네스 페르메이르Johannes Vermeer가 태어나고 활동한 곳이기도 하다. 사실적인 표현으로 네덜란드 시민의 생활상을 가늠하게 한 그의 그림에서도 어렵지 않게 델프트 타일을 찾을 수 있다. 대표적으로 〈우유 따르는 하녀〉를 보면 벽 굽도리에 띠를 두른 타일이 보인다. 하녀는 소매를 걷어붙이고 주어진 일에 충실한 모습이다. 이곳은 부유한 가정의 '차가운 부엌'이다. 당시 네덜란드 부유층은 집집마다 하녀를 두고, 보통 두 종류의 부엌을 사용했다. 뜨거운 불이 있는 '더운 부엌'과 일종의 낙농실dairy로 각종 유제품을 다루는 '차가운 부엌'이 그것이다. 델프트 타일은 저온에 구운 흙으로 만들어 수분 흡수율이 높았기에 서늘하고 축축한 공기가 가득한 북유럽 저지대의 '차가운 부엌'을 장식하기에 매우 효과적인 인테리어 내장재였다. 굽도리 부분은 가뜩이나 얼룩덜룩 때가 타기 쉬웠는데, 닦아내기 편한 재질에 청아한 색감까지 더할 수 있는 델프트 타일로 이곳을 장식했다. 페르메이르가 살던 델프트에선 흔한 풍경이었다. 네덜란드에서 중간계층에 속하는 무역 상인의 경우, 3주 치 월급 정도면 부엌과 응접실을 장식하기에 충분한 타일을 구매할 수 있었다.

사실 기원전 이집트에서부터 인테리어 내장재로 사용되어온 타일은 전혀 새로울 것이 없었다. 네덜란드는 이미 한 세기 전부터 이탈리아에서 들여온 백색 또는 적색의 민무늬 도기질 타일을 일반적으로 사용하고 있었고, 일부 부유층은 대리석이나 돌로 만든 타일을 체커보드checkerboard 모양으로 배열해 쓰기도 했다. 하지만 이는 모두 바닥용이었다. 무늬가 들어간 타일로 벽을 장식하는 방식은 델프트 타일이 등장

네덜란드 낙농실의 파란 손 그림 타일

요하네스 페르메이르, 〈우유 따르는 하녀〉, 1658, 암스테르담 국립미술관.
그림 속 하녀가 더치 오븐에 우유를 붓고 있다. 테이블에 빵이 올려진 것으로 보아 남은 우유에 묵은 빵을 넣어 조리를 할 모양이다. 17~18세기 네덜란드 부유층은 불을 써서 조리하는 부엌 외에 낙농실을 따로 갖추었다. 낙농실은 치즈와 버터 등 유제품뿐만 아니라 제과제빵에 필요한 것들을 준비하고 보관하는 용도로 사용되었다.

〈우유 따르는 하녀〉의 세부.
하녀의 치맛자락과 발 난로 사이로 사랑의 메신저 큐피드가 그려진 델프트 타일이 보인다. 큐피드는 발 난로 쪽으로 화살을 당기는 모습이다.

하면서부터 시작됐다.

페르메이르와 함께 동시대에 활동한 일군의 풍속화가들, 즉 델프트 화파의 그림 속에서 델프트 타일은 굽도리 외에도 벽난로 주변, 또는 벽면과 계단 하단부를 장식하고 있다. 타일을 쓰지 않으면 모두 손상되기 쉽고 청결을 유지하기 어려운 부분들이다. 오늘날 우리가 욕실과 주방 인테리어에 타일을 필수로 사용하는 이유와 다르지 않다. 한마디로 장식적 목적보다 실용적인 목적이 앞섰던 것이다.

칼뱅주의의 엄격한 도덕관을 잣대로, 집안 청결을 가정생활의 중요한 덕목으로 여겼던 네덜란드 사회에서 어쩌면 이는 당연한 귀결이었을 것이다. 네덜란드에서는 유럽 다른 국가들보다 약 한 세기 먼저 17세기 중반에 근대적 개념의 '가정'이 확립됐다. 그리하여 집을 여성의 영역으로 이해하고, 여성의 미덕을 가정을 청결하게 유지하고 자녀를 건강한 사회 구성원으로 양육하는 역할에서 찾았다. 델프트 화파 그림에 등장하는 여성 대다수가 가사를 돌보는 모습으로 그려진 이유를 이런 맥락에서 찾을 수 있다. 자세히 보면, 페르메이르의 하녀도 전통적으로 그려졌던 하녀의 모습과 정반대 모습이다. 이전 그림에서 하녀는 종종 게으르고 부도덕한 존재로 묘사됐다. 그런데 페르메이르의 그림 속 하녀는, 세속적 욕망을 상징하는 발 난로를 겨누어 화살을 든 큐피드가 그려진 델프트 타일을 등지고 서 있다. 절제하고 정절을 지키며, 부지런히 부엌일에 전념하는 여인의 모습은 당시 네덜란드 사회에서 요구했던 모범적 여성상과 일치한다.

—— 피터르 더 호흐, 〈젖을 먹이는 어머니와 어린이, 그리고 강아지〉, 1658~1660년경, 샌프란시스코 현대
미술관.
갓난아기에게 젖을 물리고 있는 어머니의 행동을 모방하듯 어린아이가 강아지에게 먹이를 주고 있다.
어머니의 옷단 끝자락에 보이는 금실 자수를 비롯해 벽난로, 그리고 그 위로 보이는 도자기 컬렉션, 오
렌지, 새장, 격자무늬 창문, 거울 등은 그림 속 공간이 부유층 집안의 실내라는 사실을 암시한다. 실내장
식의 센터피스로 부를 상징하는 벽난로 내부를 델프트 타일이 장식하고 있다.

—— 피터르 더 호흐, 〈침실〉, 1658~1660년경, 워싱턴 국립미술관.
한 손에 사과를 쥔 아이가 집안에 들어서서 침구 정리를 하고 있는 어머니를 향해 환하게 웃고 있다.
17세기 중반까지 네덜란드 가정에서는 침대를 거실에 두고 사용하는 경우가 드물지 않았다. 부엌 이
외의 공간에 특정 기능이 부여되기 시작한 것은 18세기에 이르러서다. 아이가 서 있는 방향으로 벽
면 하단을 장식하는 델프트 타일을 볼 수 있다.

메리 여왕의 낙농실에서 배우는
델프트 타일 사용법
—

델프트 타일은 네덜란드 안과 밖에서 그 쓰임에 차이가 있었다. 네덜란드 밖에서는 청화백자만큼 귀한 수입품이 되어 왕실을 비롯한 소수 특권층이 신분과 취향을 과시하는 수단으로 활용했다. 델프트 타일은 특히 18세기 초부터 유럽 왕실 여성들의 사적 공간을 꾸미는 데 적극적으로 도입됐다. 델프트 타일이 이런 용도로 쓰인 데는 영국의 왕녀로, 결혼하면서 네덜란드로 이주했다가 1689년 남편 윌리엄 3세와 함께 영국의 공동 통치자가 된 메리 2세의 기여가 적지 않았다.

메리는 델프트 타일을 자신의 낙농실을 꾸미는 데 사용했다. 메리는 신분과 지위 덕분에 벽 일부가 아닌 공간 전체를 타일로 꾸밀 수 있었다. 메리의 낙농실에 앞서 프랑스 왕실은 궁전 외벽까지도 델프트 타일로 장식하는 시도를 했다. 1670년 태양왕 루이 14세는 베르사유 궁전 안에 트리아농 드 포르셀렌Trianon de Porcelaine 별궁을 지었다. 이름에서 알 수 있듯 이 궁전은 마치 도자기처럼 꾸며졌다. 건물 외벽을 각종 청화백자와 델프트 타일로 장식했는데, 이는 계절과 날씨 변화에 따른 온도 응력을 이기지 못해 철거됐고, 이후 건물은 붉은 대리석 외벽으로 재건되었다. 트리아농 드 포르셀렌 별궁은 유럽 왕실이 참고할 수 있는 올바른 델프트 타일 사용의 선례로 남지는 못한 것이다.

네덜란드 시기 메리 2세는 '북쪽의 작은 베르사유'라 불린 헤트로 궁전에서 동양적 취미를 즐겼다. 헤트로궁은 윌리엄 3세를 위한 사냥 별장으로, 이곳의 조경과 실내장식은 프랑스 출신 네덜란드 왕실 수석 디자이너 다니엘 마로Daniel Marot가 도맡았다. 마로는 이전에 루이

14세 왕실의 실내장식 디자이너였던 장 베랭^{Jean Bérain}의 업적을 판화로 제작한 경력이 있었다. 다시 말해 그는 장중하고 화려한 프랑스 왕실의 바로크 양식에 누구보다 능통했다. 마로는 윌리엄과 메리를 위해 베르사유궁에 비견할 만한 인테리어 디자인을 선보였는데, 프랑스 바로크 양식을 토대로 네덜란드 왕실의 위용을 드러내면서도 메리의 취향을 적극적으로 반영하는 노력을 잊지 않았다. 이곳에서 메리는 중국과 일본, 그리고 델프트에서 들여온 도자기와 타일로 꾸민 낙농실을 지하층에 두고, 정원에서 가져온 이국의 꽃들을 델프트 도기 화병에 장식하거나 티타임을 즐기며 시간을 보냈다고 한다.

　　이후 영국으로 가게 되자 윌리엄과 메리는 마로와 동행했다. 그리고 마로는 이들의 새로운 주거지인 햄프턴 코트 궁전의 실내장식과 정원 디자인을 총괄했다. 메리는 햄프턴 코트 궁전에서도 프리비 정원 Privy Garden, 왕실의 사적 정원 남쪽 끝자락에 자리한 워터 갤러리Water Gallery 아래층에 낙농실을 마련했다. 1690년대 초에 건립된 이 낙농실은 욕조까지 갖추고 있었는데, 메리는 신선한 우유를 델프트 도기 그릇에 따라 마시고, 미용을 위해 델프트 타일로 마감된 욕조에서 우유로 목욕을 하기도 했다. 영국에서 우유는 18세기까지 귀족층 사이에서 다양한 질환을 치료하는 목적으로 소비됐는데, 항상 몸이 약했던 메리는 식이요법으로 신선한 우유를 소비했다.

이처럼 메리의 낙농실은 페르메이르의 우유 따르는 하녀가 일하는 '차가운 부엌'과 다르게 여가활동을 위한 공간이었다. 그렇다면 왜 굳이 낙농실이어야 했을까? 착유에서부터 버터, 치즈 등 다양한 유제품을 제조하는 낙농일이란 근본적으로 더럽고 지저분한 환경에 노출될 수밖에 없어서 상류층 여성이라면 절대 관여하지 않았다. 그런데 반대로 생각하면, 그만큼 항시 청결을 유지해야 하는 조건 속에서 긴 시간 기다리는 과정을 인내해야 하는, 근면하고 헌신적인 태도가 필요한 섬세한 작업이 낙농일이었다. 바로 이런 측면에서 메리의 낙농실은 귀부인의 내실과 다른 공간으로 인식됐다. 일반적으로 귀부인의 내실이 사치와 향락의 부정적 공간으로 여겨졌다면, 메리의 낙농실은 가정성과 모성애라는 의미를 덧입었다. 낙농실은 왕세자를 생산할 수 없던 메리에게 결점 하나 없는 부지런하고 자애로운 국모 이미지를 부여하기에 가장 적합한 장소였다. 결국 메리 여왕은 낙농실을 개인적 취미를 향유하는 공간인 동시에 통치자의 사회문화적 위세를 드러내고 확인받는 주요 수단으로 활용한 것이다.

당시 메리 여왕이 사용한 낙농실은 용도가 변경되면서 사라져

──카샬턴 하우스 배수탑 내부 욕실. © The Carshalton Water Tower and Historic Garden Trust.

버려 확인하기 어렵지만, 왕실이 보여준 낙농실 문화를 하나의 유행으로 선도한 상류층의 예를 통해 그 일부를 가늠해볼 수 있다. 영국 남해회사South Sea Company 임원이기도 했던 부유한 상인 존 펠로위스 경Sir John Fellowes은 1718년 서리Surrey에 자신의 부와 권력, 그리고 취향을 과시할 수 있는 광활한 정원이 딸린 카샬턴 하우스Carshalton House를 구입했다. 이 대저택 정원에서 가장 주목할 만한 것은 배수탑이었다. 이 배수탑은 근대적 배수 기능을 자랑하면서도, 내부에 온실과 욕실 등을 갖추고 주로 여흥을 위한 과시용 공간으로 사용했다. 지하층에 자리한 욕조를 둘러싼 벽면을 보면, 약 13센티미터 크기의 작은 정사각형 델프트 타일이 규칙적으로 배열돼 있다. 비슷비슷한 디자인의 꽃병 이미지가 반복적으로 이어지는데, 백색 민무늬 타일이 띠를 두르듯 감싸고 있어

델프트 도기로 만든 피라미드 형태의 튤립 꽃병, 높이 160cm,
1695년경, 빅토리아 앨버트 박물관. ⓒ Victoria and Albert
Museum, London.
동양에 대한 유럽인들의 낭만적 시각이 드러나는 디자인으로,
불탑에서 영감을 받았다. 각 층 모서리마다 돌출된 부분에 꽃을
꽂아 장식한다. 이 독특한 디자인의 꽃병은 역으로 중국으로 수
출되었을 만큼 높은 인기를 누렸다.

윌리엄 3세의 기마상이 그려진 델프트 타
17세기 후반 햄프턴 코트 궁전 워터 갤러리 나
장식용으로 추정.

──── 파고덴부르크Pagodenburg, 님펜부르크 궁전, 독일 뮌헨, 1716~1719 완공.
휴식공간으로 쓰인 소궁전이다. 벽면을 빼곡히 장식하고 있는 델프트 타일이 보인다. 실내장식은 중
국, 중동, 인도 양식이 혼합된 디자인이다.

마치 패널 장식을 한 듯한 착시를 불러일으킨다. 아마도 화병 등을 진열
했을 빈 벽감과 함께, 실제로 꽃꽂이를 했을 때 조화를 이룰 법한 디자
인이다.

델프트 타일, 네덜란드의 파란 외교관
—

델프트 타일 디자인은 17세기 중반부터 네덜란드 고유의 이미
지들로 채워졌다. 이미 레드오션이 된 국내 시장보다 해외 사치품 소비
시장으로 눈을 돌리면서, 델프트 타일에는 네덜란드를 상징하는 꽃인
튤립과 항선 문양 등이 주로 채워졌고 드물게 풍차를 전면에 내세우기
도 했다. 또는 황금기 네덜란드에서 유통되던 회화나 판화를 그대로 옮
긴 이미지도 있었다. 독일, 프랑스, 러시아, 폴란드 귀족들은 델프트 타
일을 대형 그림으로 주문하거나 아예 타일 방을 주문하기도 했다. 18세
기 초부터 영국과 함께 가장 경쟁적으로 델프트 타일을 수입했던 프랑
스 왕실의 랑부예Rambouillet성과 독일 왕실의 님펜부르크Nymphenburg 궁전
에서 이런 흐름을 확인할 수 있다. 두 곳 모두 부엌, 화장방, 도자기 방
등 여성의 공간에 시누아즈리 유행을 반영한 커다란 다채색 정물화 타
일 그림을 배치했고, 이와 함께 네덜란드를 대표하는 이미지들을 채워
호사스럽게 꾸몄다.

델프트 타일은 한때 대량생산된 공장 물품과의 경쟁, 값싼 벽지
의 등장 등으로 하락기를 겪기도 했지만, 일일이 수작업으로 완성되는
델프트 타일의 파란 손 그림은 역으로 중국에 수출되기도 하면서 19세
기 이후까지, 그리고 현재까지도 큰 변화 없이 지속적으로 그 명성을 이

어오고 있다. 오늘날 델프트 타일은 네덜란드 국적기인 KLM 항공의 기내 안전 수칙 영상에서도 만나볼 수 있다. 청화 타일은 더이상 먼 이방의 신비로운 나라 중국이 아니라 네덜란드의 이름으로 가치를 생산하고 있다.

〈참고문헌〉
Jan van Campen and Titus Eliëns, ed., *Chinese and Japanese Porcelain for the Dutch Golden Age* (Zwolle: Waanders Uitgevers, 2014).
Martha Hollander, *An Entrance for the Eyes: Space and Meaning in Seventeenth-Century Dutch Art* (Berkeley: University of California Press, 2002).
Hans van Lemmen, *Delftware Tiles* (New York: Lawrence King, 1997).
Meredith Martin, "Interiors and Interiority in the Ornamental Dairy Tradition," *Eighteenth-Century Fiction* 20, no. 3 (Spring 2008): 357 – 84.
Witold Rybczynski, *Home: A Short History of an Idea* (New York: Penguin Books, 1986).
Woodruff D Smith, *Consumption and the Making of Respectability, 1600-1800* (New York: Routledge, 2002).

진혜윤_한남대학교 조형예술학부 회화전공 조교수
성신여자대학교에서 조소를, 서울대학교에서 미술이론을 공부하고, 미국 빙엄턴 뉴욕주립대학교에서 미술사학으로 박사학위를 받았다. 왕정복고기 런던을 중심으로 미술과 건축 사이 공간에 대해 연구한다.

걸리버의 식탁,

크루소의 부엌

18세기 영국 식문화는 급격한 변동을 겪었다. 오랜 세월 지정학적으로 고립돼 영국 식문화는 본토의 특산물과 풍습을 중심으로 발달해왔다. 그러나 18세기가 되면서 가까운 유럽 대륙과 멀리 동양 교역국에서 본격적으로 식재료 및 식문화가 유입되기 시작했다.

가장 먼저 빠르게 퍼진 것은 유럽, 그중에서도 프랑스의 음식과 식문화였다. 이는 영국이 정치적으로 직면했던 현실과 분리될 수 없는데, 명예혁명 시기 숙청과 박해를 피해 유럽으로 망명했던 귀족계층이, 크롬웰 사망 후 왕정이 복고되어 사면되고 대규모로 귀환하면서 이런 변화가 시작됐다. 이 시기를 지나면서 유럽의 요리는 영국에서 더욱 널리, 그리고 대중 생활 깊숙한 곳까지 퍼져나간다. 1685년 4월 23일 시행된 제임스 2세의 화려한 대관식 만찬을 보면 이런 경향이 명확하게 드러난다.

　　기록에 따르면 이 만찬은 프랑스 망명 생활에서 돌아와 왕의 자리에 오른 제임스 2세의 취향에 맞게 프랑스식 메뉴와 절차를 따라 성대하게 진행됐다. 기록된 메뉴만 아흔아홉 가지에 이르고, 모든 요리는 정확히 테이블 양쪽에 대칭을 이루어 배치되는 방식으로 두 번의 코스를 통해 접대됐다. 터닙과 감자 등 영국인에게 친숙한 채소 대신 신선한 아스파라거스와 셀러리가 준비되었고 각종 프랑스식 소스와 그레이비를 곁들인 요리들이 성대하게 만찬을 장식했다.

세 계 를 만 나 는 곳 , 세 계 를 맛 보 는 곳
—

　　이국적인 식탁에 대한 영국인들의 관심은 18세기에 크게 유행한 여행 수기에서도 쉽게 찾아볼 수 있다. 외국을 여행하면서 가장 먼저, 직관적으로 체험할 수 있는 문화가 식문화이기도 하거니와 본국에서 여행기를 읽는 독자들이 가장 쉽게 자신들의 일상과 비교하며 즐길 수 있는 것이 이국적 요리와 식탁문화였기 때문이다. 조너선 스위프트의 『걸리버 여행기』는 당시 인기를 끌던 여행기 형식을 빌려 다양한 사회 군상을 풍자하는데, 식사문화 역시 예외가 아니다. 천문학과 과학, 수학을 숭배하는 라퓨타의 요리는 다음과 같이 묘사된다.

　　두 코스로 된 식사에는 코스마다 접시 세 개가 나왔다. 첫 코스는 정삼각형으로 자른 양의 어깨고기, 마름모꼴로 자른 쇠고기, 그리고 원형의 푸딩이었다. 다음 코스는 바이올린 형태로 연결한 오리

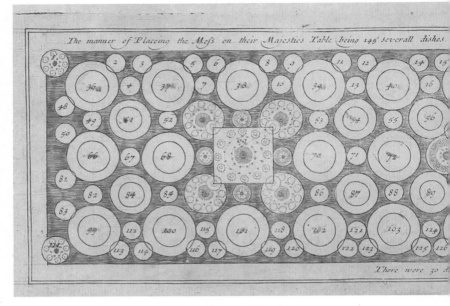

The manner of Placeing the Mess on their Majesties Table being 145 severall dishes

There were 30 d

—— 프랜시스 샌퍼드, 〈식탁차림표〉, 44.5×29.8cm, 1687, 메트로폴리탄미술관.
『최고 최강 최상의 군주 제임스 2세의 대관식 기록 The History of the Coronation of the Most High, Most Mighty, and Most Excellent Monarch, James II』에 수록된 만찬 테이블의 상세한 차림을 기록한 그림이다.

두 마리, 플루트와 오보에 모양의 소시지와 푸딩, 그리고 하프처럼 자른 송아지의 가슴 고기였다. 하인들은 우리가 먹을 빵을 원뿔, 원통, 평행사변형, 기타 각종 수학적 도형으로 잘라주었다.

그랑빌이 그린 삽화 중 식사 장면에서는 수학과 음악에 우스꽝스러울 정도로 집착하는 라퓨타의 문화가 식탁 위에 압축적으로 재현되고 있으며, 식탁은 걸리버가 라퓨타의 생경한 문화를 받아들이고 이해하는 기회를 제공해준다.

18세기 영국인들은 여행기를 통해 이국적인 식사 경험을 대리

18세기의 방

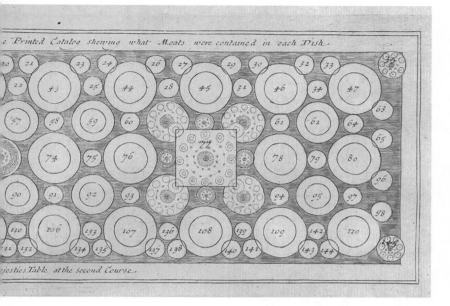

체험하는 데 그치지 않고 자신들의 식탁에 직접 이국적인 재료를 사용
한 요리를 올려서 즐기기 시작했다. 커피와 설탕, 차와 같은 수입품이
대중화되었다. 중국에서 수입된 도자기를 모방해 식기를 만드는 웨지
우드 같은 기업도 성장하기 시작한다. 1750년대 영국에서 선풍적인 인
기를 끈 요리 중 거북 수프가 있었는데, 영국이 서인도제도에 본격적으
로 식민지를 건설하고 여러 가지 교역을 확대하면서 생겨난 유행이었
다. 서인도제도에서 거북 요리를 먹어본 선원들이 본국에 돌아와 자신
들의 경험을 공유하는 과정에서 거북 수프가 유행하게 된 것이다. 유행
이 절정에 달한 시기에는 살아 있는 거북 1만 5000마리 정도를 수입해

—— 가짜 거북 수프. ⓒ Wilfried Wittkowsky. 보통 송아지 고기의 부속물을 사용해서 만들며, 머릿고기와 내장 등을 넣고 와인과 향신료를 첨가해서 끓인다.

—— 존 테니엘John Tenniel이 그린 『이상한 나라의 앨리스』원본 삽화. 앨리스가 그리폰과 가짜 거북 사이에 앉아 있다. 송아지 고기로 거북 수프 맛을 내는 데서 붙은 요리의 재료 이름인 '가짜 거북mock turtle'을, 사자와 독수리가 합쳐진 신화 속 동물 그리폰과 같이 등장시키는 재미있는 장면이다.

요리 재료로 사용했다. 그래도 공급이 수요를 따라가지 못해 거북 수프를 모방한 가짜 거북 수프가 나올 정도로 인기가 대단했다. 루이스 캐럴의 『이상한 나라의 앨리스』에 나오는 가짜 거북은 이 요리의 이름을 따서 만든 캐릭터다.

영국의 자부심은 부엌에서 만들어진다

영국 식문화가 빠른 속도로 다양한 외국의 재료와 풍습을 흡수하는 과정에서 이에 대한 일종의 반동으로 생겨난 것이 영국 전통 식문화에 대한 자부심과 애정이었다. 대니얼 디포의 모험 소설 『로빈슨 크루소』에서 주인공 크루소는 무인도에서 생존을 위해 고군분투하면서도 영국식 부엌과 영국 요리를 결코 포기하지 않는다. 이 또한 그런 문화적 맥락에서 이해할 수 있다. 크루소가 가까스로 목숨을 건지고 몸을 추스른 후 가장 먼저, 가장 집요하게 하는 일 중 하나가 영국의 부엌과 식탁을 재현하는 일이다. 오랜 시간과 공을 들여 화덕을 만들고 영국의 곡식을 재배하고 추수와 도정하는 도구를 만들고 곡물 가루를 반죽해서 빵을 만들고 동물을 사냥해서 영국식 로스팅 요리를 만드는 과정이 소설에 상세하게 묘사돼 있다.

주인공 크루소는 이렇게 만든 영국식 요리를 먹으면서, 오랜 세월 고국에서 멀리 떨어져 살면서도 영국인으로서의 정체성을 잃지 않을 수 있었고, 나아가 자신이 목숨을 구해준 원주민 프라이데이가 영국의 문명과 종교를 따르도록 '개화'시킬 수 있었다. 프라이데이의 부족이 식인을 한다는 것을 알게 된 크루소는 프라이데이를 개화시키기 위해 불

───── 18세기 중산층 농가의 부엌을 재현한 모습. 베드퍼드 박물관 제공. ⓒ Simon Speed.
장작으로 요리하는 벽난로에 다양한 무쇠 조리도구가 설치되어 있고 불 앞에는 재료를 꿰
어 돌리면서 로스팅하는 스핏이 놓여 있다.

을 피워 영국식으로 꼬챙이를 돌려가며 로스팅한 고기를 먹이기도 하고
빵 굽는 법을 가르쳐주기도 한다. 크루소의 언어를 이해하지 못하는 프
라이데이가 가장 쉽고 명확하게 영국 문화를 배우고 향유하게 이끄는
교육은 이렇게 부엌에서 이루어진다. 이와 같이 크루소의 무인도 생활
에서 부엌은 교회나 학교보다 더 효과적이고 강력한 개종과 개화의 공
간이며, 나아가 영국이 식민지를 제국의 정체성 아래 아우르기 위해 반
드시 유지해야 하는 상징적인 장소였다.

　　전통적인 영국 요리는 로스팅 방식으로 굽는 육류가 중심이 되
는데, 재료를 작게 잘라 단순히 불에 굽거나 찌는 방식의 조리와 비교
해서 로스팅은 재료의 크기가 비교적 크고 조리 시간도 오래 걸렸으

───── 1853년 초판이 출간된 우드 JG Wood의 『삽화를 통해 보는 자연사The Illustrated Natural History』에 등장한 턴스핏 견종의 모습. ⓒ H Weir.
테리어나 코기의 일종이라고 언급된 문헌 도 있으나 현재는 멸종하고 없다.

───── 윌리엄 앤드루스의 『옛 교회 이야기Old Church Lore』에 수록된 커퓨 그림.
불 위에 무쇠로 만든 덮개를 씌워 산소 유입을 줄 이고 밤새 천천히 타도록 고안된 도구다.

───── 1800년도에 출판된 헨리 윅스테드Henry Wigstead의 『남북웨일스 여행기Remarks on a Tour to North and South Wales』에 수록된 웨일스 가정의 삽화.
삽화 상단에 있는 바퀴에 들어 있는 턴스핏이 연결된 장치의 끝에 있는 스핏을 돌려 고기를 로스팅하 고 있는 모습이 보인다.

윌리엄 호가스, 〈오 오랜 영국의 로스트비프〉, 1748, 테이트 갤러리.

며 사용하는 화력도 더 셌다. 영국 요리에 로스팅이 자주 사용되는 이유에 대해서는 여러 가지 설명이 있는데, 상대적으로 사시사철 땔감 구하기가 용이했던 영국의 자연환경도 영향을 미쳤을 것이다.

로스팅에 대한 영국인의 관심과 애정은 여러 문헌에서 쉽게 찾아볼 수 있다. 어떻게 하면 더 효과적으로 로스팅할 수 있을지 고민한 끝에 다양한 장치가 고안됐는데, 그중 재미있는 것 하나는 개를 훈련시켜 로스팅하는 방법이었다. 불 앞에서 재료를 꿴 스핏Spit을 장시간 돌려야 하는 로스팅 작업에는 보통 나이가 어린 하인 같은 저숙련 인력이 동원되곤 했다. 그런데 이 일이 단순하기는 하지만 불을 다뤄 위험했기 때문에 개를 훈련시켜서 이를 담당하게 한 것이다. 이 일을 하는 데 적합하도록 품종을 개량한 견종이 턴스핏Turnspit이었다.

영국 전통 식문화에 대한 자긍심은 18세기 중반 이후 새롭게 정치적, 문화적 주도권을 잡기 시작한 중산계급의 문화적 정체성과 불가분의 관계에 있다. 새롭게 부상한 중산계급은 귀족계층이 향유하는 화려하고 이국적인 식탁을 배격하거나 폄훼하고, 소박하고 경제적인 영국의 전통 요리를 칭송하는 방식으로 일종의 문화적 애국심을 형성해나갔다. 『로빈슨 크루소』에서 크루소가 부엌을 만들기 전, 거북을 먹고 큰탈이 나서 며칠 간 사경을 헤매는 사건을 이와 같은 맥락에서 읽을 여지도 있다. 1748년 전시된 윌리엄 호가스의 그림 〈오 오랜 영국의 로스트비프〉는 로스트비프라는 영국의 전통 요리를 애국적 관점에서 칭송한 작품이다. 그림 중앙을 보면 요리사가 영국식 로스트비프에 사용될 커다란 소의 넓적다리를 들고 가는데, 그 주변으로 '프랑스식' 묽은 수프를 먹던 앙상하게 굶주린 프랑스 병사들이 부러운 듯 모여들고 있다.

근대 식탁과 부엌에 대한 문화적 연구는 여성의 위상이나 가정의 역할 같은 맥락에서 주로 다루어지지만, 부엌이 인간의 생활방식과 사유에 미친 영향은 매우 광범위했다. 라틴어 '포쿠스focus'가 '중심'이라는 의미와 '화로'라는 의미를 모두 가지고 있었다는 점만 보더라도, 인류 역사에서 요리와 난방을 담당하던 화로와 부엌을 주거생활의 중심으로 인식해왔음을 쉽게 알 수 있다. 또 한 가지, 현대에 와서 통행금지나 귀가시간의 의미로 사용되는 영어 단어 '커퓨curfew'는 프랑스어 '불덮개couvre-feu'에서 온 단어로, 원래는 하루 일과가 끝나고 밤새 불을 꺼지지 않게 보관하기 위해 화로를 덮는 무쇠나 구리로 만든 덮개를 지칭하는 말이었다. 부엌의 일과가 끝나고 불을 덮는 의식에 사용되던 도구의 이름이 가족 구성원이 주거지로 돌아와 하루를 마무리하는 시간을 지칭하는 단어로 의미가 변화한 것 역시, 부엌의 기능이 보편적인 주거와 생활의 의미로 확장되었음을 알 수 있다.

낯선 문화가 유입되고 정착하는 곳, 전통과 자부심이 만들어지고 퍼져나가는 곳. 부엌과 식탁은 이렇게 근대의 인간을 규정하는 문화적 정체성을 조용히, 하지만 쉬지 않고 만들어왔다.

18세기의 방

〈참고문헌〉
조너선 스위프트, 『걸리버 여행기』, 이동진 옮김, 해누리, 1998.
Daniel Defoe, *Robinson Crusoe* (Oxford: Oxford University Press, 1972).
Michael McKeon, *The Secret History of Domesticity: Public, Private, and the Division of Knowledge* (Baltimore: Johns Hopkins University Press, 2005).
Sara Pennell, *The Birth of the English Kitchen, 1600-1850* (London: Bloomsbury, 2016).
Bee Wilson, *Consider the Fork: A History of How We Cook and Eat* (New York: Basic Books, 2013).
Clarissa Dickson Wright, *A History of English Food* (London: Random House Books, 2011).

—
민자영_이화여자대학교 강사
듀크대학에서 18세기 영문학을 전공했으며 논문 "Novel Addiction: Consuming Popular Novels in Eighteenth-Century Britain"으로 영문학 박사학위를 받았다. 주요 논문으로 「『노생거사원』을 통해 본 18세기 소설과 습관」「행복을 약속하는 번영의 맛, 맥주가 영국을 흥하게 하리라」 등이 있다.

여름 도자기
겨울 유기,
밥상 위 사계절

추석을 지낸 지 얼마 되지 않아 벌써 창문 유리로 드는 늦은 오후의
햇살이 누런 장판 위에 길게 늘어지기 시작한다. 창문에 기름을 발
라 투명하게 빛이 들도록 했지만 이번에 연경에서 구해온 귀한 유리
를 창문 한 칸에 끼웠더니 방안의 밝기가 이전과 사뭇 다르다. 창문
유리 너머로 저녁상이 들어오는 게 보인다. 공기에 찬 기운이 섞인다
싶더니 어느새 소반 위 그릇들이 흰색에서 황색으로 바뀌었다.

18세기 서울, 형편이 좋은 어느 댁 저녁 풍경을 상상해본다. 그
당시 방을 완벽하게 재현하기엔 어려움이 있지만, 18세기 말 서울 사람
들의 생활상에 대한 다양한 정보를 적은 유득공의 『경도잡지』를 보면,
사랑방은 미끈한 유황지油黃紙를 깔고 그 위에 '수복壽福' 글자를 넣은 용

수초龍鬚草 자리를 깐 뒤 다시 화문석과 은낭隱囊, 즉 안석을 배치했다. 벽에는 신선이 사슴을 탄 그림을 걸기도 하고, 산수가 그려진 병풍을 두르기도 했다. 창은 열고 닫을 수 있는 만자 무늬 이중창을 다는데, 창호지에 기름을 먹여 정결하기가 은니색銀泥色 같으며 밖을 내다볼 수 있게 유리를 넣는다고 했다. 유리에 대해서는 서유구의 『임원경제지』에 더욱 자세히 나와 있다. "완자창의 구석 문살에 손바닥만한 유리 조각을 끼워 넣으면 주인이 구석에 앉아 창을 열지 않고도 창밖의 일을 살필 수 있으며, 밖에서는 안을 볼 수 없다. (…) 유리는 연경에서 수입한 유리 중 사람이나 사물, 화초를 새겨넣은 유리가 좋다"고 했다. 이렇게 꾸민 조선시대의 사랑방은 책을 보면 서재가 되고, 잠을 자면 침실이 되며, 때가 되면 식사를 하는 공간으로 변했다. 집안에 여성 어른이 계시면 안방에도 마찬가지로 반상을 차려 들여보냈다.

홀 로 방 에 앉 아 반 상 을 받 다
—

조선시대 식사 예법은 혼자 먹는 독상이 기본이었다. 따라서 자연스럽게 개인별 식사에 맞춘 그릇이 발달했다. 18세기 조선에서는 대동법이 전국적으로 실시돼 상품화폐경제가 발달하기 시작했다. 나라 안 시장만 발달한 것이 아니라, 중국·일본과의 무역도 이전에 비해 급격히 증가했다. 연경에서 가져온 유리를 창문에 끼운 것처럼 반상에도 점차 연경이나 일본에서 들여온 화려한 그릇이 올려지고, 처음 맛보는 이국의 음식들이 차려졌다. 그뿐 아니라 매일 아침저녁 식사를 담는 유기반상기도 유행했는데, 유기의 재료인 구리와 주석이 중국과 일본에

───── 도자기반상기 차림. 이화여자대학교박물관.
대체로 서울·경기 지역에서는 단오에서 추석 사이 더운 계절에는 도자기로 반상을 차렸다.

서 수입되지 않았다면 그런 유행은 성립할 수 없었을 것이다. 18세기 서울 사랑방에서 받는 작은 밥상에는 시대의 변화가 그대로 담기고, 새로운 음식문화가 꽃피었다.

조선시대 격식을 갖춘 1인용 밥상을 반상이라 했다. 반상기는 이를 차리기 위한 일종의 그릇 세트다. 정확히 언제부터 만들어지고 언제 반상기라고 명명되었는지는 알 수 없다. 반상기는 밥과 국, 김치 그리고 반찬이라는 한국의 상차림 형태에 맞춰 오랜 시간 그릇 만드는 기술이 발달을 거듭한 결과물이다. 오늘날 우리가 전통으로 생각하는 반상기는 늦어도 조선시대 후기에는 완성됐을 것으로 보인다. 현재까지

───── 유기반상기 차림, 국립민속박물관.
추석부터 서서히 유기반상기로 반상을 차렸다. 18세기 조선에서는 유기에 대한 선호가 매우 높아,
밥만은 계절에 상관없이 주발을 사용하기도 했다.

알려진 바로는, 반상기의 정의가 처음 등장하는 것은 『임원경제지』「섭
용지贍用志」다. 「섭용지」 '밥상에 올리는 여러 그릇登槃諸器'에는 반상기의
정의와 구성이 나와 있을 뿐 아니라 계절에 따른 도자기와 유기의 사용
에 대해서도 다음과 같은 내용이 실려 있다.

자기瓷器

우리나라 민간에서 아침저녁으로 올리는 밥그릇과 반찬그릇을 반상
기라고 한다. 밥그릇飯盂 1개, 나물국그릇菜羹椀 1개, 고깃국그릇羹臛椀
1개, 침채종지菹菜鍾, 즉 민간에서는 보아甫兒라 하는 그릇 1개, 장종지

醬鍾 1개, 초장종지醋醬鍾 1개, 포脯·젓갈醢·나물菜·구이炙 등을 담는 쟁첩楪 각각 1개, 이렇게 갖가지 구색을 갖춘 그릇을 '전부반상기명全部槃淋器皿이라 하는데, 밥그릇과 국그릇羹椀에는 모두 뚜껑이 있다.

유기鍮器

우리나라 민간에서 가장 귀한 그릇이 유기다. 아침저녁으로 밥상에 올리는 그릇은 모두 놋쇠로 만든 제품을 쓴다. 유기 제도는 한결같지 않아서 발이 있는 그릇도 있고 발이 없는 그릇도 있으며, 밥그릇이나 국그릇에만 뚜껑이 있고 나머지는 모두 뚜껑이 없는 그릇도 있고, 쟁첩이나 종지까지 다 뚜껑이 있는 그릇도 있다. 예전에는 여름에 자기를 쓰고 겨울에 유기를 썼는데, 유기를 쓴 이유는 담은 음식이 쉽게 식지 않았기 때문이다. 지금은 겨울이건 여름이건 모두 놋밥그릇에 밥을 담는다. 예전에는 서울의 재산이 넉넉하고 세력이 있는 집안에서나 유기를 썼지만, 지금은 외딴 마을 집집마다 놋밥그릇과 놋대접 2~3벌 정도는 없는 데가 없다.

이보다 조금 앞선 시기의 궁중 행사 기록인 『원행을묘정리의궤』에는 반상기에 대한 정의는 없지만 대전大殿. 임금을 높여 이르는 말과 자전慈殿. 임금의 어머니를 이르던 말의 일상 식사인 수라를 위한 반상 구성이 기록되어 있다. 기록된 반상은 주발周鉢, 탕기湯器, 대접大楪, 조치기助致器 2좌坐, 보아甫兒, 접시楪匙 5~7좌, 종지鍾子 3좌, 쟁반錚盤으로 이뤄졌다. 왕과 대비를 위한 반상기는 쟁반을 제외하고 모든 그릇이 뚜껑을 갖추고 있으며 재료로 유기뿐 아니라 은도 사용했다. 한편 유기반상기를 만드는 과정에서 유란반상鍮卵盤床과 유첩벽구반상鍮貼壁口盤床을 견본 나무木本器制樣

에 의거해 만들도록 하고 있다. 아마도 그릇 형태가 다른 것으로, 하나는 측면이 오목하고 하나는 측면이 직선이었을 것으로 추측된다.

이렇게 반상기가 다양한 모양으로 발전한 것은 홍대용의 『계방일기桂坊日記』에도 기록되어 있다. 홍대용이 세자 익위사시직翊衛司侍直으로 선임되어 세손인 정조에게 경사를 강의하고 문답한 내용을 보면, 을미년1775 4월 9일에 정조가 근래 반상기명의 모양이 변하는 것에 대해 질문했다. 이에 홍대용은 "옛 제도는 주둥이를 반드시 넓게 했는데 지금은 배를 넓게 하고 주둥이는 도리어 줄여서 좁게 만든다"고 답해, 오목한 유란형 반상기가 나중에 나온 기형임을 짐작케 한다.

조선시대 초기에는 왕실에서조차 금은 등 금속으로 만든 그릇 사용이 제한되어 자기와 칠기가 그 자리를 대신했다. 명나라가 과도하게 조공을 요구해 금은이 부족했기 때문이다. 그러다 세종 연간부터, 혹은 사옹원의 관요 설립1466~1469을 계기로 고급 백자가 왕실의 공식 그릇으로 전용되었다고 본다. 그러나 시대가 바뀌어 언제부턴가 여유 있는 집에서는 계절에 따라 도자기와 유기그릇을 바꿔가며 사용하기 시작했다. 흰색 도자기도 정갈하고 좋지만, 추운 날씨에는 누런 유기가 보기에도 포근하고 음식을 조금이라도 따뜻하게 유지하는 데 도움이 되어 계절과 잘 맞았다.

그런데 유기는 구리를 주원료로 주석을 합금해야 해서 가격이 비쌌다. 조선에서는 19세기 전까지 구리 채굴을 금해 대부분 일본에서 수입해왔고 주석도 주로 중국에서 수입했다. 숙종 4년1678에 상평통보를 발행해 유통하고자 할 때 동전 원료가 부족한데다 일본에서 구리를 수입할 수 있을지도 확실치 않아 이듬해 2월부터 유기 사용을 제한했다. 그런데 100여 년 후, 그 귀한 유기그릇이 전국 외딴 마을까지 유행처럼

—— 주발, 높이 10.5×입지름 12.8×바닥지름 6.5㎝, 국립민속박물관.

—— 오목주발, 높이 11.5×너비 13.5㎝, 국립민속 박물관.

퍼진 것이다. 『경도잡지』를 보면 세속에서는 놋그릇을 중시해 밥, 탕, 나물, 고기 등 식탁에 오르는 모든 것을 놋그릇에 담으며, 심지어 세숫대야나 요강까지 놋쇠로 만든 것을 쓴다고 했다. 18세기 조선 사람들의 유기 선호를 보여주는 대목이다.

　고가의 유기반상기를 갖출 수 있게 되자, 사람들은 계절감에 맞게 그릇을 바꿔가며 일상의 밥상을 차리는 아취 있는 음식문화를 즐길 수 있게 됐다. 또 밥은 계절과 무관하게 따뜻한 것이 좋기에 여름과 겨울 상관없이 유기로 만든 밥그릇, 주발에 담기도 했다.

소 반 에　올 라 온　외 국　음 식 과
화 려 한　수 입　자 기
—

　18세기 조선의 밥상에 생긴 또 한 가지 큰 변화는 이전까지 볼 수 없던 다양한 식재료가 올라오고, 맛본 적 없던 이국 음식이 등장한

─── 신선로, 높이 13.3×너비
17cm, 국립민속박물관.

것이다. 새로운 재료가 수입되고 중국 음식의 영향을 받은 것이 이때만
은 아니지만, 이 시기에 새로운 요리 도구와 함께 들어온 이국 음식은
그 어느 때보다 조선인의 취향을 사로잡았다. 대표적인 음식이 신선로
다. 열구자탕熱口子湯이라 불린 신선로는 18세기부터 조리서에 등장하기
시작했다. 18세기 초 『소문사설謏聞事說』에는 열구자탕에 사용하는 그릇
과 기원, 풍속이 상세하게 적혀 있다.

끓이고 익히는 기구가 별도로 있다. 놋대합 같은 모양에 발굽이 달
려 있고 가장자리에 아궁이가 하나 달려 있다. 합의 중심에 둥근 통
을 하나 세웠는데 그것이 뚜껑 바깥까지 높이 나와 있다. 그리고 뚜
껑은 가운데에 구멍을 뚫어 원통이 밖으로 나오게 했다. 이 원통 안
에 숯불을 피우면 바람이 발굽을 타고 아궁이로 들어가고 불길은 뚜
껑 위의 구멍으로 나간다. (…) 여러 사람이 둘러앉아 젓가락으로 집
어먹고 숟가락으로 떠서 먹는데, 뜨거울 때 먹는다. 이것이 바로 잡탕

——— 홍지법랑채모란문완紅地琺瑯彩牧丹文碗, 높이 4.7×입지름 11.8×바닥지름 6㎝, 중국 청나라, 국립중앙박물관.

——— 백자 채색 송죽매문 접시鍋島色繪松竹梅文皿, 높이 4.2×입지름 20.1×바닥지름 10.0㎝, 일본 에도, 국립중앙박물관. 『임원경제지』「섬용지」 중 중국 자기와 일본 자기를 설명한 부분에서 "요즘 서울의 권문세가에서 날마다 밥상에 올리는 그릇들은 대부분 그림이 그려진 사기 그릇이다"라고 했다. 위와 같은 종류의 화려한 그릇이지 않을까 상상해본다.

이다. 대체로 이러한 맛이 뛰어난 음식물은 눈 내리는 밤에 나그네들이 모여 앉아 회식하는 데 매우 적당하다. 만일 각상으로 앉은 자리라면 별로 재미가 없을 것이다. 그러나 저들(중국 사람)의 풍속에서는 본래 각상으로 음식을 먹는 예절이 없으므로 이러한 기구가 필요한 것이다. 우리나라 사람들이 그 기구를 사가지고 와서 야외에서 전별하는 모임이나 겨울밤에 모여 회식할 때 먹으면 매우 좋다.

『임원경제지』「정조지」에서도 '열구자탕방悅口子湯方' 항목이 있는데, 함께 사용하는 숟가락을 언급한 내용이 유독 눈에 띈다. "재료가 고루 익으면 도자기 숟가락畵磁匙을 사용해 올린다"고 했다. 같은 책「섬용지」에서는, 대개 중국의 자루가 짧은 도자기 숟가락은 뜨거운 탕이나 국을 뜨기 위한 도구라고 했다. 즉 자루가 짧고 그림이 그려진 도자기 숟가락은 신선로와 짝으로 사용됐다. 19세기 말 조리서인 『시의전서是議全書』에 그려진 〈신선로상〉에도 '자시'가 적혀 있고, 김준근의 풍속화에도 신선로 상 위에 도자기 숟가락이 놓여 있다. 한편 신선로가 처음 들어왔을 때는 여럿이 함께 먹었고, 부담 없는 술자리에서는 여전히 그렇게 먹었겠지만, 오늘날 유수의 종가에 작은 1인용 신선로가 남아 있는 것으로 보아 독상 문화가 발달한 조선에서는 개인용 신선로도 발달했음을 짐작할 수 있다.

18세기 사회경제적으로 안정된 조선에서는 매일매일 계절에 따라 재질을 달리해 그릇을 사용하는 아취를 즐길 수 있었다. 때로는 화려한 수입 자기가 서울 권문세가의 밥상 위를 차지하기도 했다. 이국의 음식을 맛보기 위해 화려한 도자기 숟가락도 상에 올렸다. 외국과 교역이 활발하고 사회문화적으로 풍요로웠던, 18세기 조선에서는 고급스러운 반상문화가 형성되었고, 새로운 문화는 시간의 흐름 속에서 전통 음식문화로 자리잡아갔다.

〈참고문헌〉
『원행을묘정리의궤』
서유구, 『임원경제지』
유득공, 『경도잡지』
서유구, 『임원경제지 섬용지』, 임원경제연구소 옮김, 풍석문화재단, 2016.
이성우, 『한국고식문헌집성』, 수학사, 1992.
이시필, 『소문사설, 조선의 실용지식 연구 노트』, 백승호·부유섭·장유승 옮김, 휴머니스트, 2011.

정희정_한국미술연구소 연구원
이화여자대학교에서 식품영양학을, 홍익대학교에서 미술사를 전공했다. 조선시대부터 근대까지의 음식문화와 미술사를 연계해 물질문화 융합연구를 진행하고 있다.

개인적인

불결함

네드 워드Ned Ward가 명예혁명 이후의 런던을 탐방하며 남긴 『런던 스파이』에는 폴트리 구류소와 관련된 일화가 등장한다. 늦은 밤까지 소란을 떨며 음주를 즐기던 서술자와 그의 친구는 야경꾼에게 붙들려 구류소에서 하룻밤을 지새운다. 2실링의 '상납금garnish'을 지불하고 구류소 한편에 자리잡은 두 사람은, 이곳 수감자들이 양동이를 이용한 간이변기에서 오물을 퍼내 흙더미에 섞어서 눈싸움하듯 던지며 깔깔거리는 광경을 목격한다. 오늘날 화장실을 생각할 때 함께 떠오르는 세면대, 수도, 변기와 같은 시설은 18세기 초반까지만 해도 부유층이나 사용할 수 있는 사치품이었다. 그러니 통행금지 시간을 어긴 부랑자나 범죄자를 임시로 수감하는 구류소가 제대로 된 화장실을 갖추지 못한 것은 어쩌면 너무나 당연할지도 모른다. 우리가 생각하는 것과 같은 평범한 화장실은 워드가 런던으로 상경해 상업 작가로서의 길을 걷기 시작할 당시에는 존재하지 않던 공간이나 다름없었다.

오물을 어떻게 할 것인가
—

물론 과거에도 생리작용은 어쩔 수 없는 현상이었고 사람들은 숲이나 들판, 개천에서 볼일을 해결하곤 했다. 그러나 인구가 증가하고 도시의 규모가 커지면서 자연을 활용한 해결책만으로는 미흡한 상황이 되었다. 중세시대 영국에서는 이를 해결하기 위해 성탑이나 외벽, 건물 바닥 등에 구멍을 내어 변소를 세웠다. 이러한 변소에는 대개 칸막이가 없었고 설사 벽이나 칸막이가 있다고 해도 공간의 일부는 외부로 노출되어 있었다. '러트린latrine'이나 '가드로브garderobe' 같은 단어가 옥외 변소를 지칭하는 말로 사용되었는데, 전자는 구덩이를 파서 그 위에 세워진 경우를, 후자는 외벽에 붙여 세워진 경우를 가리킨다. 지위가 높은 이들이 사용하는 경우에는 '편의의 집house of easement'이나 '은밀한privy' 같은 완곡어가 사용되기도 했지만 실외에 있거나 외벽을 접한 장소가 선택됐다는 점에서는 큰 차이가 없었다.

런던과 같은 인구 밀집 지역에서는 행인을 위한 공중 화장실도 세워졌는데, 15세기 기록으로는 도시 내에 이런 곳이 열두 군데 이상 존재했던 것으로 추정된다. 가장 흔한 장소는 템스강과 그 지류 위에 세워진 다리였다. 흐르는 강물이 하수도 역할을 해서 악취가 나지 않았고, 따로 토지를 마련할 필요가 없으니 이중의 이점이 있었던 셈이다. 볼일을 보고 난 후에는 막대에 천 따위를 끼워 뒤처리를 했는데, "막대 끝을 잘못 잡다get the wrong end of the stick"라는 표현이 여기에서 유래했다. 뒤처리할 때 사용하는 지저분한 쪽을 잡았다는 의미로, 손해를 보거나 상황을 제대로 이해하지 못했을 때를 가리킨다.

화장실이 일반 주택에도 세워지기 시작한 것은 남아 있는 기록상 중세 이후의 일로 보인다. 위치가 좋아 근방에 개천이 흐르는 경우에는 도랑을 파서 하수도처럼 사용할 수 있었으나, 인구 밀집한 런던 같은 도시에서는 쉽지 않은 일이었다. 차선책은 뒷마당에 옥외 변소를 짓거나 인적이 드문 한길 쪽에 가벽을 덧붙여 화장실을 세우는 것이었다. 보통은 땅을 깊이 파서 오물통을 설치하고 그 위를 뚜껑으로 덮는 방식을 취했다. 조금 더 공을 들인 경우에는 엉덩이를 걸칠 수 있는 나무틀을 짜서 올리기도 했다. 오물통 없이 땅에 구덩이만 파거나 나무로 된 오물통을 사용한 경우도 적지 않아 방수가 되지 않았고, 주변 토양이나 우물을 오염시키는 사고가 잦았다. 정기적으로 오물을 처리하고 청결한 환경을 조성하는 것은 전적으로 개인의 관리에 달려 있어, 관리에 게으른 하인이나 무관심한 집주인은 주변의 불평과 고소, 고발을 불러일으켰다.

시간이 흘러 쌓인 오물은 분뇨 처리를 전문으로 하는 업자의 손에 맡겨졌다. 이들은 통행이 줄어들어 그에 따른 민원도 적은 밤 시간에 일했기에 '야간꾼night man'으로 불렸고, 이들이 처리하던 분뇨는 '야간오물night soil'이라는 완곡어로 지칭됐다. 도시가 거대해지고 교구 단위 공동 계약이 늘어나면서 분뇨 처리는 수익성 높은 업종이 됐고, 분뇨 처리업자의 광고 전단이나 명함이 제작되기도 했다. 처리업자는 분뇨를 수레에 실어날라, 거름을 만드는 데 적합한 음식물 쓰레기나 잿더미와 섞어 발효시킨 후 농부들에게 팔았다. 존 헌트의 전단을 보면 알 수 있

———더비셔의 페버릴성에
남아 있는 가드로브
중 한 곳.
성벽의 동남향에 세
워졌는데, 지면이 가
팔라서 악취 나는 내
용물을 성 아래로 흘
려보내기가 용이했다.
이 성은 노르만 정복
이 완료된 이후 11세
기 말에 건설된 것으
로 추정된다.

———18세기 초 레민스터
의 타운센드 저택에
세워졌던 옥외 변소.
영국 우터셔, 에이번
크로프트 역사건축박
물관. ⓒ DeFacto.
칸막이가 없이 세 개의
좌석이 설치돼 있고,
가족용으로 사용했던
것으로 추정된다. 전
시를 위해 에이번크로
프트 역사건축박물관
으로 옮겼다.

18세기 런던에서 일한 분뇨처리업
자 존 헌트가 돌렸던 전단.
전단에 실린 그림을 통해 '야간꾼'
들이 일했던 시간대와, 지게와 수
레를 이용한 오물 수거 방식을 짐
작할 수 있다.

듯, 분뇨처리업자가 굴뚝 청소나 쓰레기 수거를 겸하는 일이 잦았던 것
은 이 때문이다.

존 해링턴의 아약스

이런 역사적 기록들은 오늘날 우리가 사용하는 실내 화장실이
근대적 발명 중 하나임을 짐작하게 해준다. 18세기는 근대가 태동한 시
대인 동시에 화장실의 역사에서 전환점이 된 때이기도 하다. 물을 내
려 내용물을 처리하는 형태의 화장실이 보급되기 시작했기 때문이다.
수세식 변기라는 아이디어가 18세기에 처음 등장한 것은 아니다. 엘리
자베스 여왕의 대자godson이자 시인이었던 존 해링턴John Harrington은 트
로이 전쟁의 영웅 아약스Ajax의 이름을 붙인 수세식 좌변기를 여왕에
게 봉헌했다. 해링턴이 대모에게 미움을 사 바스Bath 근방에서 유배 생

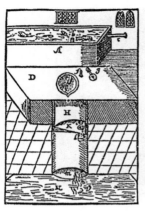

———『아약스의 변신이라
불리는 퀴퀴한 문제
에 대한 새로운 담론』
에 실린 설계도.
수조, 좌석, 하수로 이
어지는 구조를 보인
다는 점에서 현대의
좌변기와 크게 다르
지 않다. 화장실을 가
리키는 속어 중 하나
인 '더 존the John'이
존 해링턴에서 유래
했다고 주장하는 학
자도 있다.

A priuie in perfection
A. the Cesterne.
B. the little washer.
C. the wast pipe.
D. the seate boord.
E. the pipe that comes from the Cesterne.
F. the Screw.
G. the Scallopshell to couer it when it is shut downe.
H. the stoole pot.
I. the stopple.
K. the current.
L. the sluce.
M.N. the vault into which it falles: always remember that ( ) at noone and at night, emptie it, and leaue it halfe a foote deepe in fayre water. And this being well done, and orderly kept, your worst priuie may be as sweet as your best chamber. But to conclude all this in a few wordes, it is but a standing close stoole easilie emptyed.
And by the like reason (other formes and proportions obserued) all other places of your house may be kept sweet.

활을 하던 1584년에서 1591년 사이, 그는 자신의 저택에 직접 수세
식 변기를 설치했다고 한다. 유배가 끝나고 궁정으로 돌아온 해링턴은
1596년 『아약스의 변신이라 불리는 퀴퀴한 문제에 대한 새로운 담
론 A New Discourse of a Stale Subject, called the Metamorphosis of Ajax』을 펴내고 자신
이 발명한 변기의 설치법과 사용법에 대해 자세히 설명했다. 도면을 보
면 아약스는 상부의 수조, 중앙의 좌석, 하부의 하수통으로 구성되어 있
다. 밸브를 당기면 수조에 담긴 물이 오물을 씻어내려 아래 하수통으로
떨어지게 설계돼 있었다. 이를 보고 여왕은 감명받아 해링턴에게 리치
먼드궁에 아약스를 설치하게 하는 영예를 내렸으나, 그 변기는 오래 사
용되지 못했다. 하수통에 담긴 오물에서 새어나오는 악취를 막을 방법
이 없었기 때문이다.

　　　이는 수세식 변기라는 새로운 아이디어가 빨리 퍼져나가지 못
한 이유이기도 하다. 1720년 바스의 성 요한 병원에 수세식 변기가 설
치되었지만, 냄새와 누수로 인한 문제가 지속되어 결국 새로운 설비를

폐쇄하고 옥외 변소를 사용하자는 결정이 내려졌다. 윈저궁에는 앤 여왕을 위한 수세식 변기가 들어섰다. 그러나 대리석을 깎아서 만든 좌석은 실제 사용하기 위해서라기보다는 권위를 과시하기 위한 목적이 더 컸다. 1760년 호러스 월폴Horace Walpole은 자신이 방문한 저택의 침실에 "구멍과 놋쇠 손잡이, 공이 등"이 달린 마호가니 변기가 설치된 것을 보고 "이제껏 본 것 중 가장 해이한 가족"이라 평하기도 했다. 적어도 18세기 중엽까지 수세식 변기란, 특이하고 사치스러운 취향을 즐기는 사람이나 설치할 법한 비현실적인 고안이었던 셈이다.

침 실 용   요 강 에 서   의 자 형   변 기 까 지
—

그렇다면 평범한 사람들은 어떤 형태의 화장실을 사용했을까? 런던의 서민들은 앞에서 설명한 바와 같이 옥외나 외벽에 설치된 변소를 사용했지만, 타인과 공유하는 시설이 마땅치 않거나 날씨와 상관없

18세기의 방

이 편안하게 볼일 보기를 원하는 사람들은 이러한 욕구를 침실용 요강chamber pot이나 의자형 변기close stool를 통해 해결했다. '체임버chamber'는 특정한 목적을 지닌 방에 널리 사용되는 단어지만, 당대에는 주로 침대가 놓인 방을 가리켰다. 그래서 침실에서 사용된 요강이 '체임버 포트chamber pot'라 불린 것이다. 요강은 목재나 놋쇠, 도기 등으로 만든 냄비나 손잡이가 달린 항아리 모양이 주를 이루었는데, 냄새를 막기 위해 뚜껑이 달린 디자인도 적지 않았다. 침실용 요강은 늦은 밤이나 날씨가 험한 날 옥외에 설치된 변소로 나설 필요 없이 볼일을 볼 수 있게 해주었다. 그래서 노쇠한 이들이나 여성에게 큰 환영을 받았고, 여행할 때도 요긴하게 사용되었다. 마차 좌석 아래에 비치된 요강은 쉬지 않고 장거리를 이동해야 할 때 편리한 간이 변기 역할을 했다.

침실용 요강을 좀더 사용하기 편하게 만든 것이 의자형 변기였다. 걸터앉을 수 있는 의자 높이의 상자 윗면에 구멍을 내고 내부에 오물통을 넣은 후 뚜껑을 다는 것이 일반적인 형태였다. 15세기부터 런던의 금고 제작자들이 의자형 변기를 제작했다는 기록이 남아 있고, 부릴 수 있는 인력이 넉넉한 대저택에서는 의자형 변기가 19세기까지도 사용되었다. 마호가니와 벨벳, 비단, 가죽 등을 사용해서 만든 고급 의자형 변기도 있었다. 이런 변기는 자리를 옮겨가며 사용하기에는 지나치게 무거워, 침실 한쪽에 세워두고 쓰는 것이 일반적이었다. 가죽 세공으로 명성이 높았던 그린Greene 일가가 귀족들의 회계장부에 언급된 이유 중 하나는 이들이 제작한 의자형 변기 때문이었다. 내부에 넣는 오물통으로 유기나 도기 대신 자기를 사용한 경우도 있었는데, 이처럼 호화로운 의자형 변기는 왕실에서 주로 사용했다. 변기를 관리하는 직책인 '의자 관리인the Groom of the Stool'을 임명했다는 기록이 18세기까지 존재했

—— 1670년부터 1700년 사이 사용되었던 것으로 추정되는
햄프턴 코트 궁전의 의자형 변기.
앉는 자리에는 솜을 넣은 진홍색 벨벳을 씌우고, 사면에
징을 박아넣어 장식했다. 금박을 입힌 손잡이와 자물쇠가
달려 있어 사용하지 않을 때는 잠가둘 수 있었다.

다는 사실이 이를 입증한다. 언뜻 이 직책은 왕실의 시종이라 할 때 흔
히 연상되는 위엄이나 화려함과는 거리가 먼 것처럼 보인다. 하지만 사
실 의자 관리인은 가장 은밀하고 개인적인 시간에 왕족을 알현할 수 있
다는 점에서 결코 가벼운 존재가 아니었다. 볼일을 보는 왕족의 시중을
드는 동안 그는 신료의 동향과 소청을 전달하고 정치적 의견을 피력하
는 등 독대 기회를 누릴 수 있었기 때문이다. 화장실을 지칭하던 용어인
'프리비privy'에 걸맞게, 의자 관리인들은 왕이나 여왕의 사생활까지 공
유한 셈이었다.

우아한 침실의 부속품 :
세면기와 서랍장

—

일반적인 도기보다 더 높은 강도의 자기를 구워내는 기술이 발전하면서 침실용 요강 또한 화려한 치장을 입게 되었다. 이와 동시에, 아름답게 장식된 요강을 두기 위한 가구도 제작되기 시작했다. 1750년대 이후 불어닥친 프랑스 패션 열풍은 인테리어에도 영향을 끼쳤다. 치펀데일, 조지 헤플화이트George Hepplewhite, 셰러턴 같은 가구상이 내놓은 새로운 스타일은 묵직하거나 튼튼하다기보다는 우아하고 섬세한 분위기를 자아냈다. 침실에서 사용되던 세면기와 변기를 보관하기 위한 서랍장commode도 예외가 아니었다. 치펀데일이 발행한 패턴 책자에 실린 세면기 디자인을 살펴보면 고아한 분위기를 풍기는 삼각 스탠드 위에 반구형의 도자기 수반을 올리거나, 상부 선반에 물이 담긴 단지나 수병을 올릴 수 있는 테이블 형태를 취하고 있다. 18세기 후반에는 이런 세면기들이 침대 옆에서 모퉁이로 자리를 옮겼고, 이후 화장실과 욕실이 분리되면서 침실에서 자취를 감추었다.

원래 서랍장을 가리키던 '커모드commode'는 침실용 요강을 감추기 위한 용도로 사용됐다.(49쪽 하단 사진 참조) 치펀데일은 서랍이 달린 형태의 모든 가구를 커모드라 칭했으나, 원래 사용되던 명칭은 밤에 사용하는 용품을 감추어두는 곳을 의미하는 '야간 서랍장night commode' 혹은 '야간 탁자night table'였다. 가구상에 따라 디자인에 차이가 있었지만, 보통은 옆으로 열거나 위로 들어올릴 수 있는 문짝이 붙어 있어 침실용 요강을 넣었다 뺄 수 있도록 했다. 외관상으로는 흔히 사용되는 서랍장과 다를 바 없어 손님이 찾아온다 해도 감출 필요가 없었고 침실의 우아

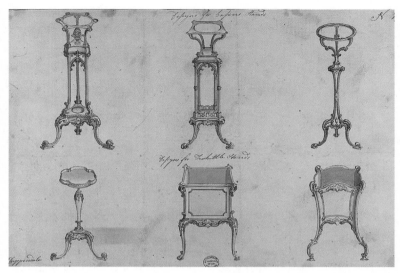

───『치펀데일 소묘』 1권에 수록된 '세면기와 찻주전자 스탠드를 위한 디자인'. 메트로폴리탄미술관. 1754년에 출판된 『신사와 가구 제작자를 위한 길잡이』를 준비하는 과정에서 그린 스케치다.

한 분위기를 해치지도 않았다. 요강을 그대로 침대 아래에 비치하던 이전 시기와 달리, 생리작용과 관련된 사항들을 가려야 할 대상으로 인지하기 시작했다는 점에서 대중의 인식에 변화가 왔음을 짐작할 수 있다.

　　그러나 침실용 요강이 감추어야 할 물건이 되었음에도, 그 내용물을 처리하는 방식에는 큰 변화가 없었다. 침실의 창문을 열고 내용물을 창밖으로 바로 버리는 행위는 지극히 일상적이었고, 그 아래에는 하천이나 도랑 대신 사람이 지나다니는 길이 있는 경우도 적지 않았다. 중세시대에는 오물을 길거리에 쏟아버리며 "가디 루gardy-loo"라고 소리지르는 풍습이 있었는데, 이는 '물 조심하세요'라는 의미의 프랑스어 '르가르데 로regardez l'eau'에서 유래한 것으로 보인다. 'gardy-loo'에서 화장실을 뜻하는 영국 속어 'loo'가 유래했다고 주장하는 이들이 있는 것은 이 때문이다. 이러한 관행은 하수나 오물 처리시설이 따로 정비되지 않은 채 거대 인구가 몰려 살았던 런던에서는 여러 가지 문제를 일으켰다. 윌리엄 호가스의 1738년 작 〈밤〉에는 집안에서 길거리로 요강 내용물을 내다버리는 장면이 등장한다. 길을 걸을 때 여성에게 바깥쪽을 양보하는 것이 신사의 미덕으로 여겨졌던 이유는 언제 머리 위로 오물이 쏟아질지 알 수 없는 환경 때문이었다.

특히 조너선 스위프트는 변소 대신 요강을 사용하는 관행을 혐오했던 듯하다. 그는 『하인들을 위한 지침*Directions to Servants*』에서 "너무나 거만하고 게을러서 정원으로 장미 한 송이 꺾으러 나서지 않고 혐오스러운 도구를 쓰는" 부인들을 혼내줄 좋은 방법을 하녀들에게 다음과 같이 이르고 있다.

이제, 그들의 혐오스러운 관습을 고치기 위해 이 일을 맡은 당신에게 충고를 해주려 한다. 이 도구를 나를 때는 공개적으로 해야 할 것이고, 중앙 계단을 따라, 남자 하인들이 보는 앞에서 해야 한다. 혹여 누군가 문을 두드린다면, 그 문을 열어줄 때 손에 그릇을 들고 있도록 한다. 다른 무엇보다 이것이야말로 당신의 안주인이 자신의 더러움을 집안의 모든 남자 하인에게 드러내니 적절한 장소에서 배설하는 쪽을 선택하도록 만들 것이다.

장미를 꺾는 것은 외부에 설치된 변소를 사용하는 행위를 뜻하는 은유적 표현이고, 하녀가 들고 다니는 혐오스러운 도구는 침대용 요강을 가리킨다. 대부분의 저택에는 하인들을 위한 뒷계단이 따로 있었

윌리엄 호가스, 〈하루의 네 시간〉 중 '밤', 영국 내셔널 트러스트 베어스테드 컬렉션.
건물 사이로 보이는 하늘에 뜬 달이 밤이라는 시간대를 짐작하게 해준다. 왼편 위층 창문으로 요강의 내용물을
길에 내버리는 손이 보이고, 오물이 아래 서 있는 남자의 머리 위로 쏟아지려 한다.

기에 가족과 손님만 쓸 수 있던 중앙 계단으로 요강을 비우러 다닌다는 것은 실제로 가능한 행동이라기보다 풍자의 산물에 가깝다. 그러나 단지를 들고 멀리 걸어가기 귀찮았던 하녀가 뒷길 한편으로 오물을 쏟아버리는 일은 충분히 있었음직하고, 그런 일은 실제로도 자주 일어났다.

하 수 도 의   발 전 과   화 장 실 의   보 편 화

오물을 길거리에 내다버리는 관행이 지속될 수밖에 없었던 이유 중 하나는 하수로가 실내에까지 연결되지 않았기 때문이다. 이는 18세기 후반에 이르러서야 화장실이 하나의 독립된 공간으로 구축될 수 있었던 원인이기도 하다. 주택 내의 하수로가 지하에 매설된 대형 하수관과 연결된 것은 다음 세기의 일로, 18세기 런던의 경우 하수로는 템스강으로 바로 흘러들었다. 강변이나 해변을 가리키는 단어인 '쇼어shore'와 하수관을 뜻하는 '수어sewer'가 어원상으로 연결돼 있다고 보는 학자가 적지 않은데, 하천변이 실제로 하수도 역할을 수행했다는 점에서 설득력이 있다. 17세기 후반부터 펌프와 파이프로 연결된 수도 공급 사업이 시작되면서 주택에 수조가 설치되었고, 물 사용량이 급증하면서 오수관의 필요성이 대두했다. 구덩이를 파서 묻어두었던 오물통 대신 저택 지하에 오수조가 설치됐고, 오수조는 템스강으로 이어지는 하수로와 연결되기 시작했다. 바스의 경우 토머스 애트우드Thomas Atwood와 월터 채프먼Walter Chapman 같은 사업자들이 1718년부터 어퍼 웍스 지역의 저택들을 중심으로 지하에 하수관을 연결하는 서비스를 시작했고, 런던의 경우 특정하기 어려울 정도로 많은 이가 새로운 업종에 뛰어들었다.

제임스 길레이, 〈국가적 편의 National Conveniences〉, 영국 초상화미술관.
길레이는 정치적 메시지를 담은 신문 삽화로 유명했는데, 프랑스 혁명 이후에는 나폴레옹을 풍자하고 영국인의 긍지를 드높이는 그림을 주로 그렸다. 이 삽화에서 영국인은 수세식 화장실을 사용하는 반면, 스코틀랜드인은 양동이를, 프랑스인은 옥외 변소를, 네덜란드인은 호수를 이용하고 있다.

그 결과 런던의 하수도는 19세기까지 지속적으로 확장되었다.

하수도 구축은 수세식 변기 설치를 용이하게 해주었다. 밸브가 달린 수세식 변기는 아약스가 나오고 179년 뒤, 1775년 알렉산더 커밍스Alexander Cummings가 출원한 특허를 통해 다시 등장했다. 런던에서 시계 수리공으로 일하던 커밍스는 밸브를 이용해 물을 내린다는 점에서 현대의 수세식 변기와 유사한 디자인을 만들어냈지만, 그의 설계에는 밸브 자체가 튼튼하지 못하다는 문제가 있었다. 1778년 조지프 브라마Joseph Bramah라는 금고 제작자가 제출한 특허는 밸브의 문제점을 개선해 소비자들의 호응을 얻었고, 그가 설립한 회사는 1797년에 6000대나 되는 변기를 판매했다. 오들리 엔드Audley End는 1760년대 고딕 스타일로 재정비된 에식스의 대저택인데, 기록에 따르면 1785년 저택에 설치된 수세식 변기 넉 대의 가격이 오늘날 화폐가치로 1000파운드가 넘었다고 한다. 여러 대의 변기를 설치할 수 있었던 것은 풍부한 자금뿐 아니라 오들리 엔드 근방을 흐르는 캠강Cam River과 연결해서 자체적으로 상하수도 체계를 갖춘 덕분이기도 했다. 이와 달리 공급업자의 서비스를 이용하는 경우에는 정해진 요일과 시간에만 물을 받을 수 있었고 수조 설치가 필수적이었다. 상수 공급, 수조와 변기 설치, 오수로를 통한 하수 처리는 화장실의 등장에 중요한 역할을 한 셈이다.

수도를 통해 물을 사용할 수 있게 되고 하수 처리가 쉬워지면서, 이전에는 침실에 설치되었던 집기들이 욕실이나 화장실로 자리를 옮기기 시작했다. 교외나 지방에 위치한 대저택의 경우 비용이 많이 들뿐 아니라 수리 자체도 쉽지 않았기에 19세기 후반까지 침실용 요강이나 서랍장을 그대로 사용하기도 했다. 그럼에도 공간의 분리는 지속적으로 진행되었다. 침실용 요강이나 의자형 변기를 침실에 보관하는 경우는 드물었고, 수세식 변기가 설치되어 있지 않더라도 화장실 역할을 할 수 있는 공간이 따로 마련되었다. 이전 시대에는 반길 만한 것은 아니지만 불가피하고 자연스러운 과정으로 받아들여졌던 생리작용이 애써 무시하거나 숨겨야 할 기피 대상으로 변해갔음을 알 수 있는 대목이다.

18세기 말에는 수세식 화장실이 교양의 지표로 여겨지기에 이른다. 제임스 길레이가 1796년 발행한 삽화는 자국 문화에 대한 자부심과 유럽 대륙의 미개한 청결 수준에 대한 경멸을 동시에 드러낸다. 수세식 화장실이 영국의 진보를 대변하는 셈이다. 교정 시설 개혁운동을 펼친 존 하워드John Howard가 쓴 『잉글랜드와 웨일스 지역 감옥의 상태』에서는 수감자들의 도덕불감증과 청결 상태가 빈번하게 연결되곤 한다. 강제하지 않아도 위생을 지키고 배설작용을 감출 줄 안다는 것이 교양과 훈육의 척도가 되었음을 알 수 있는 대목이다. 화장실의 변천사는 생리작용에 대한 터부와 위생이라는 개념이 근대의 산물임을 암시한다. 공적인 공간과 사적인 공간이 분리되고, 생리작용은 지극히 개인적인 일이므로 가려야 할 것으로 인식되고, 몸을 위생적으로 정결히 가꾸는 것이 교양의 지표가 되는 일련의 과정을 화장실의 역사를 통해 엿볼 수 있다.

〈참고문헌〉

Emily Cockayne, *Hubbub: Filth, Noise & Stench in England 1600-1770* (New Haven, CT: Yale University Press, 2007).

John Howard, *The State of the Prisons in England and Wales* (London, 1777).

Carole Rawcliffe, *Urban Bodies: Communal Health in Late Medieval English Towns and Cities* (Woodbridge, Suffolk: The Boydell Press, 2013).

Jonathan Swift, *Directions to Servants* (London, 1745).

Horace Walpole, *Letters from the Hon. Horace Walpole to George Montagu, ESQ* (London, 1818).

Ned Ward, *The London Spy: Ned Ward's Classic Account of Underworld Life in Eighteenth-Century London* (East Lansing: Colleagues Press, 1993).

류혜원_고려대학교 교양교육원 교수
이화여자대학교에서 18세기 런던과 영국 소설에 대한 논문으로 박사학위를 받았다. 주요 역서로 『이탈리아인』 1·2권 등이 있고, 주요 논문으로 「'메리 프리쓰의 생애와 죽음'을 통해 살펴본 런던 거리의 여자들Street-Walking and Cross-dressing for London Women in *The Life and Death of Mary Frith*」 「'런던 답사'에 드러난 앤쏘니 먼데이의 도시적 공동체Anthony Munday's Metropolitan Communality in *The Survey of London*」「앤 래드클리프의 '이탈리아인'에 드러난 지형의 번역Translating Landscape in Ann Radcliffe's *The Italian*」 등이 있다.

4부

가구와
사물

거울 든 여자,
거울 보는 남자

영국문학사를 관통하는 유명한 거울이 몇 개 있다. 거칠게 요약하자면 말이다. 먼저, 존 밀턴의 『실낙원』 4권에 재현된 이브가 물에 비친 자신의 이미지를 쳐다보는 장면을 꼽을 수 있다. 세상에서 눈 뜬 첫날 이브는 마치 긴 잠에서 깨어난 사람처럼 물가로 간다. 그는 잔잔하고 투명한 수면을 "또다른 하늘another sky"로 인식한다. 이브는 물에 비친 잔영이 자신의 모습인 줄도 모르고 골똘히 집중한다. 물에 비친 사람과 시선을 주거니 받거니 하다가 "연민과 애정이 담긴 표정"을 교환하는 단계에 이른다. 알 수 없는 목소리가 "아름다운 이여, 네가 보고 있는 건 네모습"이라고 준엄하게 일깨워주기 전까지는 말이다. 밀턴이 그려낸 이브는 문학사에서 중요한 거울상을 우리에게 제시했다. 일군의 연구자들은 『실낙원』의 이 장면에서 이브의 자기애와 허영을 찾아내고 이것을

—— 요한 엘레아저 자이지히 슈나우Johann Eleazer Zeizig Schenau, 〈거울공장에서의 거울Mirrors: a mirror-factory〉 일부, 판화, 런던 웰컴도서관.
드니 디드로와 장 르 롱 달랑베르가 편찬한 『백과전서』 도판으로 활용된 이 그림은 판유리에 은도색을 해서 거울 만드는 과정을 시각화했다. 특히 이 그림에서는 공장이 등장하기 전인 18세기에 거울을 만드는 데 필수적이던 인간의 노동과 도구를 구체적으로 보여준다.

곧바로 여성만의 특질로 연결시켰다. 반면 이브가 거울상에 집중하는 모습을, '시각'을 통해 지적인 호기심이 작동되는 방식으로 해석하면서 앞서 언급한 반여성적 독법을 반박하는 시도도 있었다.

　　그다음으로 유명한 거울로는 루이스 캐럴의 『이상한 나라의 앨리스』 후속편 격인 『거울 나라의 앨리스』에 등장하는 거울을 들 수 있다. 이 거울은 현실 너머 세계로 들어가는 '포털portal'에 가깝다. 말하자면 앨리스의 거울은 C. S. 루이스의 『나니아 연대기』 속 벽장, 〈닥터 후 Doctor Who〉 시리즈의 타디스TARDIS와 유사한 기능을 한다고 하겠다. 거울이

거울 든 여자, 거울 보는 남자

자기애를 작동시키는 '요망한' 물건이자 현실과 전혀 다른 세계로 진입하게 돕는 경계 기능을 한다는 통찰은 18세기 거울을 둘러싼 시각 문화, 지식 생산, 젠더 논의에도 적용해봄직하다.

거울의 등장:
현미경, 망원경, 그리고 확대경 사이에서
—

1660년부터 1830년 사이 생산된 거울은 실제 어떤 형태를 띠었고, 구체적으로 어떤 기능을 했을까? 이 질문에 답하기 위해서는 영국 혹은 프랑스의 거울이 어떠한 역사적 맥락과 물질문화에서 등장했는지 살펴야 할 것이다. 지금 우리에게 친숙한 형태의 거울이 널리 보급되기까지는 먼저 몇 가지 조건이 충족되어야 했다. 우선, 생산자는 표면이 고른 양질의 유리를 만들고, 그것을 일정한 물량으로 꾸준히 소비자에게 공급할 수 있어야 했다. 또한 그 가격은 구매력을 가진 중산층 이상의 소비자들이 구입할 수 있을 정도여야 했다.

사학자 맥신 버그Maxine Berg와 엘리자베스 에거Elizabeth Eger에 따르면, 18세기에 이르러 판유리가 제작되면서 거울이 귀족층만의 전유물에서 구매력을 갖춘 상위 중산층에까지 보급되었다고 한다. 거울을 포함해 당대의 현미경, 망원경, 확대경 또한 유리가 원활하게 생산되면서 비로소 널리 보급됐다. 그리고 유리로 만들어진 이 도구들은 17세기 과학혁명과 18세기의 시각문화가 맞물리는 지점에서 탄생했다. 사용자가 거울을 통해 대상을 주의깊게 관찰하고 실증적 지식을 얻는다는 점에서, 거울은 앞서 언급한 과학도구들과 유사한 기능을 수행했다. 다만 거

울을 통해 획득한 지식의 성격과 종류가 대체로 자기애와 직결된다는
점에서, 관찰자 자신을 들여다보는 시선이 사회적 시선을 내면화하는
과정을 수반한다는 점에서, 거울과 거울을 사용하는 사람은 의심과 풍
자의 대상이 될 운명에 처해 있었다.

　　　17세기 말부터 18세기 중반에 이르러 거울은 근대적 취향을 과
시하는 신문물이 되어 일종의 예술품 같은 아우라에 둘러싸여 있다. 거
울은 또한 그 자체로 실내를 장식하는 기능을 했다. 이는 초기 거울의
모습에서 잘 드러난다. 17세기 거울은 주로 벽걸이용으로 제작되었기
에 일종의 액자처럼 기능했을 것이다. 그 안에 풍경화나 초상화를 담는
대신, 들여다보는 자의 얼굴이나 실내공간을 비춤으로써 새로운 양감과
깊이를 제공했다는 차이를 제외하고. 로코코풍의 거울은 화려한 위용을
자랑했고, 마호가니로 만들어진 틀이나 금박 장식 테두리가 특징적이었
다. 또한 두툼한 거울 틀은 거울에 비치는 상보다는 그것의 물질성 자체

거울 든 여자, 거울 보는 남자　　　　　　　　　　　　　　　　193

—— 윌리엄 호가스, 〈화장방〉 일부,
1743~1745. 영국국립미술관.
호가스의 연작 〈신식 결혼〉은 총 여
섯 편의 그림을 통해 부유한 상인 계
층의 딸, 문란한 생활을 즐기던 백작
의 결혼 계약, 그리고 이들의 결혼생
활을 시간 순서대로 제시한다. 그는 〈
신식 결혼〉에서 18세기 영국인들이
즐기던 화려한 소비생활의 단면을 풍
자적으로 보여준다. 〈화장방〉은 백작
부인으로서 안락한 삶에 익숙해진 주
인공이 그 사회적 지위를 상징하는 화
려한 인테리어 소품과 의상, 어린 아
프리카 시종 등 이국적인 온갖 요소
와, 일상적으로 그녀의 시중을 들거나
그녀에게 구애와 아첨을 하는 사람들
에게 둘러싸여 있음을 보여준다.

에 집중하게 했다.

　　앞에서 본 윌리엄 호가스의 연작 〈신식 결혼〉 중 네번째 작품인
〈화장방〉(34~35쪽)은 18세기 당대 결혼이라는 사회계약이 성립, 전개되
는 방식을 귀족의 집안 내부에 모인 군상을 통해 풍자적으로 묘사한다.
이 그림 후경에는 벽에 걸린 액자 그림, 인물군상화가 담긴 병풍, 그리
고 거울이 올려진 테이블이 있다. 호가스의 그림은 상류층 실내공간을
완성하는 데 필수적인 구성품의 면면을 시각적으로 제시한다. 여기에서
거울은 벽걸이 그림에 비하면 현저히 작지만, 은백색의 화려한 테두리
로 둘러싸여 있다. 가장자리에 은색 술이 달린 노란색 천이 거울을 일부

피에르앙투안 보두앵Pierre-Antoine Baudouin과 피에르 아드리앵 르 보Pierre Adrien Le Beau, 〈화장대 앞에 서서 보디스를 매만지는 여인A woman standing at her dressing table and arranging her bodice〉, 판화, 23.3×16cm, 영국 웰컴도서관.
여성이 거울 앞에서 치장하는 장면을 그린 판화로, 거울과 여러 꾸밈 도구의 디테일이 돋보인다. 중심인물인 여성의 머리와 옷차림은 당대 소비문화를 반영하는 전형적 이미지다. 여성의 사적인 활동을 관음증적으로 관찰하는 시선도 느껴진다.

덮고 있는데, 이는 병풍이나 액자에 밀리지 않는 거울의 장식적 면모를 강조한다. 거울이 여성의 사적 공간을 구성하는 필수품이자 여성의 자기애를 추동하는 주요한 사물이라는 점, 그리고 여성이 공적 페르소나, 즉 집밖으로 나서기 전에 하는 화장과 같은 장치를 갖추기 위해 반드시 통과해야 하는 관문이 거울 앞이라는 점은 동시대 다른 그림들에서도 찾아볼 수 있다.

거울의 실제 표면은 평면이지만 거울은 주변공간과 사람을 반영함으로써 새로운 입체감을 제공했다. 거울과 실내공간, 여성의 여가생활, 그리고 작가적 자의식을 섬세하게 보여주는 그림으로는 장 오노

―― 장 오노레 프라고나르와 마르게리트 제라르, 〈앙고라 고양이Le Chat Angora〉, 1783년경, 독일 발라프
리하르츠 미술관.

―― 〈앙고라 고양이〉 일부.

레 프라고나르Jean Honoré Fragonard와 마르게리트 제라르Marguerite Gérard의 〈앙고라 고양이〉만한 것이 없다. 이 그림의 중앙에는 젊은 귀족 여성, 고양이, 그리고 구형 거울이 있다. 프릴로 목둘레선을 강조한 드레스를 입고 깃털 달린 실크 소재 모자, 화려하고 커다란 리본 머리장식, 목걸이를 착용한 여인의 옷차림은 그녀의 사회적 지위와 부를 상징한다. 외출 채비, 혹은 손님 맞을 준비를 마친 듯한 여성이 방에서 자신의 관심을 끄는 고양이를 조금 무료하게 내려다보는 모습을 포착한 이 그림은 18세기 여성의 실내공간을 생생하게 드러낸다. 흰 털이 북슬북슬한 앙고라 고양이와 그림 왼쪽 하단에 부분적으로 드러난 스패니얼 개는 둘 다 여성의 사적 공간과 밀접하게 연결되는 애완동물이다(스패니얼종 개와 고양이, 그리고 원숭이는 18세기 사물서사의 중심 소재이자 주인공으로 자주 소환됐다. 또한 이들은 귀족 여성의 '애장품'이었기 때문에 여성의 사치스러운 소비생활을 공격할 때, 그리고 여성과 동물의 지나친 근접성을 비판할 때 가장 먼저 거론되기도 했다). 그중 앙고라 고양이가 왼쪽 앞발을 치켜든 모습은 여성과 대칭을 이룬다.

(고양이는 언제나 옳지만) 그럼에도 이 그림에서 우리의 호기심을 끄는 건 개도 고양이도 아닌, 여인이 가볍게 손을 얹고 있는 구형 거울이다. 흔치 않은 형태의 거울이라는 건 차치하고, 구형 거울이 테이블 끝에 놓여 있다는 것은 부자연스럽고 불안한 설정이다. 심지어 이 둥그런 거울은 앞발을 능수능란하게 사용하는 고양이 앞에 놓여 있다. 여인의 시선이 고양이를 향하고, 여인은 거울이 바닥으로 떨어질 것을 막는 자세로 서 있다는 데 집중하면 이 거울이 애초에 여인을 비추는 데 목적을 두고 있지 않음이 명확해진다. 대신 그녀의 오른손에 관심을 두었던 독자라면 구형 거울에 비친 방 반대편으로 시선을 둘 것이다. 이 방에는

—— 얀 반에이크, 〈아르놀피니 부부의
초상〉, 1434, 영국국립미술관.
15세기 네덜란드 상류층의 실내공
간과 복색을 엿볼 수 있는 그림. 하
단에 정물처럼 놓인 여성의 신발
과 중앙 하단의 작은 개가 눈길을
끈다. 구체적으로 의복의 주름과
색깔, 가구와 소품, 그리고 애완동
물을 통해 신경써서 재현한 것이
특징이다.

—— 〈아르놀피니 부부의 초상〉 중 거울
부분.
반에이크는 거울을 통해 공간을
바라보는 시점을 역전시키고 자신
의 인장을 새겨넣었다.

대체 몇 명의 사람이 있단 말인가. 미니어처로 재현된 거울상에는 세 사람이 맺혀 있다. 그리고 그 거울 속에 화가 제라르의 모습이 새겨져 있다는 사실이 주목할 만하다. 제라르는 화려한 천으로 덮인 테이블, 그 위의 고양이와 거울, 그리고 그런 소유물을 마땅히 향유했을 여인을 재현해 당대 인물화의 문법을 그대로 답습하는 것처럼 보이는데, 집안이라는 제한된 공간 안에서 창작자로서의 정체성을 거울상을 통해 드러내고 있다는 점이 흥미롭다. 제라르는 곧 떨어져 깨질지도 모르는 구형 거울을 활용해 눈에 두드러지지 않는 크기와 형태로 자신을 그려낸다. 그럼으로써 여성이라는 이유로 집안에 머무르길 요구당하지만 화가로서 공적 영역에 진입하고자 하는 갈망 사이에서 위태로운 줄타기를 하는 자신의 상황을 드러내고자 한 것으로 읽힌다(사실 이 그림은 제라르와 그녀의 형부이자 스승인 프라고나르가 협업해서 그렸다고 알려져 있지만, 여러 면에서 제라르의 자의식이 드러난다고 생각해 그림 저변에 깔린 의도를 모두 제라르의 것으로 해석했다).

한편, 이 그림은 구형 거울을 이용해 전경으로 제시된 실내공간 반대편에 놓인 공간과 인물을 은밀히 드러냄으로써 의미의 겹을 만든다는 점에서, 얀 반에이크의 작품, 〈아르놀피니 부부의 초상〉과 비교해볼 만하다. 〈아르놀피니 부부의 초상〉 또한 부부의 뒤에 놓인 거울로 유명하다. 특히 반에이크는 거울을 통해 방 반대편에 있는 자신을 그려넣음으로써 작가로서의 자의식을 위트 있게 드러냈다. 얀 반에이크의 그림이 1434년 작품이고, 프라고나르는 대략 350년 후, 18세기 프랑스에서 '거울을 활용한 창작자의 인장 넣기 전통'을 차용했다고 봐도 무방할 것이다. 대신, 시간이 흘러 달라진 점이 있다. 프라고나르와 제라르는 부부의 공간 대신 여성만의 방을 강조했고, 그 방에서 여성이 느끼는 무료함 혹은 은근한 불만을 효과적으로 표출했다. 그럼으로써 여성의 공적 활동과 사적 영역의 간극에서 오는 젠더 의식을 드러내고자 한 것 아니었을까 조심스레 추측해본다.

거 울 이   방 안 에   들 어 오 다
—

거울이 방안에 들어왔다. 거울을 더욱 빈번하게 사용하면서 사람들의 자기인식에 어떤 변화가 생겼으며, 그 결과 어떤 종류의 남성성과 여성성이 탄생했을까. 거울은 흔히 여성의 전유물로 여겨져 여성의 끝 모를 허영심과 자기애를 부추기거나 체현하는 사물로 해석됐으나, 18세기 영국 소비문화에서 이런 특질이 여성에게만 국한된 것은 아니었다. 거울을 즐겨 사용하는 사람들이란 대체로 복식문화에 관심이 많기 마련이다. 그런 소비 열망과 행태를 비판하기 위해 도리어 사회문화적 젠더 규범을 넘나드는 남성들의 과도한 자기애적 측면을 풍자한 그림들이 남아 있다. 더욱이 거울을 활용해, 당대 지식 생산에서 여성이 원천적으로 배제된 상황에 문제를 제기하거나 이를 타개하고자 하는 시도가 담긴 그림들도 남아 있다.

아브라함 보스Abraham Bosse의 판화는 구도와 대비 면에서 논의할 거리가 풍성하다. 〈거울에 비친 자신을 보는 여자, 망원경을 보는 남자, 시각인식의 재현〉에서 보스는 여성의 공간과 남성의 공간을 좌우, 전후로 구획해서 제시한다. 전경에 크게 부각되어 있는 여성은 시녀의 시중을 받으면서 거울을 들여다보고 있다. 지금까지 본 그림에서 재현된 여성들과 달리, 거울을 보는 여성의 얼굴에서는 허영이나 과한 자기

아브라함 보스, 〈거울에 비친 자신을 보는 여자. 망원경을 보는 남자. 시각인식의 재현〉, 1650년경, 판화, 영국 웰컴도서관.

—— C. 테일러, 〈이젤에 앉아 있는 여인이 컴퍼스를 손에 쥔 여인으로부터 도움을 받다. 예술에서 원근법과 기하학을 상징〉, 1786, 영국 웰컴 도서관.

만족의 흔적을 찾아보기 어렵다. 도리어 이 여인은 신중을 기해 자신의 모습을 살피는 것처럼 보인다. 반면, 후경에 놓인 남성은 거울을 활용한 망원경으로 창밖을 바라보고 있다. 등에도 표정이 있다면, 그림을 들여다보는 이를 등지고 있는 남성은 방안에서 벌어지는 일이나 이 집의 안주인에게 적당히 무심한 것으로 보인다. 또한 그의 등에서는 여성의 얼굴에 어린 진중함이나 수심과 대비되는, 가벼움 혹은 장난기가 느껴진다. 이러한 대비는, 남녀가 각각 관장하는 지식의 종류가 다르며, 그 다름이 '거울'의 다른 활용법에 기인한다는 걸 강조한다. 여성은 당대 과학담론의 중요한 축이라 할 수 있는 자연철학이나 실증주의철학에 참여

—— 로버트 다이턴, 〈마카로니 화가, 혹은 빌리 딤플이 초상화를 위해 자리에 앉다〉, 1772, 대영박물관.
이 풍자화에서는 이미지의 좌우 대칭이 두드러진다. 후경의 거울을 중심축으로 초상화 액자가 쌍을 이루고 있다. 전경에는 마카로니 두 명이 거울을 보듯 서로를 마주한 채, 실제 코즈웨이의 얼굴이 초상화로 옮겨지는 과정이 재현된다. 마카로니의 중층적 자기애와 자기복제 과정이 위트 있게 담겨 있다.

The MACARONI PAINTER or BILLY DIMPLE fitting for his PICTURE.

하지 못한 채 방안에 놓인 자기 자신에게 시선을 둘 수밖에 없다는 사실을 받아들이며 체념한 듯하다. 남성은 망원경을 통해 천체 현상을 관찰하거나 누군가의 일상을 훔쳐보는 것처럼 보인다. 반면 C. 테일러C. Taylor의 그림은 손거울과 두루마리 수고본을 들고 있는 여성을 통해 여성이 관찰자이자 지식생산자 기능을 할 수 있음을 제시한다. "원근법이란 기하학의 도움을 필요로 한다Perspective requesting assistance of Geometry"라는 문구를 통해 화가인 여성이 원근법과 기하학적 지식에 접근하는 광경을 보여준다. 그림 속 손거울, 이젤, 창문, 그리고 이 그림 전체를 감싸고 있는 프레임이 모두 타원형이라는 것도 주목할 만하다. 일종의 눈속임trompe

A MACARONI D

Pub according to Act June 26

ROOM.

I.W.sc.

M. 달리, ⟨마카로니 드레싱룸⟩, 에칭에 손으로 채색, 영국 웰컴도서관.
그림 중앙에 가운 차림의 남성이 의자에 앉아 있다. 상당한 크기의 가발을 얹은 채 외출할 때 입고 갈 옷이 준비되기를 기다리는 중이다. 그를 둘러싼 남성들 모두 상당한 길이와 높이의 가발, 레이스와 프릴로 디테일을 연출한 옷차림이다. 남성들 모두 꾸밈을 과시하는 데 스스럼이 없다.

l'oeil 기법을 통해 여성이 지식생산자로서 훈련되고 활동할 수 있는지 묻는 것처럼 보인다.

한편, 소위 남성 '패션 피플(마카로니Macaroni, 맵시 부리는 남자fop, 보beau 등으로 불리던 존재들)'을 재현한 이미지는 거울에 대한 집착이 여성에게만 국한된 것이 아님을 드러낸다. 마카로니는 여성의 것 못지않게 거대한 가채, 실크 재킷, 레이스와 러플과 리본으로 한껏 부풀린 상의, 맵시 나는 구두, 날렵한 몸매를 갖춘 모습으로 그려진다. 이들을 풍자하는 그림 속에서 마카로니는 거의 언제나 거울 앞에 있고 칼이나 지팡이를 착장하고 있다. 로버트 다이턴Robert Dighton이 재현한 당대 화가이자 마카로니인 리처드 코즈웨이Richard Cosway는 외모에 시간과 에너지를 과도하게 쏟는 남성의 이미지를 드러낸다. 〈마카로니 화가, 혹은 빌리 딤플이 초상화를 위해 자리에 앉다〉를 보면 두 마카로니가 전면에 서로 마주하고 있다. 물론 초상화 의뢰인인 코즈웨이의 외양이 더 곱게 꾸며져 있음이 명백하지만, 두 사람이 공들여 꾸며진 실내공간에 거울상처럼 앉아 있다는 점이 흥미롭다. 후경에는 벽걸이 거울을 중심으로 초상화 액자가 균형 맞춰 놓여 있다. 대칭과 균형을 활용해서 모자, 가발, 리본과 레이스, 화려한 색감의 바지까지 맞춰 입은 남성 소비자를 제대로 풍자하는 셈이다. M. 달리M. Darly가 그린 〈마카로니 드레싱룸〉에 등장하는 남성들 역시 거울 앞에 서 있다는 것, 꾸밈에 집중한다는 사실에 별다른 자의식을 드러내지 않는다. 아프리카인 하인의 시중을 받으며 편안하게 여가시간을 즐기고 있다.

18세기의 거울은 실내공간을 장식하며 사용자의 계층과 부를 드러내는 주요 기표가 되었다. 또한 기존의 젠더 관습을 답습하거나 뛰어넘는 방식으로 자기연출을 가능케 했다. 일정 수준 이상의 유리가 생

산, 공급되면서 가능해진 이러한 물질문화는 현미경이나 망원경, 유리
창이 시선을 밖으로 돌리게 했던 것과 반대로, 관찰자의 시선과 관심을
자기 자신으로 돌려놓게 하기도 했다. 그 덕에 일상적인 자기연출이 가
능해지고 자기애도 한층 깊어져, 거울은 사용자가 연출할 수 있는 '페르
소나'의 성격과 종류를 확대하는 데 공헌했다고 할 수 있다.

〈참고문헌〉
Maxine Berg, *The Age of Manufactures, 1700-1820* (London: Routledge, 1994).
Maxine Berg and Elizabeth Eger, ed., *Luxury in the Eighteenth Century: Debates, Desires and Delectable Goods* (New York: Palgrave, 2003).
Christopher Plumb, *The Georgian Menagerie: Exotic Animals in Eighteenth-Century London* (London: I.B. Tauris, 2015).
Keith Thomas, *Man and the Natural World: Changing Attitudes in England 1500-1800* (Oxford: Oxford University Press, 1996).

하인혜_인천대학교 영어영문학과 조교수
일리노이주립대학에서 영문학 박사학위를 받았다. 현재 장기 18세기(1660~1830) 영국문학과 물질
문화, 과학철학, 포스트휴머니즘 비평 이론의 접점을 연구하며 논문을 쓰고 있다. 주요 논문으로 "The 'Fellowship of Sense': Anna Letitia Barbauld and Interspecies Community", 「동물과 함께, 식물과 더불어, 기계와 나란히: 18세기 영문학과 포스트휴머니즘」 등이 있다.

하프시코드,
피아노

피아노 치는
영국 소설 속
여성들

　　바로크 음악의 화려한 절정기이자 고전음악이 태동한 18세기 유럽에서는 성악 중심의 오페라와 함께 기악 연주가 처음으로 음악적 삶의 중심에 놓인다. 특히 피아노로 대표되는 건반악기는 이 시기에 비약적인 변화를 거치면서 19세기 초에 이미 '악기'로 불릴 정도로 친근하고 중요한 악기의 대명사로 자리잡는다.

　　18세기 건반악기의 눈부신 발전은 왕궁과 교회를 중심으로 이루어졌던 음악의 향유가 시민사회의 주도적 세력으로 성장한 중산계급으로 확산된 현상과 무관하지 않다. 다른 악기에 비해 훨씬 무겁고, 자랑하기에 충분할 만큼 비싸며, 무엇보다 일을 하지 않아도 되는 중산층 여성의 교양을 과시하기에 적합한 건반악기는 사회적 야망을 지닌 중산층의 세간으로 꽤나 적절한 것이었다. 즉 건반악기가 18세기 음악 장면

18세기의 방

── 프리스 니보 Friis Nybo, 〈피아노 치는 여성〉.

의 핵심으로 떠오른 데는 음악을 연주하는 악기 고유의 가치뿐 아니라, 딸들이 상류계급의 특권이었던 음악을 연주하게 함으로써 부와 교양을 과시하려는 시민계급의 계급 상승 욕구가 큰 역할을 했다.

하프시코드에서 피아노포르테로

—

18세기 중후반 이후 밝고 깨끗하지만 일정한 음량의 소리를 내는 하프시코드가 쇠퇴하고, 타건의 셈여림 조절을 통해 감정 변화를 표현할 수 있는 피아노가 부상했다. 이러한 현상은 건반악기가 '감성 숭배'의 물결을 타고 개인의 감정과 내면 풍경을 표현하는 악기 역할을 맡게 되었음을 보여주는, 건반악기의 역사에서 빼놓을 수 없는 중요한 변화다. 이때 내면성의 주인공은 주로 여성이었지만 반드시 그런 것은 아니었다. 피아노는 섬세하고 드라마틱한 감정을 표현할 때뿐 아니라 커다란 음량으로 콘서트홀을 채우는 데도 유리했다. 피아노는 1760년대 이후 독주 악기로 선호됐을 뿐 아니라 콘서트 프로그램에서도 주도적인 역할을 했다.

이렇듯 18세기 건반악기는 문화사적인 측면에서 계급, 그리고 젠더와 밀접하게 연관된 문화자본이자 내면적 감정 표현의 효과적인 매개체였다. 음악사적인 측면에서는 바로크의 음악적 이상 구현에 적절한 하프시코드에서 고전주의 소나타 형식의 플랫폼 역할을 한 피아노로 이동한 점이 중요한 사건이었다.

18세기 유럽에는 크게 오르간, 하프시코드, 클라비코드, 피아노, 이렇게 네 종류의 건반악기가 존재했다. 이중 18세기 중반까지 건반악기의 중심이 되었던 악기가 하프시코드harpsichord다. 하프시코드는 주로 영어권에서 사용하는 명칭이고 독일에서는 쳄발로cembalo, 프랑스에서는 클라브생clavecin으로 불린다. 하프시코드는 현재 그랜드 피아노와 비슷한 외관을 지녔지만 소리를 내는 원리는 다르다. 피아노는 건반을 치면 해머가 현을 '때려서' 소리를 내지만, 하프시코드는 새의 깃이나 가죽으로 만들어진 플렉트럼이 기타처럼 현을 '뜯어서' 소리를 내기 때문이다(오르간은 현을 바탕으로 한 건반악기가 아니라 관을 이용한다). 하프시코드의 음색은 피아노에 비해 투명하고 밝으며 차랑차랑하지만, 타건의 무게에 따라 소리의 강약을 조절할 수 있는 피아노와 달리 음량에 변화가 없다(이를 보완하기 위해 스톱 장치를 부착하거나 계단식 음량 변화가 가능한 이단 하프시코드가 만들어졌다).

─── 안드레아스 러커스Andreas Ruckers가 제작하고(1646) 파스칼 타
스킨Pascal Taskin이 리모델링한(1780) 2단 하프시코드. ⓒ Gerard
Janot.
하프시코드는 특히 날개(플뤼겔)라 불리는 덮개 부분에 화려한 장식을
새기는 경우가 많았다. 타건에 따라 소리의 셈여림을 조절할 수는 없
지만, 이단 하프시코드는 계단식 음량 변화가 가능했다.

날개 모양을 지닌 하프시코드와 달리 더 작고 소박하며 많은 경우 직사각형 모양을 한 하프시코드는 영국에서 버지널virginal 혹은 스피넷spinet이라 불렸다. 새뮤얼 피프스Samuel Pepys의 1660년 일기에서 잘 드러나듯 하프시코드, 버지널, 스피넷은 크기와 모양만 다를 뿐 모두 같은 악기를 지칭한다. 이에 반해 클라비코드clavichord는 하프시코드와 달리 음을 내는 방식이 현에 타격을 가하는 피아노와 비슷하고 터치에 따라 셈여림 조절이 가능했다. 그러나 음량이 빈약하고 크기가 작았으며, 독일 가정에서는 많은 사랑을 받았지만 영국이나 프랑스, 이탈리아에서는 거의 이용되지 않았다.

1709년 이탈리아의 바르톨로메오 크리스토포리Bartolomeo Cristo-fori가 '여림(피아노)과 강함(포르테)이 가능한 쳄발로'를 만든 이후 18세기 음악 풍경은 나중에 '피아노포르테'(혹은 '포르테피아노'), 더 나아가 '피아노'로 불릴 이 건반악기를 중심으로 재편된다. 하프시코드와 비교했을 때 피아노의 절대적인 강점은 크레센도crescendo. 점점 크게와 디미누엔도diminuendo. 점점 작게를 통해 인간의 감정을 불러일으키는 힘, 즉 음악의 표현성을 극대화할 수 있다는 점이었다. 감정을 움직이는 것은 절대적 음량보다 셈여림 강도의 변화에 달려 있다. 그래서 셈여림을 자유롭게 조절할 수 있는 인간의 목소리가 그토록 큰 호소력을 지닐 수 있는 것이다. 피아노는 타건을 통한 셈여림 조절을 통해 섬세하고 다양한 결의 감정을 표현할 수 있었다. 클라비코드와 달리 독주로 콘서트홀을 채울 수 있을 만큼 커다란 음량 또한 피아노의 매력이었다.

하프시코드가 프레이징phrasing. 노래의 호흡이나 말할 때의 숨쉬기 같은 단위과 선명한 아티큘레이션articulation. 음을 떼고 누르는 방식을 중시하는 바로크적 음악을 구현하는 데 어울렸다면, 피아노는 18세기 중반 이후 점차 음

—— 제작자 미상, 장방형 버지널,
1660년경, 메트로폴리탄미
술관.
2옥타브 반의 소박한 직사각
형 버지널이지만 덮개의 화
려한 장식이 눈에 띈다. 이
동 가능한 버지널로, 테이블
위에 올려놓고 연주했다.

—— 로데베이크 호라우벨스
Lodewijck Grouwels, 2단 버
지널, 1600, 메트로폴리탄미
술관.
좀더 화려하게 장식된 2단
버지널. 버지널이란 명칭은
영국 헨리 8세 시대부터 사
용됐는데, 그 어원은 정확하
지 않지만 엘리자베스 시대
극작가인 미들턴의 희곡에서
이미 '버지널virginal'과 '처
녀virgin'의 연관성이 드러나
있다.

—— 제작자 미상, 스피넷, 1540,
메트로폴리탄미술관.
'스피넷' '에스피넷' '버지널'
등은 주로 상대적으로 덜 화
려하고 작은 하프시코드를
지칭하며 대개 명칭을 혼용
해서 사용했다.

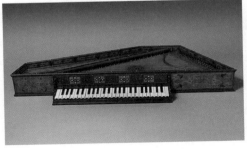

—— 요하네스 페르메이르, 〈버지널에 앉아 있는 젊은 여성〉, 1670~1672, 뉴욕시 소장.
바로크 시대 네덜란드 화가 페르메이르는 화가일 뿐 아니라 화상畵商이기도 했으며 중산층 가정을 소재로 한 그림을 많이 그렸다. 버지널을 치는 젊은 여성은 연주에 집중하기보다 무언가를 응시하는 듯하다. 무엇을 응시하며 연주하는 걸까. 자신의 내면일까.

악의 본질적 기능으로 여겨졌던 개인의 감정 '표현'에 더 적절했다. 또 하프시코드의 쇠퇴와 피아노의 부상은 18세기 말 이미 '너무 어렵다'고 느껴지던 폴리포니polyphony, 대위법 음악의 쇠퇴와 호모포니homophony, 단선율 스타일의 확립과도 연결된다. 개인주의와 낭만주의 사상가 장 자크 루소는 폴리포니 양식을 비판하면서 반주가 붙은 단선율 멜로디를 가장 자연스러운 음악, 최고의 음악으로 쳤다.

『 파 멜 라 』와 『 톰 존 스 』 속 하 프 시 코 드
—

18세기 영국 소설에서는 당시 유럽에서 건반악기에 부여된 문화적 의미와 중요성이 인상적으로 포착되고 드러난다. 초기 영국 소설의 양대 산맥이라 할 수 있는 새뮤얼 리처드슨과 헨리 필딩Henry Fielding의 작품은 하프시코드가 어떻게 중요한 소설적 모티프로 작용하는지 잘 보여준다.

리처드슨의 『파멜라』는 예쁘고 교양 있는 하녀 파멜라가 자신을 겁탈하려던 미스터 B를 순결에 대한 신념과 진실한 편지쓰기로 감복시켜 결혼하게 되는 서간체소설이자 감상소설sentimental novel이다. 파멜라의 주된 이미지는 책상에서 편지를 쓰는 모습이지만 그녀는 교양 있는 상층 하녀답게 스피넷(작고 소박한 하프시코드) 연주에도 능하다. 심지어 파멜라가 미스터 B의 음모로 링컨셔에 납치, 감금된 채 죽스 부인에게 감시당하는 방안에도 책상은 물론이고 스피넷까지 갖춰져 있다. 파멜라는 이곳에서 스피넷을 연주하며 시름을 달래거나 죽스 부인의 요청에 따라 스피넷을 치며 노래를 불러주기도 한다. 그러던 어느 날 파멜라는 자기 신

세를 한탄하며 시를 짓는데, 그중 한 부분은 다음과 같다.

아, 어떻게 내 무거운 마음이
노래하게 할 수 있으며
내 생각이 운을 맞추리오
저런 사악한 이에게 감금되어 있는데.

하지만 만일 내가 생각에서라도
이 순수함에서 벗어난다면
그때는 내 손가락이 달콤한 스피넷을 연주하는 법을
아주 잊게 하리라.

여기서 파멜라는 자신의 '마음의 노래'와 '스피넷 연주'가 다르지 않음을 강조한다. 감상소설에서는 개인의 내면을 얼굴 표정이나 몸짓 등 비언어적인 방식을 통해 더 진실하게 표현할 수 있다고 생각했다. 특히 음악은 복잡하고 섬세한 감정이나 마음을 언어보다 더 투명하게, 직접적으로 표현할 수 있는 수단이었다. 스피넷과 내면을 연결시킨 파멜라의 시는 음악에 대한 이러한 감상소설적 인식을 잘 보여준다.

반면 리처드슨의 적수라 할 수 있는 필딩의 『톰 존스』에서 하프시코드는 영국 젠트리 계층의 위계적, 위선적 집안 내실을 살짝 비틀어 보여주는 주요 소품 역할을 맡는다. 가령 시골 지주인 웨스턴 경은 매일 오후 술에 취한 채 딸 소피아의 하프시코드 연주를 듣는 습관이 있다. 그는 헨델의 음악을 못마땅하게 여기며 가볍고 경쾌한 가요를 좋아하지만 스스로 '대단한 음악 애호가'라고 자부한다. 그의 딸 소피아는 이와

18세기의 방

—— 토머스 롤런드슨, 〈젊은 여성이 피아노를 치는 동안 남성은 잠이 들다〉, 1784, 이코노그라픽 컬렉션.
롤런드슨은 정치·사회 풍자적인 그림을 많이 그렸다. 이 그림에서도 젊은 여성이 피아노(하프시코드)를 치면서 여흥을 돋우는 역할을 할 때 (롤런드슨 자신과 닮은) 남성은 소파에서 배를 문지르며 잠든 장면을 통해 가부장적 질서의 한 단면을 풍자한다.

다른 의미의 '완벽한 음악 애호가'로서 비록 아버지를 기쁘게 하기 위해 영국 발라드를 연주하기는 하지만 사실 헨델의 곡이 아니면 자발적으로 치려고 하지 않으며 아버지를 위한 오후 연주에도 헨델의 곡을 슬쩍 끼워 넣곤 한다.

이 장면에서 우리는 당시 이미 독일에서 영국으로 귀화해 영국인이 된 헨델의 높은 인기뿐 아니라 젠트리 계층 집안에서 하프시코드가 사용된 방식을 확인할 수 있다. 집안의 여성이 건반악기를 연주하는 것은 젠트리 계층 가장의 계급적 허영심, 그리고 따뜻하고 질서 잡힌 가정에 대한 욕구를 만족시켜주었다. 자신의 딸이나 아내가 경제적 부와 무관하지 않은 음악적 소양을 갖추고 있음을 과시할 뿐 아니라, 웨스턴 경의 경우에서 알 수 있듯이 하프시코드는 익숙하고 친근한 노래의 반주 악기로서 손색이 없었기 때문이다. 입술을 오므려야 하는 플루트나 다리를 벌려야 하는 첼로, 윗몸을 비틀고 목을 긴장시켜야 하는 바이올린과 달리 하프시코드나 피아노는 발을 얌전히 모으고 얼굴에 우아한 미소를 지으면서 때때로 노래하며 칠 수 있었기에 특히 여성과 어울리는 악기로 여겨졌다.

웨스턴 경의 음악 사랑이란 당시 바로크 음악의 정점을 찍은 인물이자 대중 콘서트의 유행을 몰고 온 헨델을 가뿐히 무시할 정도로 협소했다. 그리고 그는 그러한 자신의 취향에 맞는 음악을 매일 오후 술에 취한 채 딸에게 연주하도록 요구할 만큼 가부장적인 인물이었다. 하지만 소피아는 아버지와 달리 헨델을 좋아하는 자신의 취향을 포기하지 않으며, 아버지가 강요하는 블리필과의 결혼을 피하기 위해, 또 자신이 사랑하는 톰을 찾아 런던행을 감행한다.

제 인 오 스 틴 의 피 아 노 치 는 여 성 들
—

리처드슨과 필딩에 이어 제인 오스틴의 소설로 넘어오면 더이상 하프시코드 소리는 들리지 않고, 대신 초기 피아노를 지칭하는 '피아노포르테(포르테피아노)'의 소리가 거의 모든 소설에서 다양하게 울린다. 오스틴의 작품에서 피아노는 무엇보다 여성의 교육, 혹은 여성의 정체성과 관련해 중요한 역할을 한다. 우선 오스틴은 감상소설에서 강조되는 '마음의 직접적 표현인 음악'에 의심의 눈초리를 보내면서 계급적 '구분 짓기'의 매개로서 피아노의 실체를 까칠하게 드러낸다. 『이성과 감성』에서 감성을 대변하는 메리앤이 음악에 대한 과도하고 배타적인 열정을 드러낼 때, 또 『에마』에서 말쑥하고 바람기 있는 처칠이 제인 페어팩스에게 브로드우드 스퀘어 피아노를 비밀리에 선물로 보냈을 때, 음악은 더이상 마음의 투명한 창이 아니다. 오히려 여성의 피아노 연주는 열등감을 감추거나 우월감을 과시할 수 있는 '스펙'이 된다. 『오만과 편견』의 베넷가 다섯 딸 중 가장 인물이 빠지는 메리는 이를 보상하기 위해 피아노 연습을 엄청나게 하지만 과시적이고 영혼 없는 연주로 주위 사람들을 불편하게 한다. 또 자칭 최고의 음악 애호가이자 전문가로, 엘리자베스에게 피아노 연습을 매일 해야 한다고 충고해대는 다아시의 이모 캐서린 부인은 막상 엘리자베스가 피아노를 연주하자 음악을 감상하기보다 다시 수다에 집중한다.

하지만 피아노의 윤리학이라고 해야 할까. 엘리자베스 베넷이 피아노를 치면서 다아시와 나눈 대화는, 피아노와 연관된 중산층 여성의 윤리 감각이 다아시로 대표되는 상층계급의 자기중심적 무심함을 유쾌하게 전복시키는 순간을 잘 보여준다. 엘리자베스는 메리튼 무도회에서 남자들이 부족한데도 거의 춤을 추지 않았던 다아시의 무례함을 은근히 나무란다. 이에 다아시는 자신이 남들과 달리 모르는 사람과 대화할 수 있는 능력이 부족하기 때문이라고 변명한다. 엘리자베스는 피아노를 치면서 대답한다. "내 손가락은 다른 많은 여성의 손처럼 능숙하게 이 악기 위에서 움직이지 못하죠…… 하지만 나는 늘 그게 내 잘못이라고, 내가 공들여 연습하지 않았기 때문이라고 생각했거든요. 내 손가락이 훌륭한 연주를 하는 다른 여성들의 손처럼 움직일 수 없어서가 아니라요." 피아노를 잘 치기 위한 '꾸준한 연습'은 권력을 지닌 상류계급 남자가 아니라 중산계급이나 여성에게 요구되는 덕목이다. 자신의 오만을 '낯을 가려서'라는 무능으로 포장하지 말고 좀 불편하더라도 먼저 다가

── 존 브로드우드 John Broadwood, 스퀘어 포르테피아노, 1784, 함부르크 예술공예박물관.
브로드우드사는 베토벤이 칭찬할 정도로 신뢰를 받았던 영국의 피아노 제조사다. 『에마』에서 처칠이 제인 페어팩스에게 비밀리에 보냈던 피아노는 이 그림에서 보는 것과 같은 브로드우드 스퀘어 피아노다.

── 제인 오스틴이 사용했던 것과 유사한 클레멘티 피아노, 1813, 영국 초턴에 있는 제인 오스틴 자택 박물관. ⓒ 이혜수.
"제인 오스틴은 매일 아침 식사 전에 피아노를 연습하고 피아노 연주로 조카들을 즐겁게 해주었던 숙련된 피아노 연주자였다"라는 설명이 벽에 붙어 있다.

가는 노력을 꾸준히 하는 것이 제대로 된 신사의 매너임을 엘리자베스는 꼬집은 것이다. 『오만과 편견』에서 중간 젠트리 계층의 윤리 감각을 갖고 있는 엘리자베스가 다아시 같은 상류계급의 오만함을 지적하는 데 피아노 연습을 끌어들인 것은 피아노와 여성, 그리고 중산층 가치의 밀접한 관계를 고려할 때 매우 적절해 보인다.

더 나아가 오스틴은 마지막 완성작인 『설득』에서 여성이 피아노와 맺었던 오래되고 끈끈한 관계를 다른 차원으로 이끈다. 『설득』의 주인공 앤 엘리엇에게 피아노를 친다는 것은 자신의 마음을 토로하거나, 교양을 과시하거나, 혹은 엘리자베스가 그랬던 것처럼 상류계급의 허위의식을 폭로하는 계기가 아니다. 그녀에게 피아노는 내면으로 고스란히 들어가게 해주는 마음의 피난처이면서도 사회적 의무와 역할을 다하게 해주는 독특한 장치다.

앤은 젊은 날 러셀 부인의 충고로 헤어졌던 웬트워스가 멋진 해군 대위가 되어 나타나 그녀가 속한 모임에서 주목받고 젊은 여성들에게 선망의 대상이 되는 것을 마음 아프게 바라본다. 그러던 어느 날 춤을 추는 것을 마지막으로 모임을 마무리하게 되자, 앤은 춤을 추는 대신 기꺼이 피아노 반주를 맡는다. "악기를 연주하며 앉아 있을 때 그녀의 눈에는 가끔 눈물이 차올랐지만 자신이 할 일이 있어 정말 기뻤고 그 대가로 오로지 눈에 띄지 않기만을 바랐다." 자신이 떠났으나 여전히 마음에서 떠나보내지 못하는 남자가 있는 무도회. 거기에서 춤을 즐기는 대신, 주로 젊고 아름답던 시절을 떠나보낸 여성이 행하던 피아노 반주를 도맡아 하는 앤은 언뜻 보기에는 그저 그런 불쌍한 노처녀. 하지만 앤에게 피아노 치기란, 사회적 역할을 수행하는 일인 동시에 극히 내밀하고 사적인 행위이기도 하다. 앤은 피아노를 치면서 자신을 낮추어 타인에게 소용되는 일을 하되, 한편으론 그 안에서 자신의 감정을 들여다보며 내면의 공간을 만들어가기 때문이다. 이후 웬트워스는 피아노를 가리키며 "여기는 당신 자리니까요"라고 말한다. 이 언급은 오스틴의 가장 성숙한 인물이라 할 수 있는 앤에게 피아노라는 공간이 지니는 상징적 의미를 잘 보여준다.

오스틴의 편지를 통해 그가 음악을 깊이 사랑하고 또 피아노를 꾸준히 연습했으며 레슨도 받았다는 사실이 알려져 있다. 또 영국 초턴에는 그녀가 사용하던 피아노가 남아 있기도 하다. 피아노와 여성의 관계에 대한 오스틴의 다양하고 깊은 통찰이 괜히 나온 것이 아님을 알 수 있다.

〈참고문헌〉
Pierre Dubois, *Music in the Georgian Novel* (Cambridge: Cambridge University Press, 2018)
Arthur Lessor, *Men, Women and Pianos: A Social History* (New York: Dover, 2011).
Robert Marshall, *Eighteenth-Century Keyboard Music* (London: Routledge, 2003).
Simon McVeigh, *Concert Life in London from Mozart to Hayden* (Cambridge: Cambridge University Press, 1993).

이혜수_건국대학교 영어영문학과 교수
연세대학교 영어영문학과를 졸업하고 서울대학교 대학원에서 석사학위를, 뉴욕대학에서 18세기 영국 소설 연구로 박사학위를 받았다. 저서로『영미소설 속 장르』, 역서로『걸리버 여행기』가 있다. 논문으로「"내 당돌함 때문에 나를 좋아했나요?":『오만과 편견』의 새로움과 낯익음」「초기 영소설과 그로테스크 리얼리즘:『조셉 앤드류즈』를 중심으로」「『워더링 하이츠』와 어른이 된다는 것: 상실 혹은/그리고 성장」, "Women, Comedy, and *A Simple Story*" 등이 있다.

어른들의
판타지

17세기 해상무역의 중심으로 떠오른 네덜란드는 세계 각지에서 흘러들어온 막대한 부로 황금시대Dutch Golden Age를 맞이한다. 렘브란트와 페르메이르 등 미술계 거장들이 등장하고, 풍족한 부로 물질문화가 발달하면서 인물화가 중심이던 이전까지의 회화 전통을 벗어나 풍경화, 그리고 특히 정물화가 본격적으로 발전하는 토대가 되었다. 이전 16세기 르네상스 시대에 이탈리아인들은 진귀한 예술품이나 수집품을 스투디올로studiolo라는 서재에 전시했다. '호기심의 방cabinets of curiosities' 이라 불린 이 방은 유럽 대륙을 넘어 점차 지구 곳곳을 탐험하기 시작한 이들의 새롭고 진귀한 물건들로 가득찬다. '경이로운 방'이란 의미의 분더캄머wunderkammer, '예술의 방'이란 뜻을 가진 쿤스트캄머kunstkammer 등 다양한 형태로 발전한 수집실은 현재 박물관의 원형이라 할 수 있다.

18세기의 방

──── B. 체루티B. Ceruti와 A. 키오코A. Chiocco, 〈프란체스코 칼촐라리의 호기심의 캐비닛〉, 1622, 프란체
스코 칼촐라리 박물관.
16세기 이탈리아 베로나의 약재상이었던 칼촐라리Francesco Calzolari의 캐비닛은 약효가 있는 식물을
비롯해 다양한 동식물과 수집품을 전시한 작은 박물관이었다.

이곳에서는 이집트 미라에서 떼어온 천조각부터 예수의 시신을 쌌던 것
이라고 전해지는 피 묻은 모포, 바다를 건너온 기이한 모양의 조개껍데
기까지 다양한 수집품과 예술품이 전시되었다.

　　호기심의 방이 세계를 누빌 수 있는 남자들의 지식 창고였다면,
초기 인형집은 가정으로 한정된 영역 안에서 여성들이 수집가로서의 취

어른들의 판타지

향과 안목을 전시할 수 있는 전시장으로 시작되었다. 17세기 독일 초기 인형집인 '뉘른베르크의 집Nuremberg Houses'은 상류층 소녀들이 부엌 놀이 등을 할 수 있는 장난감 기능을 가지고 있었던 반면, 네덜란드 인형집은 아이들이 갖고 놀 만한 장난감이라기보다는 귀중품으로서의 성격이 강했다. 네덜란드 인형집은 나무로 만든 캐비닛 안에 작고 섬세한 공예품이 들어찬, 어른들을 위한 진열장에서 출발했다. 17세기 네덜란드의 '전시용 인형집pronk poppenhuisen' 중에서 유명한 것으로는 페트로넬라 드 라 코트Petronella de la Court의 인형집(1670~1690), 페트로넬라 뒤누아 Petronella Dunois의 인형집(1676~1700), 페트로넬라 오르트만Petronella Oort-man의 인형집(1686~1710) 등이 있다. 수집실과 인형집의 형태적 유사성은 유명한 도메니코 렘프스Domenico Remps의 〈호기심의 캐비닛Cabinet de curiosités〉(1690) 같은 작품을 통해 미루어 짐작할 수 있다.

　　작품 연대에서 알 수 있듯이 전시용 인형집은 여주인이 수십 년 동안 소장품들을 교체하거나 내부 장식을 손보면서 수집가로서 공들인 결과물이었다. 여주인은 실제 집처럼 완벽하고 화려한 미니어처를 인형집에 구현하고자 했다. 남편과 아내, 아이들, 하인들과 심지어 애완동물까지 모든 가족구성원의 인형이 방마다 적절한 위치에 전시되었다. 1718년에 네덜란드를 여행한 어떤 독일 여행자는 페트로넬라 오르트만의 인형집 가격이 2만에서 3만 길더 사이라고 기록했는데, 거의 실제 집 값에 상응하는 가격이었다. 과장된 가격이라는 추측도 있으나, 이 기록은 네덜란드 인형집이 그만큼 화려한 스펙터클로서 이방인에게 강렬한 인상을 남겼음을 방증한다.

　　아이들의 장난감이 아닌 성인 여성의 전유물로서 전시용 인형집이 지니는 문화적 의미는 다음과 같다. 첫째, 이는 여성 수집가의 부

〈페트로넬라 드 라 코트의 인형집〉, 1670~1690, 유트레히트 중앙박물관.
〈페트로넬라 드 라 코트의 인형집〉은 현재 남아 있는 네덜란드 전시용 인형집 중 최초의 작품이다. 인형집은 지층부터 2층까지 총 3층의 진열장 형태를 취하고 있으며, 2층에는 그림과 태피스트리가 들어찬 쿤스트캄머가 배치돼 있다. 또 지층에 정원을 배치하고 1층 응접실 배경에는 커다란 풍경화를 전시함으로써 자연을 실내로 들이고자 하는 16~17세기 수집가적 경향을 드러낸다.

――― 〈페트로넬라 오르트만의 인형집〉, 1686~1710, 암스테르담 국립박물관.
페트로넬라 오르트만은 페트로넬라 드 라 코트와 아담 오르트만의 셋째 딸로, 어머니의 이름을 물려받았다. 그의 인형
집은 참나무 목재에 거북껍데기와 백랍으로 장식한 캐비닛 안에 다양한 방을 재현해놓았다.

—— 도메니코 렘프스, 〈호기심의 캐비닛〉, 1690, 피에트르 뒤레 박물관.
캐비닛 양쪽 문에 걸려 있는 선박 그림은 이 모든 진귀한 물건이 세계 곳곳에서 수집된 것임을 암
시한다.

와 지위, 특권을 전시하는 오브제 역할을 했다. 둘째, 화려한 벽지와 완벽하게 재현된 실내장식은 상류층 여성 수집가의 취향과 세련된 안목을 전시하는 시각문화의 중요한 일부를 이루었다. 셋째, 성별화된 건축구조 안에서 인형과 가구를 적절하게 배치하는 과정은 당대에 이상적이라 생각했던 여성성을 훈련하는 교훈적 가치를 내포했다. 이처럼 전시용 인형집은 여성의 부와 취향을 전시하는 오브제이자, 17세기부터 등장하기 시작한 가정지침서conduct manual가 입체적으로 구현된 건축물로서 흥미로운 물질성을 담고 있다.

네덜란드 전시용 인형집과
동서 문화교류의 역사
—

흥미롭게도 유럽의 수집문화는 동시대 청나라와 조선에서도 비슷한 양상으로 나타난다. 18세기 청나라 황실의 수집품 진열장인 다보격多寶格과 서구회화 방식으로 다보격을 묘사한 그림 다보격경多寶格景은 수집문화가 중국에도 존재했음을 말해준다. 17세기 네덜란드의 페트로넬라 드 라 코트의 인형집 구조와 18세기 청나라 다보격경의 구조가 갖는 유사성은 유럽 남성들의 수집 열풍을 유럽 여성들이 전유하고 또한 비슷한 수집문화가 동양에서 나타나는 흥미로운 양상을 보여준다. 나아가 조선과 중국의 문화교류가 활발해지면서 청나라의 다보격경은 조선의 책가도冊架圖로 발전한다.

18세기 네덜란드에서 만들어진 사라 로테Sara Rothé의 인형집은 중국 도자기와 일본식 진열장, 영국제 의자, 프랑스 베르사유 궁전 거울

—— 낭세녕郞世寧(주세페 카스틸리오네), 종이에 채색, 124.5×245.4cm.
다보격이라는 장식장 안에 도자기와 골동품, 서적 등이 전시되어 있다.

의 방에 있는 것과 같은 거울들, 페르시아산 카펫, 일본식 병풍 등을 모아놓은 명실상부한 전 세계 물건들의 진열장이었다. 〈사라 로테의 두번째 인형집〉은 지층부터 3층까지 총 4층집에 층마다 세 개의 방이 있어 모두 12개의 방으로 이루어져 있다. 2층 맨 오른쪽 방은 하프시코드 연주를 들을 수 있는 음악실이고, 정가운데 응접실은 화려한 중국풍 타일로 장식되어 있다. 꼭대기 층의 가운데 방은 수집 창고다. 수집 창고 가운데 일본인이 그려져 있는 병풍은 네덜란드 상인들이 동아시아에서 수입해온 호화로운 병풍을 모방한 것이다.

이처럼 네덜란드 인형집은 유럽의 수집문화가 동양의 도자기나 병풍처럼 이국적인 물건들을 수입해오는 과정에서 발달하고, 중국과 조선의 수집문화는 각각 다보격경과 책가도로 발전하는 흥미로운 동서 문화교류의 장이 18세기에 열리고 있음을 보여준다.

───〈사라 로테의 두번째 인형집〉 2층과 3층. 1743~1751, 프랑스 할스 박물관.
사진 하단이 인형집 2층이다. 왼쪽에 하프시코드 연주를 들을 수 있는 음악실이 있고, 그 옆의 응접실
은 화려한 중국풍 타일로 장식되어 있다.

───〈사라 로테의 두번째 인형집〉 꼭대기 층인 3층 수집 창고.
일본인이 그려져 있는 병풍은 네덜란드 상인들이 동아시아에서 수입해온 호화로운 병풍을 모방한 것이다.

영 국 인 형 집 과 집 안 들 여 다 보 기

—

17세기 네덜란드의 전시용 인형집은 18세기에 영국으로 전파되어 '베이비하우스 baby house'로 불렸다. 여기서 '베이비 baby'는 '작다'는 뜻이지만, '인형'이 '베이비'로 대체되는 변화는 여러 가지로 의미심장하다. 예를 들어 오르트만의 인형집이 유리로 덧댄 문을 여닫는 구조로 공예품들을 전시하는 캐비닛 성격을 지녔다면, 18세기 영국의 인형집은 네덜란드 인형집에서도 일부 드러나는, 가정과 가정생활을 공적으로 전시하는 공간으로서의 성격이 강화됐다고 볼 수 있다. 18세기에는 가정성 domesticity이 중요한 가치로 대두하기 시작했다. 핵가족으로 대변되는 사생활과 친밀성이 급속도로 발달하기 시작했고, 집안 사이의 계약관계가 아닌 사랑에 기반을 둔 동반자적 결혼이 이상적인 것으로 떠올랐으며, 아동은 어른의 축소판이 아닌 어린이로서 존중받아야 하는 존재로 새롭게 정의됐다.

가정성이 발달하던 당시 영국에서는 가족 초상화가 유행했다. 가족 초상화가 가정이라는 사적 관계를 상류사회에 공적으로 전시하는 역할을 했다면, 이와 비슷한 맥락에서 업파크 인형집은 인형집 역시 가정성의 징표가 되었음을 보여준다. 새신부가 결혼하면서 지참금의 일환으로 가져온 업파크 인형집은 업파크의 실제 신혼집을 본떠 만든 것으로, 당시 유행하던 팔라디안 Palladian 양식의 파사드와 문이 열리면 보이는 실내로 이루어져 있다. 오르트만 인형집이 유리문이 닫힌 상태에서도 내부를 전시함으로써 장식장 성격을 유지한다면, 문을 열어야 볼 수 있는 팔라디안 양식의 영국식 인형집 구조는 글자 그대로 대문을 열고 집안을 들여다보는 것과 같은 효과를 낳는다. 영국식 인형집의 떼었다

붙였다 할 수 있는 창문 같은 패널들은 인형집의 관객이자 구경꾼들이 집의 파사드를 없애고 안을 들여다볼 수 있도록 한다. 창문 일부를 떼어낼 경우 관람자는 마치 릴리푸트를 방문한 걸리버처럼 미니어처 집 내부를 들여다보는 거인과 같은 위치에 선다.

흥미롭게도 소설이 등장한 18세기에, 소설은 다른 집의 지붕을 열거나 문을 열고 집안을 들여다보는 이야기로 비유되곤 했다. 소설은 근대적 개인과 개인의 사생활, 내면성이 이야기의 중심에 놓이는 장르로서, 사적인 '내면의 공간'을 공적으로 드러내는 이야기라 할 수 있다. 이런 맥락에서 소설은 가족 초상화나 영국식 인형집 같은 당대 시각문화와 겹치는 지점을 공유했다.

그리고 인형집은 18세기 영국 컨트리하우스country house의 마지막 구경거리였다. 컨트리하우스는 젠트리 계층의 보금자리로, 점차 내밀한 공간으로 분화되는 사적인 공간인 동시에 끝없이 손님을 초대하고 사교행위가 이루어지는 공적 공간이었다. 사적 영역인 동시에 부와 취향을 전시하는 공적 공간이기도 했던 바로 그 컨트리하우스의 정점에 인형집이 놓여 있었다. 인형집은 컨트리하우스 구경 마지막 단계에서 방문객에게 놀라움을 선사하고 탄사를 유발하는 역할을 했다.

영 국 식   인 형 집,
가 정 성 의   판 타 지 와   리 얼 리 티   사 이
—

소설이라는 예술작품이 언어를 매개로 한 재현의 결과이듯이, 인형집이라는 시각 예술작품 안에도 판타지와 리얼리티가 공존했다.

17세기 네덜란드의 오르트만 인형집이 유리문이 닫힌 상태에서도 내부를 전시함으로써 진열장 성격을 유지한다면, 팔라디안 양식의 문을 열어야 비로소 내부를 들여다볼 수 있는 영국식 인형집의 구조는 글자 그대로 대문을 열고 집안을 들여다보는 것과 같은 효과를 낳는다.

18세기 영국의 반 헤프튼 하우스van Haeften House 천장에는 실제로 인형집 내부에서 촛불을 켠 검댕 자국이 남아 있고, 18세기 초 런던의 유명한 은세공업자였던 데이비드 클레이턴David Clayton이 만든 장난감 초콜릿 주전자의 나무 손잡이와 외부에 남아 있는 탄 흔적은 이 장난감 주전자가 실제로도 꽤 사용되었음을 의미한다. 판타지를 구현한 오브제로서 인형집이나 주전자를 실제 사물의 용도에 부합하게 사용한 흔적은 리얼리티가 판타지 영역에 침입하고 개입한 흥미로운 사례를 보여준다. 더불어 18세기에 가정성이 '유행'하면서 부르주아 계층이 새로운 가치인 가정성을 통해 전통적인 귀족 계층의 헤게모니를 장악해가는 과정은, 상류층 여성의 부엌 놀이라는 역설적인 현상을 낳기도 했다. 마리 앙투아네트 왕비가 촌부처럼 옷을 입고 시골처녀 놀이를 했던 것처럼, 인형집을 제작하고 소유했던 상류층 여성 대부분은 집안일을 전혀 하지 않았지만 인형집을 만들고 요리용 도구들을 전시하면서 일종의 '중산층 놀이'를 한 것으로 볼 수 있다. 가정성이라는 새로운 가치가 사회 전반을 파고들기 시작한 증거인 셈이다.

실제로도 완벽하게 작동하는 문과 가재도구, 가구 등이 구비된 인형집은 실제 저택을 그대로 축소한 미니어처로 생각되기 쉽지만, 엄연한 예술작품으로서 인형집이 전시하는 삶의 공간은 의식적으로 연출되고 공들여 가공된 것이었다. 인형집이 아침 식사를 하는 공간이나 침실, 서재와 아기방 등 내밀한 방들로 다수 구성되어 있는 것은 실제로 방문객들이 집을 방문했을 때 보기 어려운 공간들을 전시하는 효과를 낳는다. 아이를 낳거나 산후조리를 할 때 사용했던 산후조리실lying-in room은 17세기 네덜란드 인형집에서 빠지지 않고 항상 등장하는 공간이었지만 전시용 인형집의 산후조리실이 거의 응접실과 유사한 형태로 화려하게 꾸며진 반면, 18세기 대부분의 영국 인형집에 자리잡고 있는 산후조리실은 온전히 산모와 아기를 위한 공간 형태로서 사적인 삶을 훨씬 더 사실에 가깝게 노출한다. 여성의 생애주기에서 아이를 낳는 기간이 지속될 수 없다는 상식에도 불구하고 영국 인형집들은 산후조리실을 통해 출산과 재생산 장면을 영속적으로 전시했다.

〈참고문헌〉

최정은, 『보이지 않는 것과 말할 수 없는 것: 바로크 시대의 네덜란드 정물화』, 한길아트, 2000.

전진성, 『박물관의 탄생』, 살림출판사, 2004.

Jeremy Aynsley and Charlotte Grant, ed., *Imagined Interiors: Representing the Domestic Interior Since the Renaissance* (London: V&A Publications, 2006).

Philippe Ariès, *Centuries of Childhood: A Social History of Family Life* (New York: Vintage, 1962).

Tonny Bennet, *The Birth of the Museum: History, Theory, Politics* (London: Routledge, 1995).

Eilean Hooper-Greenhill, *Museums and the Shaping of Knowledge* (London: Routledge, 1992).

Michelle Moseley-Christian, "Seventeenth-century *Pronk Poppenhuisen*: Domestic Space and the Ritual Function of Dutch Dollhouses for Women," *Home Cultures* 7, no. 3 (2010): 341-64.

Deborah Varat, "Family Life Writ Small: Eighteenth-century English Dollhouses," *Journal of Family History* 42, no. 2 (2017): 147-61.

━━
정희원_서울시립대학교 도시인문학연구소 부교수

서울대학교 영어영문학과를 졸업하고 동 대학원에서 18세기 영국 가정소설과 프랑스 소설에 관한 논문으로 박사학위를 받았다. 주요 저서로 『영미소설과 도시인문학』 등이 있고, 주요 논문으로 「어머니의 유산: 마담 롤랑의 〈회상록〉과 울스튼크래프트의 〈머라이어〉」 「여성의 도시 걷기/쓰기: 버지니아 울프와 아녜스 바르다」 「샬롯 퍼킨스 길먼의 가정공간개혁운동과 도시공동체 실험」 등이 있다.

어른들의 판타지

청대 귀족의

실내 풍경과

가구

'홍루몽紅樓夢'을 글자 그대로 풀이하면 '붉은 누각에서 꾸는 꿈'이 된다. 붉은 누각은 화려한 집, 귀족 아가씨들이 거처하는 곳을 의미한다. 향기가 솔솔 피어나는 붉은 누각에서 단잠에 빠져 꾸는 꿈은 얼마나 달콤하고 아름다운가. 하지만 이 꿈은 그리 오래가지 않는다. 찬란한 청춘이 그렇듯 아름다운 모든 것은 짧은 순간 사라지고, 부귀영화도 영원히 우리 곁에 머무는 것이 아니다.

이 무상함 앞에 모든 것이 허무하게 느껴지기도 하련만, 세상으로 소풍 나온 청경봉의 돌은 이렇게 말한다. "내가 만약 청경봉에만 있었다면 이 멋진 세상을 어찌 볼 수 있었을까." 이처럼 작가 조설근은 인간으로 환생한 돌의 이야기를 빌려 인생의 무상함을 그려나간다. 인생의 무상함에서 느끼는 허무함, 영원하지 않은 것에 대한 슬픔, 시와 감성이 주는 아름다움을 오롯이 느낄 수 있기에 『홍루몽』은 중국인들이 가장 사랑하는 고전이 되었다.

조설근은 청대 황실의 절대적 신뢰를 받은 가문 출신으로, 조설근의 증조모 손씨는 강희제의 유모였고, 조부 조인曹寅은 강희제와 같은 서당에서 공부하는 사이였다. 만주족인 강희제가 유일하게 믿을 수 있는 한족 가문이 조설근 집안이었다. 조설근은 유년 시절 강남 지역에서 온갖 부귀영화를 누리며 살았다. 하지만 조인이 죽으면서 가세가 한순간에 몰락하고, 비호해주던 강희제마저 붕어한 후 옹정제가 즉위하자 조씨 집안은 첫번째 숙청 대상이 되었다.

황실과 비견될 정도로 권력의 중심에 있던 가문이 한순간 몰락하고, 모든 재산을 몰수당해 극도로 궁핍한 생활을 겪을 당시 조설근은 열세 살이었다. 가보옥과 임대옥의 슬픈 사랑, 가씨 가문의 흥망성쇠 등 『홍루몽』에서 그리는 인생의 무상함은 조설근의 경험에서 그대로 우러나온 것이다. 조설근은 화려했던 어린시절의 기억을 좇아 가씨 가문의 삶을 섬세하게 묘사했고, 『홍루몽』은 18세기 청대 귀족의 생활, 풍습, 연회, 건축, 복식, 음식 등을 생생하게 전해주는 텍스트가 되었다.

대 관 원 의 방
—

청경봉의 돌은 인간으로 환생해 가씨 집안賈府의 아들, 가보옥으로 태어난다. 그가 집안의 아가씨들과 어린 시녀들과 함께 살아가는 공간은 대관원大觀園이다. 가씨 가문의 첫째 딸 가원춘이 귀비貴妃가 되면서 가부의 부귀영화는 정점에 달하고, 가부는 귀비의 친정나들이를 위

—— 베이징 서남쪽 후청허護城河 부근에 있는 대관원 정문. ⓒ 김지선.
대관원을 재현해놓은 테마파크로, 『홍루몽』과 관련된 영화나 드라마는 대부분 이곳에서 촬영했다. 상하이에도 대관원이 있다.

해 대관원이라는 거대한 정원을 짓는다. 대관원은 북방의 황실정원과 남방의 문인정원이 결합된 형태로, 주거용 건축물이 있는 정원이다. 가보옥은 임대옥과 설보차 등 누이들과 함께 낙원과도 같은 대관원에서 매일 시를 짓고 술을 마시며 꿈같은 시절을 보낸다.

　　　대관원에서 가보옥이 거주하는 곳은 이홍원怡紅院이다. 이홍은 붉은색을 좋아한다는 뜻으로, 붉은색은 열정, 화려함, 강렬함, 여성스러운 가보옥의 내면을 상징한다. 가보옥의 방은 대관원 아가씨들의 방보다 화려하다. 방에는 수많은 문이 있고, 거문고와 보검, 꽃병이 가득하다. 바닥에는 푸른 바탕에 꽃무늬를 조각한 자기 벽돌을 깔아 눈이 어지러울 정도다. 그 방에 들어가는 사람들은 모두 길을 잃는다. 가보옥의 방은 미로 그 자체다.

가보옥의 방에 처음 들어간 사람들을 가장 당혹스럽게 만드는 것은 벽 한 면을 장식하는 커다란 거울이다. 커다란 거울은 복잡한 방안 풍경을 그대로 비추고, 그 안으로 들어간 사람들을 더 혼란스럽게 만든다. 가보옥은 거울을 보다 잠들어 꿈에서 자기와 똑같은 모습의 소년을 보게 된다. 꿈속에서 그 소년은 자신과 똑같은 모습의 다른 아이를 보았다고 말한다. 자신이 꿈속의 아이가 꾼 허상에 불과하다는 말을 들은 가보옥은 놀라 소리치며 꿈에서 깨어난다. 마주보는 거울이 무한히 복제해내는 이미지들 속에 갇힌 것처럼, 가보옥 역시 이홍원의 방에서 혼자만의 감성 세계에 빠져 있다.

　　가보옥이 사랑한 여인 임대옥이 거처하는 곳은 소상관瀟湘館이다. 소상은 소수瀟水와 상강湘江을 가리키는데 대나무 산지로 유명하다. 소상관에는 대나무가 우거져 있고 길에는 이끼가 가득하다. 임대옥을 상징하는 초록색은 고독을 의미한다. 가보옥의 붉은색, 화려함과 대조를 이룬다. 일찍이 부모님을 여의고 가부에 의지한 임대옥의 삶은 늘 고독하고 우울하다. 병약하며 사색을 즐기는 임대옥을 위로해주는 존재는 오직 가보옥과 시뿐이다.

　　임대옥의 방은 가보옥의 방과 달리 책과 문방사우, 서가로 가득하다. 임대옥의 방을 처음 본 유노파는 마치 학자의 방과 같다고 했다. 임대옥은 모든 일에서 머뭇거리고 조심스러워하는 모습을 보이지만 시를 배우고 싶어하는 향릉香菱에게 시를 가르치는 일에는 열정적이다. 시 앞에서 그들은 귀족 아가씨와 시녀가 아니라 친구가 된다. 하지만 봉건 시대에 여성으로 태어난 임대옥이 할 수 있는 일은 아무것도 없다. 임대옥은 가보옥과 결혼하지 못하게 되자 병이 더욱 깊어져, 그동안 써놓았던 시들을 모두 불태우고 쓸쓸히 눈을 감는다.

감성적이고 예민하고 병약한 임대옥과 달리 설보차는 침착하고 냉정하고 건강한 여인이다. 설보차가 거처하는 형무원蘅蕪苑에는 붉은 해당화도, 푸른 대나무도 없다. 형무는 향초를 뜻하는데, 형무원은 시각이 아니라 후각으로 인식되는 공간이다. 하지만 이 향초들은 그저 풀에 불과하고 아무런 향기도 나지 않는다. 이는 검소한 설보차의 내면을 상징한다. 어떠한 장식품도 없는 그의 방을 두고 가보옥의 할머니賈母는 마치 하얀 굴 같다고 표현했다. 가부의 어른들은 건강하고 소박하고 검소한 설보차를 임대옥보다 더 좋아해 설보차와 가보옥을 결혼시킨다. 두 사람은 애정 없는 결혼생활을 이어나간다.

이처럼 대관원은 다양한 허경虛景을 통해 인물의 내면을 상징했고, 공감각으로 인식되는 공간은 시정詩情의 세계를 이끌어냈다. 태허환경太虛幻境(가보옥이 꿈에서 본 낙원)을 지상에 옮겨놓은 듯한 대관원은 세상 그 어디에도 없는 여인들의 낙원이었다.

가 구 에 도 신 분 이 있 다
—

임대옥이 어머니를 여의고 외할머니 가모가 있는 가부를 처음 찾아갔을 때, 임대옥의 시선에 비친 가부는 엄숙함, 웅장함 그 자체였다. 어마어마하게 큰 돌사자가 웅크리고 있는 정문을 지나고 수화문垂花門을 거쳐 다시 천당穿堂을 돌아 들어가려는데, 가장 먼저 시야에 나타난 것이 단향나무 받침대 위에 세워진 화려한 대리석 삽병挿屛이다. 삽병은 공간을 아름답게 꾸미는 장식품이면서, 외부에서 실내를 한눈에 볼 수 없도록 가려주는 막 역할을 한다. 임대옥은 겹겹이 둘러싸이고 분할된

—— 베이징 대관원의 소상관 입구. © 김지선.
임대옥이 살던 곳으로, 대나무로 둘러싸인 소상관은 임대옥의 고독한 내면을 상징적으로 보여준다.

공간들을 지나고 나서야 가모를 만난다.

　　이어 가보옥의 어머니 왕부인을 찾아가 문안인사를 드리는데,
왕부인을 기다리는 동안 시녀들이 임대옥에게 항炕에 앉으라고 권유한
다. 하지만 임대옥은 사양하고 동쪽에 있는 의자에 앉는다. 왕부인이 임
대옥을 맞이하면서 나란히 항에 앉자고 권하지만, 임대옥은 다시 사양
하며 의자에 앉으려고 한다. 왕부인이 거듭 권하고 나서야 임대옥은 조
심스레 항에 나란히 앉아 왕부인과 대화를 나눈다. 이 장면이 특별한 의
미를 지니는 것은 아니지만 청대 귀족의 예법, 생활을 이해하는 데 중요
한 역할을 한다.

　　임대옥이 앉기를 사양했던 항은 원래 구들이라는 뜻이지만, 여
기서는 북방의 난방시설인 화항火炕과 다르다. 항은 그 위에 누워 잠을
잘 수 있는 가구로 『홍루몽』에서 항은 역시 침대를 뜻하는 탑榻, 상床 등
의 글자와 통용된다. 항과 탑의 용도는 침대보다 훨씬 광범위하다. 밤에
는 잠을 자는 곳이지만 낮에 휘장을 걷어 올리면 항은 거의 모든 생활이

—— 베이징 대관원의 도향촌 정원. © 김지선.
이환이 살던 곳으로, 소박한 농촌 분위기를 느낄 수 있다.

이루어지는 장소가 된다. 항에서 밥을 먹기도 하고 화장도 하며 사람을 만나 대화를 나누기도 한다. 항은 침대이면서 식탁이고 소파이며 화장대인 셈이다. 휘장을 내리면 항은 방안에서 또하나의 독립적인 공간이 된다.

대부분의 일상생활이 이루어지는 곳이기에 항에는 항탁炕卓, 인침引枕, 고배靠背 등 부수적인 가구나 소품이 늘 함께 있다. 항탁은 팔을 기대거나 편지를 쓰거나 물건을 둘 때 사용하는 나직한 탁자로, 주로 항 가운데 놓는다. 몸을 기댈 수 있는 쿠션인 인침을 항 양옆에 두고, 여기에 등을 받칠 수 있는 고배를 두기도 한다. 항은 비교적 넓고 편안한 자세로 앉을 수 있을 만큼 꽤 널찍했다.『홍루몽』에서 항은 잠자는 장면보다 여러 사람이 모여 담소를 나누는 장면에 더 자주 등장한다.

흥미로운 점은 항이 지니는 상징성이다. 항이 소파로 사용될 때는 서열 높은 사람을 항에 앉게 하고, 서열 낮은 사람은 등받이가 있는 의椅나 등받이가 없는 올杌에 앉거나 서 있음으로써 예의를 표현했다. 이 때문에 임대옥은 왕부인의 방에서 항에 앉기를 사양했고, 그럼에도 왕부인이 재차 함께 항에 앉자고 권한 것은 임대옥을 손님으로 극진하게 대하겠다는 마음의 표현이다.

『홍루몽』대부분의 장면에서 항에 마음대로 앉을 수 있는 사람은 가부에서 서열이 가장 높은 가모다. 가모가 항에 앉으면 나머지 사람들은 의나 올에 앉거나 서 있다. 등받이가 없는 의자 올 역시 상징성을 지닌다. 가모가 항에 앉으면 며느리인 왕부인은 자진해서 올에 앉는다. 이는 집안 어른 앞에서 자신을 낮추고 예를 다하는 행동이다. 올 자체가 낮은 신분을 대변하는 가구는 아니지만 상대방에 대한 존중과 예의를 나타낼 때 중요한 상징성을 지닌다.

그나마 올에 앉을 수 있는 사람은 귀족이거나 신분이 높은 자

—— 베이징 대관원의 소상관 내부. ⓒ 김지선.
  항 가운데 항탁을 놓고 옆에 인침을 두었다. 항은 휘장을 내리면 하나의 독립된 공간이 되기
에 다양한 일상생활이 가능했다.

—— 베이징 대관원의 난향오暖香塢 내부. ⓒ 김지선.
  침대 겸 소파인 탑 가운데 항탁을 놓았다.

다. 시녀나 하인은 앉을 수조차 없고, 겨우 허락받아 앉을 수 있는 가구
는 각답脚踏이다. 각답은 발받침대로, 주로 등받이가 있는 의자 의와 한
세트다. 의에 등을 기대고 발은 각답에 올려 편하게 앉을 수 있게 한 것
인데, 시녀들은 가끔 주인의 허락을 받아 각답에 앉을 수 있었다. 각답
의 높이는 매우 낮아 각답에 앉는 것 자체가 굴욕스럽게 여겨질 수 있
으나, 가모가 심부름꾼으로 온 진씨 가문 시녀에게 각답을 내어 앉게 한
것은 상당히 예우를 갖춘 배려로 볼 수 있다.

가보옥의 사촌형인 가련賈璉의 유모 조노파趙嬤嬤는 앉을 데가
마땅하지 않자 각답에 앉아 등받이 없는 올을 가져와서 거기 음식을 놓
고 유유히 밥을 먹는다. 귀족이 발을 놓는 받침대는 하인에게 귀한 의자
가 되고, 귀족이 불편하게 앉는 의자가 평민에게는 밥상이 되기도 한다.
가구는 가구일 뿐 그 자체에 부여된 의미는 없다. 하지만 처한 상황에
따라 가구는 다양하게 해석될 수 있는 사물이었다. 유교의 영향을 받은
동아시아 전통 시기 일상생활의 예법이 자연스럽게 가구에도 투영되었
던 것이다.

대 관 원 실 내 에
서 양 풍 경 이 들 어 오 다
—

대관원의 실내 풍경은 너무도 특별하다. 대관원은 화려하기도
하지만 대관원을 더욱 특별하게 하는 요소는 당시로서는 매우 낯선 서
양 물건들이었다. 그 물건들 때문에 대관원을 감탄과 동경의 시선으로
바라보게 된다. 연회장 식탁 위에는 정주定州에서 만든 화병과 함께 서양

에서 수입해온 은주전자와 법랑 잔이 나란히 놓인다. 엉클어진 연줄을 자르는 데 굳이 서양식 은가위를 사용하고, 가보옥은 아라사국哦囉斯國, 즉 러시아에서 수입한 옷감으로 만든 외투를 입는다.

가보옥의 방안 거울에는 비밀이 하나 있다. 그 거울에는 서양식 자동장치가 달려 있어 손만 대면 거울이 스르륵 사라지고 문이 나타나게 되어 있다. 술에 취해 가보옥의 방으로 잘못 들어간 유노파는 이 생경한 상황에 놀라 나갈 곳을 잃고 길을 헤맨다. 한편 대관원의 시녀들은 가보옥의 방에 있는 서양식 괘종시계 소리를 들으며 식사 준비를 한다. 그들의 생활이 서양식 시계가 알려주는 시간 간격에 의해 움직이고 있음을 보여준다.

하루는 청문이라는 시녀가 몸에 열이 나고 코가 답답해지는 병에 걸린다. 지독한 코감기에 걸려 아무리 약을 먹어도 낫지 않자 가보옥은 서양의 약으로 치료해보자고 제안한다. 그러면서 서양에서 수입한 왕흡汪恰이라는 고급 비연鼻煙의 냄새를 맡게 한 뒤, 의불나依弗哪라는 서양 고약을 조금 떼어 청문의 이마 양옆에 붙이게 한다. 옆에 있던 시녀 사월은 고약을 붙이니 더 예뻐 보인다고 청문을 놀린다. 일반 사민士民들은 구경할 수도 없는 귀한 약이니 붉은 비단 조각에 고약을 붙인 모습은 이상하게 보이기보다는 특별하고 아름답게 보였을 것이다.

고급 비연이 담겨 있는 상자 역시 평범하지 않다. 비연은 금박으로 테를 두른 납작한 유리갑 안에 담겨 있는데, 뚜껑을 열면 그 안에서 서양 법랑으로 만들어 붙인 금발 여인의 모습이 드러난다. 이 금발 여인은 나체에다 겨드랑이 밑에 날개까지 돋쳐 있다. 아마도 날개 달린 천사의 모습이었을 것으로 추측된다. 가보옥은 무심하게도 금발 여인에게 호기심을 보이지 않는다. 나체에다 겨드랑이 밑에 날개까지 달린 그 모습이 낯설고 생경했을 것이다.

이와 달리 설보차의 사촌동생 설보금은 이역의 금발 여인을 매우 호기심 어린 시선으로 바라본다. 예전에 부친을 따라 서쪽 바다를 건너갔을 때, 진진국眞眞國의 여인을 보았노라고 했다. 진진국은 가상의 나라다. 설보금은 진진국 여인이 금발머리에 화려한 옷을 입고 허리에 일본도를 차고 있었는데, 자신이 예전에 서양화에서 본 미인의 모습 그대로라고 했다. 18세기 서구 사회에서 중국이나 인도, 일본 등에서 들여온 수입품이 폭발적인 인기를 끌었던 것처럼, 서양에서 건너온 그림 속 낯선 풍경, 금발의 여인은 가보지 못한 곳에 대한 상상과 동경의 대상이 되었다.

강희제가 강남을 순수巡狩할 때마다 조설근의 집에서 머물렀기에 조설근의 집은 사실 행궁이나 다름없었다. 조설근이 묘사하는 대관원의 일상은 황실에서나 누릴 법한 것이었다. 그래서 독자들은 동경 어린 시선으로 각별한 관심을 품고 소설 속 대관원 풍경을 감상했다. 가부는 여전히 엄숙하고, 그 안의 격조 있는 가구들은 유교의 위계질서를 구현하고 있었다. 하지만 그 사이로 서양 물건들이 들어오면서 대관원에도 새로운 실내 풍경이 만들어졌다. 그것이 대관원을 더욱 특별한 곳으로 바라보게 하는 이유가 되었음은 당연하다.

〈참고문헌〉
조설근(曹雪芹),『홍루몽紅樓夢』.
개기(改琦),『홍루몽도영紅樓夢圖詠』.
손온(孫溫),『청손온회전본홍루몽도清孫溫繪全本紅樓夢圖』.
〈대관원도大觀園圖〉.

—
김지선_고려대학교 중국학연구소 연구교수
고려대학교에서 중국문학 전공으로 박사학위를 받았다. 중국 고전소설 및 문화 등 관련 분야를 연구하
고 있다. 역서로『신이경』『열녀전』등이 있고, 공저로『붉은 누각의 꿈―《홍루몽》바로보기』등이 있
으며, 주요 논문으로「『홍루몽』에 구현된 후각 이미지와 그 미학」「대관원의 만찬―『홍루몽』에 나타난
중국의 음식문화」「『홍루몽』의 놀이문화에 대한 인문학적 고찰」등이 있다.

도코노마와
장식용
선반

일본 실내공간 속

붙박이형 가구

　　일본의 전통 주택, 혹은 일본의 실내공간을 생각하면 어떤 모습
이 떠오르는가? 미닫이문을 열고 들어가면 다다미가 깔린 바닥에, 벽면
한쪽 큰 벽감에는 그림이 걸리고, 화병에는 꽃이 꽂힌 모습을 상상할 수
있다. 규모의 차이는 있겠지만 우리가 쉽게 떠올리는 일본의 전통적인
실내공간에는 붙박이형 구조물인 도코노마床の間가 있다. 일본 근세 풍
속화에서, 교토나 오사카 성곽 건물 내부에서, 사찰 승방에서, 다실에서,
온천 여행 중 머문 근대 가옥에서 쉽게 접할 수 있는 내부공간의 모습이
다. 이미 19세기 말부터 도코노마는 일본과 서양 학자들 사이에서 일본
방의 가장 중심적인 부분으로, 혹은 일본 주택을 이해하기 위한 대표 요
소로 다양하게 논의되었다.
　　도코노마는 도코床가 있는 방이란 뜻이다. 바닥에 반 칸 정도의

18세기의 방

252

—— 도토리현에 있는 사찰 간논인観音院 내부.
　　현재 사용중인 모습으로, 도코노마에는 서예 작품을 걸고, 아래에는 꽃을 꽂은 화병을 놓았다. 오른쪽에
는 세 개의 도자기 접시가 전시된 지그재그형 장식용 선반이 있다.

──── 간논인 내부.
앞의 사진과 조금 다른 도코노마와 장식용 선반을 볼 수 있다. 수묵화 한 점을 벽에 걸고 아래에는 화병 대신 차 항아리를 놓았다. 왼쪽 선반 상단과 하단에는 미닫이 형태의 문이 달려 있으며, 선반에는 다른 종류의 도자 항아리를 네 개 배치했다.

나무 판재를 놓거나 다다미를 바닥 면보다 한 단 높게 깔아 꽃병을 놓고 벽에는 그림을 걸어두는 구조로, 좁은 의미로는 내부의 벽감 구조물을, 넓게는 이런 구조물이 설치된 방이나 공간 전체를 의미한다. 한 폭에서 많게는 네 폭의 족자 그림을 걸고, 그 아래에는 도자기나 금속, 혹은 대나무로 만든 화병에 계절이나 절기에 맞는 꽃을 꽂는다. 그 옆에는 서책이나 기물 등 다양한 수집품을 장식할 수 있는 비대칭의 지그재그형 장식 선반이 설치된다.

붙박이형 가구 구조가 일본에 처음 등장한 곳은 중세 사원의 승방과 아시카가 쇼군들의 저택이다. 중세 두루마리 그림을 통해 그 초기 형태를 볼 수 있다. 실제 구조물을 확인할 수 있는 현존하는 가장 오래된 건물은 현재 은각사로 더 잘 알려진 무로마치 8대 쇼군 아시카가 요시마사足利義政의 저택 중 하나인 히가시야마도노(현재 지쇼지慈照寺)의 도구도東求堂 내 서재다. 정원이 보이도록 열려 있는 창문 아래에는 붙박이형 책상(쇼인)이 놓이고, 그 왼쪽으로는 장식용 선반이 있다. 이동 가능한 책상, 선반 등의 가구가 필요에 따라 점차 상설화된 것으로 볼 수 있다. 15세기 말 요시마사의 저택 중 한 곳에서 확인되는 이러한 붙박이형 구조물은 17세기 초 에도 시대를 개창한 도쿠가와 쇼군의 성곽건축 내 접객공간에서 그 형태가 완성된다.

에 도 시 대 쇼 군 저 택 의 접 객 공 간 :
쇼 인 즈 쿠 리 건 축
—

도쿠가와 막부는 그들의 성을 건축하고 장식하기 위해 전국에서 능력 있는 목수, 화가, 조각가, 벽돌 제작자 등 다양한 직인과 장인을 모집했다. 성의 실내장식은 에도 시대 모든 계층의 주택 건축에 표준이 되었던 많은 요소를 도입했다. 내부공간을 분할하기 위해 목재나 종이로 된 미닫이문(후스마)을 사용하고, 바닥을 다다미로 처리하고, 서화를 장식하고 다른 공예품이나 서책을 전시하고 장식하기 위해 도코노마와 선반(지가이다나)을 설치한 것 등이 바로 그런 표준 요소를 도입한 결과다. 이전 시기 귀족 주택의 전형인 신덴즈쿠리寢殿造와 대비되는 이러한 건축적 특징을 쇼인즈쿠리書院造라고 부른다. 17세기 초 도쿠가와 쇼군의 저택은 쇼인즈쿠리의 전형을 보여준다. 이곳의 접객공간을 구성할 때 가장 중요한 것은 쇼군의 권위와 그들의 지배 정당성을 가시적으로 드러내는 것이었다. 바로 그 접객공간에서 얼굴을 마주 대하는 공적 모임과 다양한 행사가 열렸기 때문이다. 교토 니조성의 접객공간인 오히로마의 니노마루가 그 같은 목적에 부합하는 대표적인 예다.

17세기 초 도쿠가와 쇼군가의 교토 내 거처로 지어진 니조성은, 1626년 미즈노 천황과 그 일행을 초대한 대규모 행사에 맞춰 대대적인 공사를 한 후 현재 형태로 완성됐다. 천황이 방문한 이후 바로 해체되어 현재는 남아 있지 않지만, 천황이 기거할 수 있도록 니조성 내부에 별도의 건물이 지어지기도 했다. 오히로마는 니조성의 공식적인 접객공간으로, 금박으로 화려하게 장식된 벽면에 금색과 대비되는 녹색을 사용해 소나무를 크게 그렸다. 접객공간에는 다다미 단 높낮이에 따라 차이를 두어 앉는 자리를 마련해 위계를 나타냈으며, 신분에 따른 서열을 분명히 하고자 공간을 과시적이고 권위적으로 구성했다. 저택 주인인 쇼군의 권위를 시각적으로 과시하고자 하는 설계임을 알 수 있다.

상류층의 전유물에서 유곽 내 유흥공간으로

—

에도 시대에 들어서기까지 일본의 미술과 문화는 황실과 쇼군, 일부 종교계가 독점했다고 해도 과언이 아니다. 이들은 건축이나 그림 등 다양한 시각문화와 물질문화를 통해 자신들의 정치적 이데올로기와 종교 교리를 공고히 했다. 도쿠가와 막부가 행정과 군사 중심지로 선택한 에도와 에도성에서도 이러한 전통은 계속되었다. 하지만 막부 초기엔

성을 중심으로 한 요새 도시 정도에 불과했던 낙후 지역 에도는 18세기가 시작될 무렵 인구 백만 명의 대규모 도시로 성장했다. 17, 18세기를 거치며 부유한 도시민들이 도시의 성장을 주도했으며, 경제적 부를 바탕으로 성장한 상공업 계층이 미술과 문화의 주요 향유층으로 등장했다.

막부와 쇼군은 다양한 규범을 통해 의복, 미술, 문화뿐 아니라 가옥 규모나 건물 장식에서도 도시민의 사치와 소비를 규제했다. 그러나 신분에 따른 차별성을 유지하려 했던 그들의 노력에도 불구하고 도시의 무사와 상인, 그리고 직인의 문화는 급속히 성장했다. 소득과 여가의 증가, 교육의 확대는 대부분의 도시민이 과거에 경험하지 못했던 사회, 문화적 활동에 참가할 수 있게 했으며, 이는 주택과 내부장식에서도 마찬가지였다. 18세기 이후 규모가 크지 않더라도 도코노마가 있는 방과 집이 점차 많아졌고, 19세기에 들어설 무렵에는 도코노마와 선반을 갖춘 방이 있는 집이 보편화되었다. 또한 많은 사회적, 문화적 활동과 모임 속에서 신분과 배경이 다양한 사람들이 함께 어울렸다.

에도 시대 도시민들에게 저변화된 구조물은, 당시 도시문화의 한 축을 차지했던 에도의 유곽(요시와라)을 묘사한 많은 그림과 판화를 통해 확인할 수 있다. 많은 화가가 요시와라에서 유흥을 즐기는 모습을 묘사했는데, 도코노마가 갖춰진 방에는 계절에 맞춰 꽃이 꽂힌 화병이 놓이고, 수묵화나 다양한 그림이 걸려 있다. 칠기로 장식된 선반에는 다양한 종류의 도자기나 공예품 기물, 서책이 전시되어 있다. 미닫이문에는 수묵 산수화나 꽃, 부채 등의 패턴이 그려져 있다. 다다미 위에 앉아서 여가와 유흥을 즐기는 사람들이 귀족이나 상류층 무사가 아니라, 기녀와 요시와라를 찾은 다양한 도시민으로 바뀐 것을 제외하면 상류층 주택에서 열렸던 문예나 연회 모임공간과 차이를 느낄 수 없다.

—— 우타가와 구니히사, 요시와라 내부 접객공간을 그린 두루마리 그림, 19세기, 대영박물관.
유곽 2층 내부, 화려하게 꾸민 접객공간에 기녀들이 모여 앉아 있다. 세 명은 악기를 연주하고, 어린
여시종은 무릎을 꿇고 앉아 있다. 서 있는 여성이 손에 든 부채에는 클로버 풀과 국화가 그려져 있다.
정면에 보이는 도코노마에는 수묵화가 한 폭 걸리고, 아래에는 대나무로 만든 화병에 국화를 가득 꽂
아 계절감을 드러낸다. 도코노마 왼쪽으로 검은색 칠기에 금이 장식된 선반이 있으며, 선반에는 여러
종류의 도자기와 차 항아리, 다도구가 놓여 있다.

—— 우타가와 도요하루, 요시와라 내부 접객공간을 그린 두루마리 그림, 18세기, 프리어 새클러 갤러리.
우타가와 도요하루의 두루마리 그림에서는 정원이 보이는 유곽 내 접객공간을 볼 수 있다. 세 남성
이 샤미센을 연주하는 기녀를 포함해 네 명의 여성과 유흥을 즐기는 모습을 그렸다. 벽면 한쪽 도코
노마에 국화가 담긴 나무 화병이 놓여 있고, 두루마리를 걸었음을 알 수 있다. 칠기 문방구 일부도 보
인다.

───히시카와 모로노부, 요시와라 내부 접객공간, 17세기, 메트로폴리탄미술관.
히시카와 모로노부의 요시와라 시리즈 중 하나로, 접객공간 내부 모습을 보여준다. 미닫이문 안쪽에
는 수묵 산수화가 그려져 있다. 다다미가 깔린 방 안쪽 벽면에 화병이 놓인 도코노마를 볼 수 있다.

──── 히시카와 모로노부, 요시와라 내부 접객공간, 17세기, 메트로폴리탄미술관.
접객공간 밖으로 정원이 보인다. 부채를 들고 춤을 추는 여인 뒤로 도코노마와 함께 지그재그형 선반에
서책과 함께 칠기 가구, 도자기가 놓여 있다.

출판문화 성행과 매뉴얼 북

도시문화가 성장하면서 출판문화도 성행했다. 출판업계는 전에 없던 호황을 누렸으며, 성공한 출판업자들도 나타났다. 시장에서 잘 팔리는 다양한 책이 간행됐는데 고전소설이나 문학작품, 그림책뿐만 아니라 다양한 종류의 매뉴얼 북도 간행됐다.

일본에서 목조 건물을 설계하고 건축하는 방법이 점차 체계화되면서 근세 초기에 치수와 비율, 설계도를 통해 좀더 효율적이고 능률적인 공사 방식이 도입되었다. 쇼메이가 대표적인 예로, 17세기 장인들 사이에서 전해진 목조 건물 부재의 치수와 간격, 비례에 대한 매뉴얼이자 일종의 비법서라 할 수 있다. 18세기에는 이러한 건축 방법을 정리한 교육용 책이 간행됐다. 18세기 이후 보급된 이러한 서적들은 교육용인 동시에 박물학적 관심에 기반을 둔 수집본 성격도 지니지만, 기본적으로 이런 건축 방식에 대한 수요가 대단히 컸음을 보여준다.

장식용 선반이나 도코노마에 서화와 기물을 배치하는 방법을 알려주는 내용을 담은 『군다이칸소초키君臺観左右帳記』 역시 다양한 판본으로 출판되었다. 『군다이칸소초키』는 아시카가 쇼군가의 수장품을 관리하고 쇼군의 저택에서 서화와 기물 전시 및 배치를 담당했던 노아미와 소아미가 작성했다. 여기에는 쇼군가의 중국 서화 및 기물 수장품과 그 장식 방법이 담겨 있다. 원본은 존재하지 않지만, 이미 15세기 말에서 16세기부터 필사본이 제작됐고, 에도 시대에는 다양한 판본으로 간행되었다. 이 같은 매뉴얼에는 붙박이형 구조물인 장식용 선반과 도코에 어떤 종류의 화병이나 다도구, 그림을 걸고 배치하는지, 글과 그림을 통한 세부적인 지침이 담겨 있었다. 이러한 매뉴얼이 출판된 것

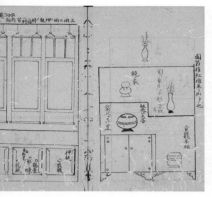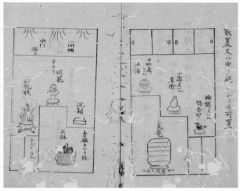

—— 『군다이칸소초키』 일부, 아시카가 쇼군가 실내 장식 매뉴얼, 스즈카문고 소장.
(왼쪽) 도코노마에 그림 세 폭을 걸고 그 아래 판 위에 화병과 기물을 놓는 위치를 그림과 글씨로 설
명하고 있다. 오른쪽에는 장식 선반 위 화병이나 칠기 등 기물의 모습을 도해하고 그림 옆에 그 이름
을 표기했다.
—— (오른쪽) 좌우에 다른 모양의 선반을 그리고 각 선반 위에 향로, 화병 등 기물을 그려넣은 뒤 기물의 이
름이나 특징을 기록했다. 선반 장식을 어떻게 해야 하는지 한눈에 이해할 수 있다.

은 장식용 선반이나 붙박이형 건축 구조가 확산되고, 그런 문화를 즐기
는 층이 다양해지면서 저변이 확장되었기 때문일 것이다.

이국 문물에 대한 관심:
난학자들의 모임공간

—

일본에는 16세기 포르투갈 예수회 선교사들을 통해 서양의 새
로운 문화와 문물이 들어왔다. 18세기에 이르러서는 네덜란드를 통해
유입된 서양 문물과 지식인 난학蘭學을 공부하는 사람들의 모임이 더욱
본격적으로 활성화되었다. 나가사키를 중심으로 몇몇 도시에서는 상인

들이나 다이묘 중 서양 문화에 큰 관심을 갖고 새로운 문물, 문화, 지식을 적극적으로 배우고 수용하고자 하는 마니아 층이 증가했다. 서양의 서적이나 문물을 수입하기 위해서는 경제적 능력이 필요했다. 나가사키, 오사카 등 항구 도시를 거점으로 부를 지닌 이들이 적극적으로 서양식 물건과 서책을 수입했을 뿐 아니라 책을 함께 읽고 토론하는 모임이 활성화됐다. 모임에는 지역 유력 인사나 상인, 학자는 물론이고 농민이나 장인, 직인 등 신분에 관계없이 다양한 사람이 참석할 수 있었다. 모임의 주요 구성원은 네덜란드어를 공부하고 과학이나 의학 지식에 관심을 두기도 했으며, 강독 모임 등 소규모 모임을 열었다.

　　대표적인 예로 1785년 나가사키에서 요시오 고자에몬吉雄幸作이 주최한 새해 축하 모임을 들 수 있다. 모임이 개최된 요시오의 집 인테리어와 가구, 사용된 양식기, 모임에 대한 참석자들의 찬탄과 감탄의 평이 남아 있다. 10년 뒤인 1795년 에도에서도 난학을 공부하는 모임인 신란도芝蘭堂의 새해를 기념하고 축하하는 모임이 열렸다. 요시오 고자에몬과 마찬가지로 네덜란드어를 공부하고 과학과 의학에 관심이 많았던 오츠키 겐타쿠大槻玄沢는 그의 집에서 주최한 이 모임을 기념하며 화가이자 모임의 일원이었던 이치카와 가쿠잔 市川岳山에게 그림을 부탁했다.

　　현재 와세다대학 도서관에 소장된 그 그림을 통해 당시 모임의 구체적인 모습을 살펴볼 수 있다. 모임 주최자로 보이는 인물은 의자에 앉아 있으며, 나머지 참석자들은 가운데 배치된 세 개의 큰 테이블 주위에 둘러앉아 있다. 사람들 뒤로 도코노마와 장식용 선반이 보인다. 접객공간이자 모임공간을 묘사했다는 점은 앞에서 살펴본 그림들과 같지만, 흥미로운 것은 전형적인 일본식 실내공간에 이들이 관심을 가진 새로운

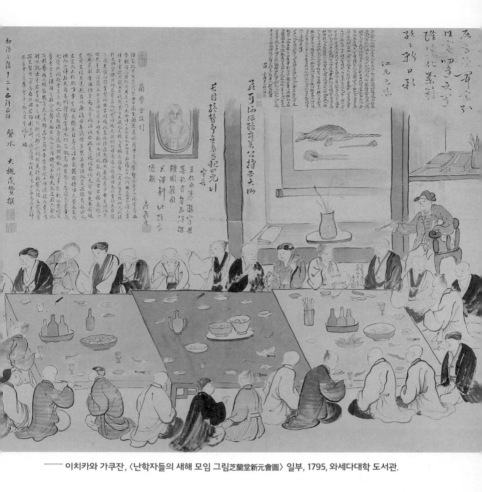

—— 이치카와 가쿠잔, 〈난학자들의 새해 모임 그림芝蘭堂新元會圖〉 일부, 1795, 와세다대학 도서관.

요소들을 배치한 점이다. 수묵으로 그린 산수화 대신 일각고래 그림이 걸려 있고, 선반에는 다도구나 도자기 대신 난학 관련 서책과 필기구들이 놓여 있다. 테이블 위에서는 음식이 담긴 그릇 외에 술이 담긴 병과 와인잔, 포크를 볼 수 있다.

18세기 일본에서는 상류층의 전유물이었던 문화의 상당 부분이 저변화되었을 뿐 아니라 그 문화가 새로운 문화와 학문을 통해 다양해졌다. 여러 사람이 자유롭게 모여 여가를 즐기고, 관심사를 나누는 다양한 활동이 이루어지는 공간의 중심에는 도코노마 혹은 장식용 선반과 같은 붙박이형 구조물이 설치되었고, 여기서 일본식 살롱 문화의 일면을 살펴볼 수 있다. 그렇게 더욱 다양해진 내부공간의 사용과 변용은 근대를 거치며 일본적인 공간, 일본의 전형으로 자리잡았다.

〈참고문헌〉
Alexander Black and Murata Noboru, *The Japanese House: Architecture and Interiors* (Rutland, VT: Tuttle Publishing, 2000).
William H. Coaldrake, *Architecture and Authority in Japan* (London: Routledge, 1996).
Karen M. Gerhart, *The Eyes of Power: Art and Early Tokugawa Authority* (Honolulu: University of Hawai'i Press, 1999).
Nicole Rousmaniere, ed., *Kazari: Decoration and Display in Japan, 15th-19th centuries* (London: British Museum Press; New York: Japan Society, 2002).
矢野環,『君台観左右帳記の総合研究: 茶華香の原点江戸初期柳営御物の決定』東京:勉誠出版, 1999.
크리스틴 구스,『에도시대의 일본미술』, 강병직 옮김, 예경, 2004.
이정은,「아시카가의 문화적 권위와『군다이칸소초키君臺観左右帳記』제작의 경제적 의미」,『美術史學』36 (한국미술사교육학회지, 2018), 217~246.

—
이정은_이화여자대학교 미술사학과 초빙교수
이화여자대학교에서 사학을 전공하고 동 대학원 미술사학과에서 석사학위를, 미국 피츠버그대학 미술 및 건축사학과에서 석사 및 박사 학위를 받았다. 영국 세인즈베리 일본예술연구소에서 박사후연구원으로 근무했다. 미술과 건축의 관계에 대해 관심을 갖고 실내공간과 그 장식에 대해 연구하고 있다. 주요 논문으로「무로마치 시대 자시키座敷 장식의 정치성」「아시카가의 문화적 권위와『군다이칸소초키君臺観左右帳記』제작의 경제적 의미」등이 있다.

5부

패브릭

실로 짠 방,

태피스트리 룸

18세기가 되면 태피스트리는 행사를 위한 장식이나 회화처럼 벽에 걸리는 것이 아니라 벽지가 되어 방안의 모든 벽을 빈틈없이 뒤덮는다. 나아가 의자 커버까지 태피스트리와 연결되는 세트로 제작되어 마치 방 전체가 실로 짠 것처럼 보인다. 특히 현재 뉴욕 메트로폴리탄미술관에 전시되어 있는 크룸 코트의 태피스트리 룸은 벽과 의자의 패브릭이 통일성을 이룬다는 점, 18세기 살롱으로 사용됐던 태피스트리 룸 중에서 그 원형이 잘 보존된 점, 그리고 많은 관광객이 출입하는 뉴욕 메트로폴리탄미술관에 전시되어 있다는 점에서 주목할 만하다.

고블랭과 보배

—

태피스트리란 위사(가로실)와 경사(세로실)가 교차되어 생긴 다채로운 색채로 이루어진 실로 짠 그림이다. 특히 직조할 때 경사가 완전히 가려질 만큼 위사의 수를 많게 하여 촘촘히 짜므로 위사만 표면에 나타난다. 태피스트리의 언어적 기원은 그리스어로 '카펫' '러그'를 의미하는 타페스tapēs이며, 라틴어로는 '두꺼운 직물'을 의미하는 타피스tapis가 옛 프랑스어 타피세tapisser로 변했다. 타피세는 '두꺼운 직물로 덮다'는 의미다. 즉 태피스트리는 벽걸이 직물뿐 아니라 무엇인가 덮을 수 있는 직물을 모두 칭하는 말이다.

현존하는 최초의 태피스트리는 이집트에서 발견됐다. 이후 그리스와 로마에서는 의복 장식이나 소규모 벽걸이로 제작됐다. 태피스트리는 13~14세기 고딕 성당 건축에서, 차가운 돌벽에서 새어나오는 바람을 막아주는 실용적인 목적으로 사용됐고, 교회와 왕실의 중요한 예식에도 사용되었다. 태피스트리의 주제는 단순한 무늬, 성서나 교리에 나오는 교훈적인 내용부터 신화와 알레고리에 이르기까지 다양하다. 중세 이후 태피스트리 제작으로 명성이 높았던 곳은 플랑드르로, 지금의 벨기에와 남부 네덜란드 지역이다. 르네상스 군주와 귀족들은 자신들의 사회적 지위를 내세우고자 수십 점의 태피스트리를 소유했다. 무엇보다 태피스트리는 이곳저곳 성으로 옮겨다니는 귀족들의 생활방식에 적합했다. 프랑스에서는 프랑수아 1세가 태피스트리 수집에 열성이었다.

그런데 17세기로 접어들면서 플랑드르산 태피스트리를 수집하거나 그곳에 제작을 의뢰했던 프랑스 왕실이 왕립 고블랭 제작소를 설립하고 태피스트리를 직접 제작하기 시작했다. 곧이어 '고블랭'이라는

——〈크룸 코트의 태피스트리
룸〉, 1763~1771, 메트로폴
리탄미술관.
왼쪽 의자 위의 메달리온에
는 부셰의 벽장식 연작 중
하나인 〈불의 알레고리: 벌
컨을 방문하는 비너스〉가
있다.

단어는 태피스트리와 동의어가 될 만큼, 고블랭에서 제작된 태피스트리는 프랑스는 물론 전 유럽에서 명성을 떨쳤다. 한편 보베Beauvais는 11세기 이후 프랑스에서 직조로 유명했던 곳이다. 고블랭 제작소가 설립되기 전까지 보베는 가장 중요한 태피스트리 생산지였다. 보베 태피스트리 제작소는 장바티스트 콜베르Jean-Baptiste Colbert의 지원으로 파리에서 활동하던 태피스트리 상인 루이 이나르Louis Hinart가 1664년 8월 5일 세웠다. 보베 제작소는 수평low-warp 직기로 특화된 곳이었지만, 왕실의 지원을 받으면서 수직high-warp 직기를 사용했다. 수직 직기를 사용하면 여러 명의 직인이 함께 직조할 수 있어 큰 규모의 작품을 빠른 시간에 제작할 수 있다.

보베 제작소의 태피스트리는 선명하고 풍부한 색감과 세련되고 생동감 넘치는 분위기로 18세기 유럽 귀족 사이에서 인기를 누렸다. 특히 로코코 화가로 알려진 부셰가 1755년부터 1770년까지 보베 제작소 감독으로 활동하면서 세련된 귀족 취향에 부합한 그의 회화들이 태피스트리로 속속 제작됐다. 태피스트리는 이미 제작된 회화작품을 밑그림으로 사용해 판화처럼 여러 장 제작할 수 있어, 부셰의 태피스트리는 유럽 전역에 수출되었다.

크 룸 코 트 의 방

—

18세기에 이르면 귀족들은 벽걸이용 태피스트리뿐 아니라 의자, 카펫까지 세트로 주문해 태피스트리로 이루어진 방을 꾸몄다. 18세기에 만들어져 현재까지 잘 보존된 태피스트리 룸은 로버트 애덤Robert

Adam이 디자인한 크룸 코트Croome Court의 것으로, 지금은 뉴욕 메트로폴리탄미술관으로 옮겨졌다. 크룸 코트는 18세기 중엽 영국 우스터셔에 세워진 네오팔라디안 양식의 저택이다. 이 저택은 코벤트리 6대 백작인 조지 코벤트리George Coventry가 주문한 것으로, 랜슬롯 브라운Lancelot Brown이 설계한 정원이 유명하다. 크룸 코트의 태피스트리 룸은 저택 동쪽에 있었다. 1763~1771년경 만들어진 이 방은 부셰와 모리스 자크Maurice Jacques의 태피스트리와 가구 커버로 꾸며졌다. 이 가구와 태피스트리는 고블랭에서 제작한 것을 수입한 것이었다. 이후 1902년경, 코벤트리 9대 백작이 이 태피스트리와 가구들을 파리의 딜러에게 팔았으며, 이를 1949년 새뮤얼 크레스 재단The Samuel H. Kress Foundation이 매입해, 1958년 메트로폴리탄미술관에 기증했다.

태피스트리 룸이 만들어진 1763년은 영국과 프랑스가 가담한 7년 전쟁 직후였다. 영국에서 프랑스로 가구와 태피스트리 맞춤 제작을 의뢰해, 로코코 스타일의 방이 생겨난 과정은 다음과 같다. 1763년 8월, 여행차 파리를 찾은 코벤트리 백작은 왕립 고블랭 제작소를 방문했다. 당시 그곳에서는 고블랭과 경쟁 관계에 있던 보베 제작소에서 옮겨온 부셰가 자신의 회화를 태피스트리 밑그림으로 제공했고, 건축가였던 자크제르맹 수플로Jacques-Germain Soufflot가 부셰의 작품을 메달리온 안에 집어넣는 새로운 태피스트리 디자인을 고안했다. 이 디자인은 장식화가인 모리스 자크에 의해 더욱 구체화되었다. 그는 꽃타래 장식이 된 사각형 금색 프레임 안에 원형 메달리온이 걸려 있는 디자인을 완성했다. 크림슨 바탕에 어두운 핑크 꽃잎이 실크 다마스크damask(직물의 앞뒤 양면에 색이 다른 같은 패턴이 나타나는 직조)처럼 직조되고, 나무를 깎아 조각한 것처럼 보이는 프레임으로 둘러싸인 메달리온은 액자처럼 보였다.

이 새로운 디자인은 어떤 크기의 벽에도 적합하게 크기를 조절할 수 있고, 바탕에 다양한 꽃과 동물을 자유롭게 배치할 수 있을 뿐 아니라 의자 커버로도 적합했다. 코벤트리는 모리스 자크의 디자인에 마음을 빼앗겨, 몇몇 스케치를 크룸 코트로 가져와 애덤에게 보여주었다. 애덤은 기본적인 아이디어는 모리스 자크의 것을 따랐지만, 로코코보다는 신고전주의 모티브를 사용한 자신의 드로잉을 백작에게 제안했다. 코벤트리 백작은 애덤의 드로잉을 받아들이지 않았고, 1764년 고블랭에 태피스트리 세트 제작을 의뢰했다. 이 일로 코벤트리와 애덤은 다소 불편한 관계로 작업했다는 후문이 전한다.

부 셰 의   벽 장 식
—

1763~1764년, 부셰는 크룸 코트의 태피스트리를 위해 모리스 자크가 디자인한 메달리온 안에 들어갈 작품 주제로 4원소를 선택했다. 4원소는 공기, 흙, 불, 물로 우주와 인간을 구성하는 원소다. 공기와 흙은 벽난로가 있는 벽을, 불과 물은 왼쪽과 오른쪽 벽을 각각 장식한다. 4원소는 '부셰의 벽장식' 연작에 속하는 주제다. 부셰의 벽장식은 모리스 자크가 디자인한 메달리온 안에 부셰의 작품이 들어간 것으로, 크룸 코트에서 가장 먼저 선보였다. 프랑스 대혁명 이전까지 부셰의 벽장식은 고블랭 제작소에서 가장 인기 있는 주제였고, 도상, 디자인, 색상을 다양하게 변주해 제작했다. 부셰의 벽장식은 보통 아홉 개가 한 세트였지만, 4원소처럼 주문자의 취향에 따라 다양하게 구성됐다. 4원소는 그리스 시대 이후 공기는 주피터, 흙은 플루토, 물은 넵튠, 불은 벌컨으로

의인화되었다. 그러나 크룸 코트 방에서 공기는 〈케팔로스와 오로라〉, 흙은 〈베르툼누스와 포모나〉, 불은 〈벌컨을 방문하는 비너스〉, 물은 〈아미모네를 구조하는 넵튠〉으로 의인화되었다. 서로 쌍을 이루어 등장하는 두 신은 다양한 사랑의 모습을 보여준다.

벽난로가 있는 벽 왼쪽에는 〈케팔로스와 오로라〉가 있다. 이 이야기는 오비디우스의 『변신』 7권에 기원을 두었다. 새벽의 신 오로라는 미남 사냥꾼 케팔로스가 잠든 모습을 내려다본다. 그녀는 구름 위에 앉아 있으며, 숲에서 잠든 케팔로스 발치에 있는 강아지가 여신이 다가오는 것을 알려준다. 한편 벽난로 오른편 〈베르툼누스와 포모나〉의 배경은 분수와 조각상이 있는 정원이다. 포모나의 발치에는 그녀의 상징물인 과일, 박, 꽃이 있다. 그녀는 장미 향기를 맡으며 과수원의 신인 베르툼누스의 이야기를 듣고 있다. 베르툼누스는 포모나의 정원에 들어오기 위해 머리에는 두건을 쓰고, 긴 겉옷을 입고 늙은 노파로 변신했다. 〈벌컨을 방문하는 비너스〉는 베르길리우스의 『아이네이스』 8권에 나오는 이야기다. 비너스는 안키세스와의 사이에서 태어난 자신의 아들 아이네이스를 위해 무기를 만드는 벌컨을 구슬리러 그의 대장간을 방문했다. 〈아미모네를 구조하는 넵튠〉은 사티로스에게 붙잡혀 있는 아미모네를 넵튠이 구조하는 장면이다. 대각선 구도의 좌측 아래에는 사티로스와 아미모네가 있고, 우측 상단에는 삼지창을 든 넵튠이 푸토들에게 둘러싸여 아미모네를 향하고 있다. 넵튠의 구조를 받은 아미모네는 그와 정을 통해 아들 노플리우스를 얻었다.

이 같은 신들의 사랑은 당시 귀족들이 선호하던 주제로, 부셰는 〈프시케의 사랑〉이나 〈신들의 사랑〉과 같은 연작 회화를 제작하기도 했다. 정략결혼과 혼외정사가 빈번했던 당시 귀족들에게 인간세상에서 벌

—— 프랑수아 부셰, 〈물의 알레고리: 아미모네를 구조하는 넵튠〉, 태피스트리, 3.05×5.18m, 크롬 코트, 메트로폴리탄미술관.
벽지처럼 한 벽을 꽉 채우는 태피스트리다. 원형 메달리온 안, 좌측 하단에는 아미모네가, 우측 상단에는 넵튠이 있다.

어질 법한 다양한 신들의 사랑 이야기는 공감을 자아내고 흥미를 끌기에 충분했다.

로 카 유   장 식
—

'부셰의 벽장식'에서 메달리온 가장자리 장식Ilentour은 액자 같은 역할을 하며, 바라보는 이들을 환영의 세계로 이끈다. 액자의 상하좌우, 중앙 부분과 벽난로 위 큰 꽃병을 받치고 있는 장식은 마치 커다란 조개껍데기와 바위가 혼합된 것처럼 보인다. 이러한 장식을 로카유 Rocaille 장식이라고 부른다. 로카유 장식은 루이 15세 통치기에 유행하기 시작해 로코코Rococo라는 이름으로 전 유럽에 확산됐다. 로카유 스타일의 특징은 자연에서 유래한 물결 모양의 커브와 역커브다. 이 양식은 루

—— 쥐스트오렐 메소니에, 〈사이드 테이블을 위
한 디자인〉, 1730년경.
메소니에는 이탈리아 토리노 출신으로 파리
에서 활동한 가구디자이너이자 화가이며 건
축가다. 루이 15세의 책상을 디자인했으며,
그의 가구는 부셰와 같은 로코코 화가들에게
영감을 주었다.

—— 〈건축 장식으로 조각된 페스툰〉, 1758~1790,
판테온, 파리.
판테온을 건축한 수플로는 부셰의 벽장식을
고안하기도 했다.

이 14세 양식의 특징인 장엄한 형식에 대한 반발로 나타났다. 특히 프
랑스 로코코를 특징짓는 화려함은 거울과 그림 액자에서 두드러지는데,
거울과 액자의 가장자리 틀을 석고로 장식하고 금박을 입혔다. 로코코
식 액자를 만든 대표적인 작가로는 가구 디자이너 쥐스트오렐 메소니에
Juste-Auréle Meissonnier와 샤를 크레상Charles Cressent, 목공예가인 니콜라 피
노Nicolas Pineau가 있다. 특히 1730년경 메소니에가 디자인한 테이블 스
케치는 부셰의 벽장식에 등장하는 프레임과 시각적으로 유사하며, 이를
통해 부셰가 메소니에의 가구 디자인에서 영향을 받았음을 알 수 있다.
태피스트리 속 원형 액자는 상단의 갈런드garland에 매달려 있다. 갈런드
는 꽃과 식물, 과일을 엮은 끈 또는 띠로, 형태에 따라 원형의 리스Wreath
와 화관Chaplet, 묵직하게 늘어지는 고리 형태의 페스툰Festoon으로 나눌
수 있다. 이 벽장식에 쓰인 것은 식물의 잎사귀를 풍성하게 엮은 뒤 양
끝을 헝겊 리본으로 묶은 전형적인 페스툰이다. 페스툰은 그리스 신전

───〈크룸 코트의 태피스트리 룸〉에 있는 프랑수아 부셰의 벽장식, 1763~1764. 메트로폴리탄미술관.
벽난로를 기준으로 왼쪽 메달리온 안에는 〈공기의 알레고리: 케팔로스와 오로라〉, 오른쪽에는 〈흙
의 알레고리: 베르툼누스와 포모나〉가 있다.

에서 나타나기 시작해 로마시대 제단을 장식하는 데 주로 사용되었다. 로마인들은 꽃과 식물을 엮은 페스툰을 제단에 바친 동물의 해골이나 촛대 사이에 늘어뜨렸을 뿐 아니라 석관이나 건축물의 장식 모티브로도 조각했다. 건축 장식으로 사용된 페스툰 모티브는 르네상스와 신고전주의 건축으로까지 이어진다.

저택 동쪽 살롱에서는
—

크룸 코트 저택 태피스트리 룸에는 두 개의 세티settee(팔걸이와 등받이가 있는 두 명 이상이 앉을 수 있는 의자)와 여섯 개의 암체어가 있다. 이 방은 어떤 용도로 사용했을까? 저택의 동쪽 살롱으로 사용했다고 한다. 살롱은 프랑스어인데, 이탈리아 대저택에서 손님을 맞이하던 넓은 홀을 가리키는 살라Sala에서 유래했다. 그런 공간이 프랑스에서는 문화와 지성의 공간으로 변화했다.

17세기 후반부터 프랑스에서는 귀족, 지식인, 예술가 들이 모여 대화를 나누며 지식과 취향을 공유했다. 모임에서는 주로 장소를 제공하는 여주인의 취향이 대화에 영감을 줄 때가 많았다. 프랑스의 살롱 문화는 18세기에 전 유럽으로 확산됐다. 영국 최초의 살롱은 1770년경 블루스타킹 소사이어티Blue Stockings Society를 만든 엘리자베스 몬터규의 살롱이다. 크룸 코트에 이 태피스트리 룸이 만들어질 무렵 영국에서 살롱 문화가 시작되었다는 점이 주목할 만하다. 크룸 코트의 태피스트리 룸이 몬터규 부인의 살롱처럼 비공식적인 교육기관 역할을 했다는 기록은 없다. 그러나 조지 3세, 빅토리아 여왕이 그곳을 방문했으며, 태피스

───── 〈세티〉, 1769~1771.
이 세티의 나무 프레임은 영국의 가구 디자이너 존 메이휴John Mayhew와 윌리엄 인스William Ince가
제작했고, 의자 커버는 고블랭 태피스트리에서 벽장식 태피스트리와 동일하게 만들었다.

트리 룸은 저택을 방문하는 이들에게 가장 사랑받는 공간이었다고 한다. 코벤트리 9대 백작이 어떤 사연으로 태피스트리와 가구들을 파리의 딜러에게 팔았는지는 알 수 없지만, 박물관으로 옮겨온 이 방은 18세기 영국 귀족의 프랑스 취향을 엿볼 수 있는 흥미로운 공간으로, 여전히 인기를 누리고 있다.

〈참고문헌〉
서정복, 『살롱 문화』, 살림출판사, 2003.
정은진, 「고블랭 태피스트리: 절대왕정의 프로파간다」, 서양미술사학 논문집 43 (2015): 217~237.
Charissa Bremer-David, *French Tapestries & Textiles in the J. Paul Getty Museum* (Los Angeles:
    J. Paul Getty Museum, 1997).
John Philip O'Neill, *François Boucher, 1703-1770* (New York : Metropolitan Museum of Art,
    1986).
James Parker, "The Architecture and Furniture," *The Metropolitan Museum of Art Bulletin* 18
    (1959): 79 – 95.

___

정은진_이화여자대학교 미술사학과 강사
이화여자대학교 미술사학과에서 박사학위를 받았으며, 서울대학교 역사연구소 연구교수를 지냈다. 주
요 저서로 『하늘의 여왕: 이미지로 본 성모대관의 다층적 의미』『미술과 성서』가 있으며, 최근 논문으
로 「사랑의 텍스트로서 《여인과 유니콘》 태피스트리」「즉흥과 환상: 보베 제작소의 《그로테스크》 태피
스트리」 등이 있다.

카펫

오스만 제국의
인기 수출품

     발칸과 아나톨리아로 이루어진 오스만제국 중심부의 가옥은 상당히 특징적인 구조로 이루어져 있다. 잦은 지진으로, 유사시에도 인명피해가 적은 목조 가옥이 대부분을 이루었다. 그중에는 조그만 단층집도 있고 큰 집은 대개 다층이었다. 다층 가옥에서 1층은 주로 창고와 동물 우리 등으로 쓰였고, 흔히 돌로 포장된 가운데 마당中庭이 있었으며, 가족생활공간은 주로 2층 이상에 마련됐다. 흔히 위층 전면 벽이 맨 아래층 벽보다 앞으로 튀어나와 있고 거기에 덧문 달린 창문이 있어, 그 공간을 밖에서 들여다보이지는 않아도 안에서 밖을 내다볼 수 있고 베란다처럼 집안 식구들이 바깥바람을 쐴 수 있는 자리가 됐다. 상류층 가옥이라면 바깥으로 바로 통하고 남자 손님을 접대하는 공간인 셀람륵 안쪽에 여성과 아이들의 사적 생활공간인 하렘이 자리했는데, 이는 생

───── 전통가옥 관광지로 유명한 북아나톨리아 사프란볼루의 전통 가옥.

업에 매진해야 하고 넉넉한 공간을 갖지 못했던 사람들에게는 불가능한
사치였다.

　　가족생활을 영위한 방들은 전통적으로 매우 단순한 공간이었
고, 몇몇 붙박이장과 작은 탁자를 제외하면 가구가 별로 없었다. '방'을
뜻하는 터키어 '오다ᵒᵈᵃ'는 원래 천막을 뜻하는 '오탁ᵒᵗᵃᵍ'이 어원이라
고 한다. 작은 벽난로가 있는 방은 대개 고정된 가구가 비치되지도 용
도가 구분되지도 않았고, 마치 유목민의 천막처럼 그 자체로 독립적이
어서 예컨대 핵가족 구성원 모두가 한 방을 차지할 수도 있었다. 한마디
로 다목적 공간으로 사용됐다. 종종 벽을 따라 나무로 짜넣은 낮은 단
디완ᵈⁱᵛᵃⁿ에 사람이 앉을 수 있었고 탁자는 자그마해서 옮겨놓기 쉬웠
다. 이런 공간은 식사가 담긴 쟁반을 가지고 들어오면 식사공간, 이부자
리를 펴면 수면공간, 이부자리를 치우고 일거리를 늘어놓으면 작업공
간, 사람들이 모이면 대가족이나 이웃 간의 사교공간이 될 수도 있었다.

—— 디완에 앉아 있는 고위 법관들의 모습.

좌 식 생 활 에   맞 는   실 내 장 식
—

전통적인 유목민 생활에서 털실로 짠 직조물은 대단히 중요했다. 텐트, 차양, 텐트의 문, 침구, 동물 등에 씌우는 덮개, 아기 보자기, 가방이 모두 직물로 만들어졌다. 투르크인이 정착생활을 한 이후에도 직조물은 그들의 생활에서 큰 비중을 차지했다. 여러 그림에서 볼 수 있는 것처럼 투르크인은 간단한 가구와 침구를 갖추고 대체로 좌식생활을 했다. 오스만 세밀화에서는 술탄이나 높은 사람이 단 위에서 책상다리를 한 모습을 흔히 볼 수 있다. 이와 같은 단순한 인테리어는, 19세기에 이르러 서양식 가구와 생활양식이 자리잡기 전까지 상당히 오래 지속된 전통이었고, 방석과 베개, 깔개 역할을 하는 다양한 직물 제품은 이런 방에서 빼놓을 수 없는 중요한 역할을 했다.

카펫은 그중에서 가장 크고 비싼 품목이었다. 카펫이라는 형태는 기원전 4세기 알타이 산지의 파지리크 고분군에서도 출토됐다고 할 정도로 중앙유라시아 유목민들 사이에서 긴 역사를 갖고 있다. 13세기 셀주크 시대의 카펫이 가장 오래된 아나톨리아 카펫으로 꼽히는데, 그

18세기의 방

—— 아메데오 프레지오시, 이스탄불 카페의 내부. 1850~1882.

일부가 터키박물관에 남아 있다. 카펫은 기모 카펫인 할르^{hali}와 보다 단순한 평직으로 짠 킬림^{kilim}으로 크게 나눌 수 있다. 크고 정교한 기모 카펫은 만드는 데 약 1년이 걸리기도 했다.

　　카펫이라는 형태가 오스만식 가옥 실내에서 차지했을 중요도에 대해서는 의견이 엇갈린다. 투르크인의 유목문화를 현창하려는 터키 민족주의 쪽에서는 카펫이 매우 중요했다고 주장한다. 한편, 미술사학자 튈라이 아르탄, 오스만 시대 이스탄불을 오랜 세월 연구한 스테판 예라시모스는 카펫이 오스만인의 일상생활에서 그다지 중요한 비중을 차지하지는 않았다고 했다. 예컨대 1730년 반란으로 정권이 전복되자, 대재상이자 부마였던 이브라힘 파샤를 비롯한 권신 세 사람이 처형되고 이들의 재산은 몰수됐는데, 당시 대단한 재산을 자랑하던 이들의 해변 가옥 일곱 곳에서 몰수한 물품의 목록이 있다. 당시는 이른바 '튤립의

오스만 제국의 인기 수출품

시대(1718~1730)'였다. 이 시대에는 평화적인 외교 정책을 추구하고 베르사유를 본받은 유럽 건축양식을 따랐으며, 튤립을 재배하고 계단식 폭포를 갖춘 정원 조경이 유행이었다. 또 엘리트 사이에서는 과시적 소비 열풍이 일었다. 그런데 이때 건물과 외양 조경은 변했지만 실내장식만큼은 전통이 유지됐다. 이를 반영하듯 몰수된 물품 가운데 베개, 쿠션, 얇은 매트리스 등은 수백 개씩 있었지만 가구는 빈약했다. 그리고 대재상의 별장에서 나온 카펫이 세 점뿐이라는 점이 특기할 만하다.

카 펫 의   용 도 와   주 요   산 지
—

카펫은 궁정과 저택에서 쓰는 물건이었을 뿐 아니라, 예배가 이루어지는 모스크에서는 벽에서 벽까지 꽉 차게 바닥을 메워주는 것이기도 해, 카펫을 모스크에 기증하는 일이 빈번했다. 모스크에서는 카펫을 기도할 때 방석으로 사용했다. 기도할 때 쓰는 용도로 1인용 미흐랍(모스크 벽에 만들어진 아치형 구조물로, 메카의 방향을 표시한다) 무늬 한 개가 들어 있는 기도 카펫, 줄지어 기도할 자리를 표시하는 수십 개의 미흐랍이 든 기도 카펫이 만들어지기도 했다. 뿐만 아니라 왕실은 메카와 메디나 같은 성지의 성소들에 기증할 카펫을 종종 주문했다. 모스크에서 쓰는 카펫에 반드시 미흐랍 무늬를 넣은 것은 아니었다. 또한 카펫은 이슬람 모스크뿐 아니라 각종 교회 등 다양한 종교기관에서 사용했다.

오스만 제국에서 가장 유명한 카펫 산지는 우샤, 쿨라, 괴르데스 등이 있는 서아나톨리아로, 유목 부족민이 이 지역에 정착하면서 카펫 생산이 발달했다. 콘야 등 중부 아나톨리아와 카이로의 카펫도 유명

——— 미흐랍 무늬가 있는 기도 카펫. 18세기.

───── 골동품 우샥 카펫.

했다. 서아나톨리아의 카펫이 유명해진 것은 17세기부터였고, 특히 우샥의 카펫은 먼 곳까지 유통됐다. 1640년 이스탄불의 고정 가격 장부에 우샥 카펫의 가격이 고시되어 있었다. 17세기 여행가 에블리야 첼레비는 예루살렘의 아르메니아인 수도원에서 우샥 카펫을 사용했다는 기록을 남기기도 했다. 멀리 북방 변경 트란실바니아의 교회에서도 우샥 카펫으로 추정되는 카펫이 많이 발견됐다. 오스만 왕실은 16세기에는 궁정 공방에 카펫 직조공을 두었으나, 17~18세기에는 주로 우샥 등지에 카펫을 주문했다.

유 럽 이   사 랑 한   카 펫
—

카펫은 매우 이른 시기부터 유럽으로 수출됐다. 투르크인의 카펫이 처음으로 유럽에 알려지고 도입된 것은 십자군 원정 당시였다. 카펫은 오스만 제국과 베네치아 사이 주요 무역품목으로 자리잡아, 르네상스시대 베네치아에서 유럽 기타 지역으로 팔려나가곤 했다. 유럽인은 서아시아의 카펫을 권력과 부의 상징으로 받아들였고, 르네상스 시대에는 초상화에 나오는 인물의 권력과 부를 표현하는 소도구로 카펫을 배경에 배치해 그리는 풍조가 있었다. 그러다보니 역으로 유럽인 초상화에 나타나는 카펫 문양을 보고 당시 오스만 제국 카펫의 종류를 파악하는 현상마저 있다. 예컨대 '홀바인(한스 홀바인) 카펫', '로토(로렌초 로토) 카펫' 등은 카펫이 나오는 그림을 그린 화가에 따라 분류한 범주이며 각각 특정한 패턴의 카펫을 지칭한다.

또한 17, 18세기 유럽에서는 옷, 실내장식, 커피, 퍼커션을 쓰는

—— 한스 홀바인, 〈대사들〉, 1533.
테이블보로 쓰인 카펫의 무늬를 주목하자.

───── 로렌초 로토, 〈부부〉,
1524.
이 그림에서도 카펫이
테이블보로 쓰였다.

음악, 『아라비안 나이트』 같은 근동 지역 구전문학 등 프랑스를 중심으로 생활양식 전반에 걸쳐 투르크풍이 크게 유행했고, 이것이 유럽 다른 지역에까지 퍼져나갔다. 단순히 투르크적인 외관만 흉내낸 것이 아니었다. 이런 유행은 투르크인이 문화와 예술과 여유를 누릴 줄 안다고 여긴 인식과 결부돼 있었다. 특히 여성들 사이에 유행한 오달리스크 스타일 드레스는 속에 코르셋을 받쳐 입지 않는 것이라 편안했는데, 오달리스크는 원래 오스만 왕실의 후궁을 가리키는 터키어 '오달륵'에서 비롯된 말이다. 유럽인 엘리트는 남녀를 불문하고 집에서 투르크풍으로 입고 편히 쉬는 것이 당시 일상이었다.

이처럼 투르크풍이 유행하면서 카펫은 대단한 인기를 끌었다. 18세기 말 오스만 제국이 러시아와의 전쟁에서 참패하면서 오스만 제국의 명예가 크게 실추되고 투르크인에 대한 좋은 인상이 거의 사라진 후에도 투르크풍 실내장식 취향은 사라지지 않았고, 카펫에 대한 유럽인의 수요는 계속됐다. 18세기 유럽에서 부유해진 신흥 중산층은 죄의

───── 〈마담 드 퐁파두르〉, 1747년경.
루이 15세의 정부 마담 드 퐁파두르를 술탄의 부인으로 설정하고 그린 그림이다.

식 없이 정당하게 사치를 누릴 수 있다는 자의식을 갖게 됐는데, 카펫은
그러한 사치품 수요 가운데 나름대로 고정적인 위치를 차지했다. 그래
서 이전부터도 유럽 상류층에 잘 팔리던 아나톨리아 카펫은 18세기 동
안 해외 시장과 더욱 긴밀하게 연결돼, 18세기 말 카펫 산업은 서아나
톨리아에서 상당히 잘 조직된 수출산업으로 발전했다. 이즈미르라는 큰
항구가 가까이 있어, 서아나톨리아 카펫이 해외로 활발히 수출되는 데
중요한 역할을 했다.

　　1825년경부터 카펫이 유럽에서 대중 소비재가 되자 아나톨리

─── 〈장바티스트 타베르니에〉, 1678년경.
장바티스트 타베르니에는 유명한 보석상
으로, 오스만제국, 페르시아, 인도 등을 여
행한 여행기를 남겼다.

아 카펫 생산은 붐을 맞이했다. 서양인의 수요와 기호에 맞춘 카펫 디자
인이 고안됐고, 이즈미르를 통한 카펫 수출 물량이 19세기 전체에 걸쳐
몇 곱절로 늘어났다. 오스만 정부도 카펫 산업에 개입하려고 했지만 아
나톨리아 카펫 산업은 점차 유럽인 사업가들이 장악해, 20세기 벽두에
는 이즈미르를 통과하는 카펫 수출 물량의 90퍼센트를 서양 회사 여섯
곳이 차지했다. 19세기 말에서 20세기 초, 기계식 방사 공정을 도입하려
는 노력은 우샤크 같은 전통 수공업 카펫 중심지에서 여러 번 커다란 저항
에 부딪혔고 노동자들이 기계를 파괴하는 일도 벌어졌다. 그러나 카펫

산업에서 기계화와 외국 자본의 지배는 대세가 되어갔다. 19세기 경제 개방과 자유무역 정책 기조하에서 오스만 제국의 직물업 길드들이 고전하는 가운데 외국 자본이 주도하는 카펫 산업은 제1차 세계대전이 일어나기 전까지 호황을 이어갔다. 그 와중에 카펫 직조 노동자들의 임금은 정체되거나 실질적으로 감소했다.

한편, 19세기 오스만 사회 일반인 사이에서 카펫 수요가 크게 늘어난 것은 놀랍게도 카펫이 서양 인테리어에서 중요한 위치를 차지했기 때문이라고 한다. 19세기에 서양식 인테리어와 생활양식을 받아들이면서 그 안에 녹아들어 있는 카펫을 '자기 문화'의 일부로 이전보다 더 애호하게 됐다는 것이다. 문화의 역수입을 보여주는 흥미로운 단면이다.

〈참고문헌〉

Tülay Artan, "Aspects of the Ottoman Elite's Food Consumption: Looking for 'Staples,' 'Luxuries,' and 'Delicacies' in a Changing Century," in *Consumption Studies and the History of the Ottoman Empire, 1550-1922: An Introduction*, ed. Donald Quataert (Albany, NY: State University of New York Press, 2000), 107-200.

Alexander Bevilacqua and Helen Pfeifer, "Turquerie: Culture in Motion, 1650-1750," *Past and Present* 221 (2013): 75-118.

Zeynep Çelik, *Displaying the Orient: Architecture of Islam at Nineteenth-Century World's Fairs* (Berkeley: University of California Press, 1992).

Walter B. Denny, "Carpets, Textiles, and Trade in the Early Modern Islamic World," in *A Companion to Islamic Art and Architecture*, ed. Finbarr Barry Flood and Gülru necipoğlu (Hoboken: John Wiley & Sons, 2017), 972-95.

Bahadır Öztürk, "Tezgahtan Saraya: Osmanlı Saray Halıları," *Yedi: Sanat, Tasarım ve Bilim Dergisi* 16 (2016): 121-27.

Donald Quateart, "Ottoman Manufacturing in the Nineteenth Century," in *Manufacturing in the Ottoman Empire and Turkey, 1500-1950*, ed., Donald Quataert (Albany, NY : State University of New York Press, 1994), 87-121.

이은정_서울대학교 동양사학과 교수

서울대학교 동양사학과를 졸업하고 동 대학원에서 석사학위를, 하버드대학 사학과에서 박사학위를 받았다. 관심 분야는 주로 오스만 제국의 사회사이며, 논문 주제들은 이스탄불의 수공업 조직, 이주민, 예니체리와 반란, 수피 교단과 셰이흐들의 영향력, 무슬림-비무슬림의 관계 등에 걸쳐 있다.

영국 침실로 들어온

인도 면직물

자식을 잃고 눈물을 흘리는 라헬도 개릭 부인보다 더 비통해하지는 않을 것입니다. 자식이 없으니 자식 때문에 우는 것은 아닙니다. (…) 그러면 개릭 부인은 무엇 때문에 눈물을 흘리고 있는 것일까요? 제가 감히 말씀드려도 되겠습니까? 바로 친츠chintz 침구 세트와 커튼을 빼앗겼기 때문입니다. 사건의 경위는 간단합니다. 제가 캘커타의 신사분들에게 연극 대본을 보내주는 등 이런저런 도움을 준 적이 있는데, 그에 대한 보답으로 제게는 마데이라 포도주를, 그리고 가엾은 라헬에게는 문제의 친츠를 보내왔습니다. (…) 아내는 인도에서 온 이 감사 표시에 어울릴 벽지며 의자 등을 다 마련해두었습니다. 아, 그러나 인간의 행복이란 얼마나 덧없는 것인지요! 아내가 방심한 사이 누군가가 고약하게도 고자질했는지, 친츠 침구가 그만 악당 같은 세관원들의 무자비한 손에 몰수되어 산산조각 난 목재 더미에 내팽개쳐지고 말았습니다.

친츠 압수 사건

—

위 글은 1775년경 당대 영국 최고 인기 배우이자 극작가였던 데이비드 개릭David Garrick이 세관에 보낸 편지 일부분이다. 인도산 면직물을 지칭하는 단어인 친츠는 얼룩무늬를 뜻하는 힌디어 '친트chint'에서 유래한 것으로 추정된다. 지금은 그 의미가 확대되어 커튼이나 소파 커버 등 실내장식에 쓰이는 꽃무늬 면직물을 모두 친츠라고 부르지만, 18세기 영국에서 친츠는 수작업으로 문양을 그려넣고 매염媒染, 납염蠟染 기법으로 염색한 인도산 면직물을 의미했다. 기나긴 항해 끝에 영국에 도착한 개릭의 친츠는, 친츠의 수입과 유통을 금지하는 영국 정부 법안에 따라 그만 세관에서 압수되고 말았다. 극적인 편지와 개릭의 명성 덕택인지, 다행히 개릭 부부는 결국 친츠를 돌려받을 수 있었다.

개릭의 '친츠 압수 사건'은 18세기 영국 내 인도산 면직물의 인기를 실감하게 한다. 인도산 면직물은 영국 동인도회사를 통해 17세기부터 영국에 들어왔다. 처음에는 향신료 무역에 총력을 기울이던 동인도회사가 차츰 인도산 면직물을 사들여 인도네시아에서 향신료와 교환하거나 아프리카 및 중동 지역에 재수출했다. 이 중계무역에서 남은 면직물이 영국에 들어와 인기를 끌자 동인도회사의 런던 본사에서는 영국 시장의 취향에 더 잘 맞는 색상과 문양을 개발해 인도에 발주하기 시작했다. 인도산 면직물은 금세 동인도회사의 대표 상품이 되어 1664년에

── 토머스 치펀데일, <개릭의 침대Garrick Bed>, 1775. 빅토리아 앨버트 박물관 ⓒ Victoria and Albert Museum, London.
개릭 부부의 햄튼 자택 침실을 장식했던 꽃무늬 친츠 침구 세트와 토머스 치펀데일이 디자인한 침대. 침대보는 물론 커튼과 밸런스valance 커튼까지 한 세트로 맞추었다. 침대 옆 옷장과 책장 역시 치펀데일이 개릭 부부의 주문을 받아 디자인한 것으로, 일본 옻칠 가구를 모방해 마감한 흰색 바탕에 중국풍 문양이 짙은 녹색으로 그려져 있다.

───── 의자 커버, 인도, 1725~1750년경, 메트로폴리탄미술관.
인도에서 유럽 수출용으로 제작된 이 의자 커버에는 당시 영국에서 유행하던 의자 시트 모양이 그대로 남아 있다. 장미나 카네이션, 히아신스 등 영국 시장의 취향에 맞춘 꽃무늬가 보인다.

는 동인도회사 인도 수입품의 75퍼센트를 면직물이 차지하기에 이르렀다. 이중에서도 다양한 색상의 정교한 문양이 들어간 친츠는 침구류나 의자 커버, 커튼 등 실내장식은 물론 남녀 의복에도 널리 사용됐다.

　　친츠는 영국에서 왜 그토록 폭발적인 인기를 끌었을까? 면직물은 당시 영국 섬유 산업의 대부분을 차지했던 모직물에 비해 가볍고 통풍이 잘됐을 뿐만 아니라, 관리도 훨씬 쉬웠다. 더구나 인도산 면직물은 우수한 염색 기술 덕에 색이 쉽게 바래거나 물이 잘 빠지지 않았다. 어두운 색감의 두꺼운 모직물에 익숙한 영국인에게 얇고 가벼울 뿐 아니라 선명하고 풍부한 색감을 자랑하는 인도산 면은 혁명적일 수밖에 없었다. 친츠의 인기에는 계급의 높고 낮음이 없었다. "깔개나 퀼트, 서민

─── 〈영국식 드레스〉, 미국, 1785~1795, 메트로폴리탄미술관.
18세기 후반 유행했던 이 '영국식 드레스'는 인도산 수입 면을 사용해 미국에서 맞춘 것이다.

아이들의 옷에나 쓰이던 친츠를 이제는 귀부인들이 입고 있다"거나, "상류층까지 인도 깔개를 걸치고 있다"는 작가 대니얼 디포의 한탄은 급속도로 상승한 친츠의 위상을 잘 보여준다. 디포의 글에는 계급 질서에 혼란을 일으킬 수 있을뿐더러, 국산품과 경쟁하는 수입품이기도 했던 친츠에 대한 경계심이 뚜렷이 드러난다. 친츠의 인기가 높아질수록 영국의 섬유 산업, 특히 모직 산업은 타격을 입었다. 불만에 찬 영국 방직공들이 대규모 시위를 벌이고, 친츠 판매상은 물론 친츠로 만든 옷을 입은 여성들마저 공격하는 폭력 사태까지 발생하자 영국 정부는 1721년 인도 면의 수입과 유통, 사용을 전면 금지했다. 하지만 개릭 부부의 사례에서 알 수 있듯이 친츠의 인기는 사그라들지 않았고, 밀수업자를 통해 친츠를 구하는 것도 여전히 가능했다. 실제로 현재 영국에 남아 있는 친츠는 금지령 이후 만들어진 것이 많다.

인도산 면직물을 둘러싼 열광과 우려는 18세기 영국에만 국한된 것이 아니었다. 프랑스에서는 인도산 면직물이 견직물 산업에 끼칠 피해를 우려해, 1686년부터 1759년까지 인도산 면직물의 수입은 물론 자국 내 모사품 생산까지 금지했다. 물론 영국과 마찬가지로 금지령 기간 동안에도 친츠의 밀반입과 유통은 계속됐다. 인도산 면으로 만든 최신 유행 옷차림의 왕족과 귀족이 베르사유궁을 활보했다. 영국 정부의 친츠 금지령 적용 대상이 아니었던 식민지 미국에서는 친츠 유통이 더욱 활발해, 17~18세기 미국의 재산 목록이나 상인들의 물품 목록에서 친츠 침구, 커튼, 깔개, 의자 커버, 의복 등을 쉽게 찾아볼 수 있다.

인도산 친츠의 인기는 18세기 후반 유럽에서 면직물의 대량생산이 가능한 방적기와 기계날염이 개발되고, 미국에서 본격적인 면화 재배 및 면직물 자체 생산이 시작되고 나서야 사그라들었다. 이후 인도의 면직물 산업은 유럽의 값싼 대량 생산품에 밀려 급속도로 몰락했다. '친츠 같다chintzy'라는 영어 표현이 싸구려라는 의미마저 내포하게 된 지금은, 한때 서구의 경제와 산업부터 복식과 실내장식에까지 광범위하게 영향을 미쳤던 인도산 면직물의 위력을 상상하기 어렵다. 그러나 18세기의 친츠는 당대 미적 취향과 유행, 문화교류, 기술과 혁신, 정치와 경제가 한데 얽힌 중요하고 복합적인 산물이었다.

인 도 궁 정 의   깔 람 까 리
—

영국에서 친츠라고 불린 인도산 날염 면직물은 대부분 인도 동남부 코로만델 해안에서 생산된 것이었다. 이 지역에서 생산된 면직물은 아주 가늘게 깎은 대나무 펜대를 사용해 손으로 직접 정교한 문양을 그려넣은 것이 특징이었다. 현지에서는 '친츠'가 아니라 페르시아어로 펜을 뜻하는 깔람kalam과 작업을 뜻하는 까리kari를 합성해 깔람까리kalamkari라고 불렀다.

깔람까리는 여러 단계의 복잡한 염색 공정을 거친다. 코로만델 해안의 염색 장인들은 붉은색을 내는 꼭두서니madder, 푸른색을 내는 쪽풀indigo 등 인근에서 쉽게 재배할 수 있는 식물에서 추출한 천연 염료를 만들어냈고, 각각의 염료를 섬유에 고착시키기에 적합한 다양한 매염제에 대해서도 전문적인 지식을 갖추고 있었다. 대나무 펜에 철 매염제를 찍어 면에 문양을 그려넣고 쪽 염료에 담그면 염료와 매염제의 화학작용으로 푸른색 문양이 나온다. 이때 나머지 부분은 푸른색으로 물들지 않도록 밀랍을 발라둔다. 깔람까리 특유의 선명한 적색, 푸른색, 녹색은

—— 대나무 펜으로 면에 그림을 그리고 있는 깔람까리 장인.

이처럼 각각의 염료에 맞춘 매염, 납염 과정을 거쳐 탄생한 것이다. 특히 코로만델 해안 지역은 깔람까리 염색에 유리한 환경을 갖추고 있었다. 데칸고원에 흐르는 크리슈나강은 면직물 염색과 세탁에 필요한 풍부한 수원을 제공하는 한편, 물에 칼슘이 많이 함유돼 있어 염료와 결합했을 때 더욱 선명한 색을 내게 했다. 이렇게 만들어진 깔람까리는 코로만델 해안의 마술리파트남Masulipatnam 항구를 떠나 전 세계로 보내졌다. 깔람까리가 수출용으로만 제작된 것은 아니다. 깔람까리는 인도 궁정에서도 다양한 방식으로 사용됐다. 깔람까리 생산의 중심지였던 데칸 지역의 궁중 세밀화에서 짐작할 수 있듯이, 인도의 실내에서는 바닥에 겹겹이 깔린 깔개와 편안히 몸을 기댈 수 있는 커다란 등받이 베개가 가구를 대신했다.

　　무더운 인도의 여름에, 가볍고 통풍이 잘되는 면으로 만든 깔람까리는 두꺼운 양탄자 대신 깔개로 종종 쓰였다. 또 벽과 창문에 차양과 커튼으로도 걸어, 시원한 그늘을 만들고 사생활을 보호해주었다. 깔람

〈테라스에 시녀들과 함께 있는 왕녀〉, 인도 데칸 하이데라바드, 1720~1730년경, 클리블랜드미술관.
이 세밀화를 통해 당시 인도 궁정에서 직물을 어떻게 사용했는지 엿볼 수 있다. 바닥의 꽃무늬 깔개
와 쿠션 외에도 화면 오른쪽 건물의 문과 창문에 걸린 진분홍색 커튼이 보인다.

까리는 실내에서뿐만 아니라 야외에서도 쓰였다. 현재 남아 있는 궁중용 깔람까리는 야외용 천막의 일부였던 경우가 많다. 왕이 나서는 군사 정벌이나 왕실 행차, 야외에서 치르는 각종 궁중 의례에서 화려하고 정교한 문양의 대규모 천막은 일종의 이동용 임시 궁궐 역할을 하는 한편, 왕실의 권력과 위계질서를 상징했다.

깔람까리를 채운 대표적인 문양은 꽃문양이었다. 꽃문양은 넘치는 생명력과 풍요를 상징해, 인도 궁정 전역에서 애용했다. 특히 이슬람 왕조에서 꽃문양은 샘물이 흐르는 아름다운 정원으로 묘사된 코란의 낙원을 연상케 한다고 하여 낙원처럼 어질고 풍요로운 통치를 암시했다. 또 깔람까리의 다양한 문양을 통해 당시 데칸 지역 문화를 엿볼 수 있다. 코로만델 해안이 위치한 데칸 지역은 15세기부터 1687년 북인도의 무굴제국에 의해 멸망하기까지 '데칸 술탄국Deccan Sultanates'이라 불리는 다섯 개의 이슬람 왕조가 나누어 통치했다. 지배층 대다수가 페르시아계 혈통이었기에 데칸 궁중문화는 북쪽 무굴제국에 비해 페르시아 색채가 강했다. 데칸 지역은 인도 동서 해안을 포함하는 위치에 있어 일찍이 인도양 무역의 중심지 역할을 하기도 했다. 그리하여 남인도는 물론 페르시아와 중앙아시아, 아프리카, 중동, 유럽의 전통과 특색이 혼재된 국제적이고 세련된 문화가 발달했다.

17세기 중반 데칸 지역에서 제작된 깔람까리 루말rumal이 대표적인 예다. '얼굴 닦개'를 뜻하는 페르시아어에서 유래한 루말은 앞서 예로 든 깔개나 천막보다 작은 크기로, 수건 외에도 쟁반 덮개 혹은 식사 때 까는 개인용 보자기로 쓰였을 것이다. 크고 작은 식물과 가지를 길게 드리운 꽃나무, 술잔을 주고받는 연인, 수를 놓는 여인, 음악 연주자, 사냥꾼 등 다양한 인물 군상이 직사각형 루말의 적색 배경을 가득

깔람까리 루말, 인도 데칸 골콘다, 메트로폴리탄미술관.

——— 천막 패널, 인도 데칸 부르한푸르, 1720~1750년경, 메트로폴리탄미술관.
이 깔람까리 패널은 왕실 천막의 일부였을 것이다. 임시 궁궐로서의 역할을 반영하듯
천막용 깔람까리의 테두리 윗부분에는 당시 궁정 건축에서 흔하게 쓰였던 첨두아치가
보인다.

메운다. 이 루말의 문양에서는 놀라울 정도로 다양한 문화적 전통의 영향이 드러난다. 인물의 차림새는 인도식과 페르시아식이 섞여 있으며, 테두리의 아라베스크 문양은 중앙아시아 건축 장식과 비슷하다. 울퉁불퉁한 기암괴석은 페르시아 세밀화에서 따온 듯하지만 중국 회화와 도자기의 바위 표현에서 유래한 것이다. 무엇보다 눈길을 끄는 것은 화면 오른쪽 하단, 장총을 어깨에 메고 다른 손에는 사냥감을 들고 있는 유럽인이다. 이 사냥꾼의 모습은 실제 데칸 지역을 드나들었던 유럽인 상인이나 외교관, 또는 당시 유통되던 유럽 판화에서 따왔을 것이다. 그의 등장은, 유럽 수출용 깔람까리가 본격적으로 제작되기 전에도 이미 다양한 동서 문화교류 양상이 깔람까리에 반영되었음을 알려준다.

영국의 친츠 침실
—

마술리파트남을 떠나 긴 항해 끝에 런던에 도착한 깔람까리는 '친츠'라는 이름과 함께 영국 실내장식에서 새로운 역할을 부여받았다. 아내의 서재를 위해 친츠를 구입했다는 1663년 새뮤얼 피프스의 일기에서 알 수 있듯이, 친츠는 공적인 공간보다는 부속 침실이나 서재, 드레싱 룸처럼 사적인 공간을 꾸미는 데 많이 쓰였다. 친츠는 편하고 보기에 예쁘면서도 값이 저렴해 전 계층에 급속도로 퍼져나갔다. 그러나 접대용, 의식용 공간에서는 더 고급스러운 직물로 여겼던 비단이나 양단, 우단 등을 선호했다.

실내공간 중에서도 친츠가 가장 널리 사용된 곳은 침실이었다. 17세기까지만 해도 침실, 특히 귀빈 접대용으로 화려하고 장엄하게 장

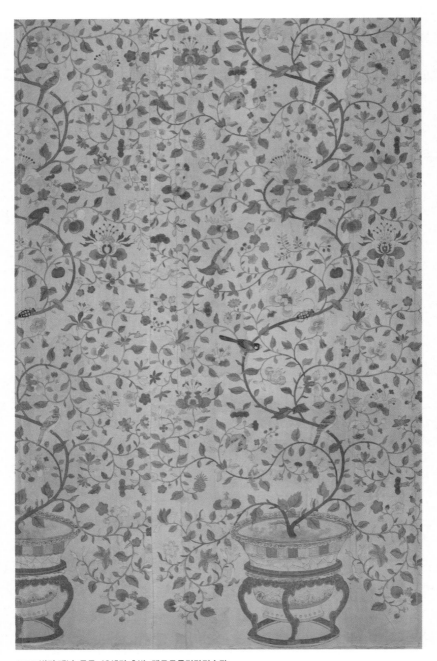

———— 벽지 패널, 중국, 18세기 후반, 메트로폴리탄미술관.
　개릭 부인이 인도에서 온 친츠에 맞춰 마련했다는 벽지는 이처럼 유럽 수출용으로 제작된 중국산 벽지였
을 가능성이 높다. 화분에서 자라나 화면을 가득 메운 꽃나무 줄기가 친츠의 꽃무늬와 유사하다.

식한 '국왕 침실'은 여러 공적, 사적 용도가 혼합된 공간이었다. 그러나 18세기 중반이 되면 각 방의 용도가 좀더 세분화돼, 침실 또한 사적인 공간으로 변모한다. 일부 저택에서는 여전히 '국왕 침실'을 1층 중앙에 배치했으나, 실제로 잠을 자는 데 사용하는 침실들은 점차 1층에서 2층으로 이동했다. 이런 부속 침실을 친츠로 꾸미는 경우가 많았다.

침실은 직물의 역할이 특히 중요한 공간이었다. 머리맡을 포함해 침대를 둘러싸는 커튼, 침대의 상부 덮개 바로 아래와 침대 하부에 각각 설치하는 두 겹의 밸런스 커튼, 침대 커버 등을 제대로 갖춘 4주식 침대는 머리부터 발끝까지 직물로 덮여 본래의 틀이 잘 보이지 않을 정도였다. 개릭의 편지에서 알 수 있듯이 카펫이나 창문 커튼, 의자 커버 등도 침구와 똑같은 직물을 사용하거나 비슷한 문양과 색조로 맞추어, 침구가 곧 침실 전체 장식을 좌지우지했다. 따라서 동인도회사의 친츠 무역에서도 침구류가 주를 이루었고, 커튼이나 의자, 소파 커버를 만들 수 있도록 침구와 같은 문양의 친츠 천도 함께 수입, 판매하는 것이 일반적이었다.

18세기 중반 런던에서는 수십 명의 직원을 거느리고 가구 제작부터 가구의 직물 커버까지 종합적인 서비스를 제공하는 대규모 실내장식업자들이 생겨났다. 그중에서 가장 유명한 실내장식업자가 바로 개릭의 햄프턴 저택 장식을 맡았던 토머스 치펀데일이다. 치펀데일이 출판한 『신사와 가구 제작자를 위한 길잡이』에는 고딕 양식이나 중국식 등 최신 유행 실내 양식과 이에 맞는 가구, 각 방 용도에 맞는 직물에 대한 추천까지 총망라되어 있다. 이 책을 보면 모든 가구와 직물, 벽지가 조화를 이루고, 심지어 침대틀과 창틀 장식까지 맞추는 포괄적인 실내장식 경향이 잘 드러난다.

그렇다면 친츠 침대는 어떤 가구와 커튼, 벽지와 함께 쓰였을까? 치펀데일이 개릭 부부를 위해 디자인한 침대는 네 개의 기둥이 덮개를 받치고 있는 4주식 침대로, 당시 유행한 신고전주의 양식을 반영해 홈이 파인 기둥을 쓰고 기둥 위를 연꽃 모양 주두로 장식했다. 연한 파스텔톤 녹색으로 칠한 침대 기둥과 지붕은 현재 빅토리아 앨버트 박물관에서 침대 옆에 전시되고 있는 흰색 옷장과도 잘 어울린다. 이 옷장 역시 치펀데일이 개릭 부부의 주문을 받아 디자인한 것으로, 같은 디자인의 작은 책장과 삼각 찬장이 함께 남아 있다. 이 가구들은 모두 일본 옻칠 가구를 모방해서 마감한 흰색 바탕에, 처마가 뾰족하게 올라간 정자와 버드나무, 중국식 옷차림을 한 인물들, 화조화 같은 중국풍 문양이 짙은 녹색으로 그려져 있다. 인도에서 수입한 친츠 침구와 커튼은 바로 이러한 '중국풍' 침실 장식용으로 각광받았다.

역시 치펀데일이 디자인한 헤어우드 하우스에도 중국 벽지와 녹색 옻칠 가구, 인도산 꽃무늬 친츠가 걸린 침대로 꾸민 침실이 복원돼 있어 18세기 중후반 '친츠 침실'의 모습을 짐작할 수 있다.

생 명 의   나 무
—

사실 '이국적인' 친츠 침구의 문양은 생산지인 인도 외에도 영국 시장의 취향이 강하게 반영된 것이었다. 앞서 살펴본 데칸 궁정의 깔람까리 루말과 영국의 친츠를 비교해보면 그 바탕색부터 차이가 난다. 또한 데칸 궁중용 깔람까리와 달리 수출용 친츠에는 인물상이 거의 등장하지 않는다. 수출용과 내수용이 이렇게 차이 나는 것은 깔람까리의 시장성을 깨달은 영국 동인도회사가 일찍이 17세기부터 영국 시장의 취향을 고려한 주문제작을 시작했기 때문이다. 바탕색을 붉은색 대신 흰색으로 바꿔달라는 동인도회사의 주문이나, 아예 영국에서 제작해 인도로 보낸 문양 도안 등이 지금도 기록에 남아 있다.

유럽 수출용으로 제작된 깔람까리, 혹은 친츠 침구 중 가장 많이 남아 있는 대표적인 예는 길이와 너비가 약 2~3미터에 달하는 팔람포어palampore다. 1695년 1년간 동인도회사가 인도에서 수입한 팔람포어만 4만여 점에 달할 정도였다니 그 인기를 짐작할 수 있다. 팔람포어는 침대보를 뜻하는 힌디어 팔랑포시palangposh에서 유래한 이름으로, 유럽 침실에서 침대 머리맡에 거는 커튼이나 침대보로 쓰였다. 1669년 동인도회사의 주문 목록에는 "방에서 쓰는 용도의 큰 나뭇가지 그림이 있는" 깔람까리 2천 매가 포함되어 있는데, 바로 이 침대용 팔람포어를 가리키는 듯하다.

특히 '큰 나뭇가지'는 팔람포어에서 가장 널리 사용된 '생명의 나무Tree of Life' 문양을 의미할 가능성이 높다. 보통 가지가 사방으로 뻗어나가는 커다란 나무가 화면 중앙에 서 있다. 나뭇가지에서는 갖가지 모양의 알록달록한 꽃과 끝이 들쭉날쭉한 나뭇잎, 열매가 자라나 화면을 가득 메운다. 나무가 뿌리내리고 있는 화면 하단의 울퉁불퉁한 기암괴석 사이로 작은 꽃과 식물이 자라나거나, 드물지만 작은 새나 동물들이 보이기도 한다. 단 한 그루의 나무에서 끝없이 자라나 활짝 피어난 꽃과 농밀하게 익은 과일은 생명의 나무라는 이름에 걸맞게 넘치는 생명력과 풍요를 표현한다.

팔람포어의 생명의 나무는 인도 고유의 것이라기보다는 영국에서 만들어낸 이국풍 문양이라고 할 수 있다. 그러나 영국에서 도안을

1769년 치펀데일이 디자인한 헤어우드 하우스의 동쪽 침실.
중국 수입 벽지와 치펀데일이 디자인한 중국풍 가구로 장식한 이 침실에 친츠 침구를 사용했다는
기록이 남아 있다. 현재 전시된 친츠 침구는 20세기의 복제품이다.

보내 인도에서 제작한 이 문양의 기원을 단 하나로 한정해서 설명하기란 불가능하다. 울퉁불퉁한 기암괴석, 화면을 가득 메운 상상 속 식물과 꽃나무, 그리고 그 사이를 날아다니는 새와 나비는 17세기 영국에서 유행하던 털실자수에서 흔히 볼 수 있는 문양이었다. 그렇다고 해서 팔람포어의 생명의 나무 문양이 오로지 영국 자수의 영향으로 발달한 것이라고 하기는 어렵다. 17세기 영국의 자수 문양 자체가 당시 영국으로 들어오던 중국 도자기의 문양에서 유래한 것이기 때문이다.

생명의 나무라는 개념에도 다양한 전통과 기원이 혼재한다. 생명의 나무는 17세기 유럽 자수 도안에 흔히 등장했는데 유대교와 기독교에 나오는, 영원히 살 수 있는 생명의 열매가 열리던 에덴동산의 나무를 가리킨다. 비슷한 나무 이야기가 인도에도 있다. 깔람까리 생산의 중심지였던 데칸 지역에는 소원을 들어주는 마법의 나무 이야기가 전하며, 가뭄에 열매를 맺어 사람들의 생명을 구해준 나무 이야기가 등장하는 산스크리트어 문서도 있다.

한편 16~17세기 유럽에서는 성경 속 생명의 나무의 기원이, 나무 한 그루에서 끊임없이 수많은 가지가 땅으로 뻗쳐 뿌리를 내리는 인도의 바니안나무라고 믿었다. 실제로 존 밀턴의 『실낙원』에서는 "말라바르(인도 서남부 해안) 또는 데칸의 무화과나무", 즉 바니안나무가 에덴동산에서 자란다. 데칸의 유럽 수출용 깔람까리에서 가장 흔하게 찾아볼 수 있는 문양이 생명의 나무라는 것은 우연의 일치가 아니었을 것이다. 팔람포어 속 생명의 나무 도안은 실제 바니안나무의 생김새와 거리가 멀지만, 사방으로 뻗어 땅에 닿을 만큼 휘어진 가지와 가지가 닿는 곳마다 자라나는 꽃과 식물들은 끊임없이 뿌리를 내리는 바니안나무를 연상케 한다. 생명력과 풍요를 상징하는 생명의 나무가 그려진 팔람포어

───── 팔람포어(침대 커튼 또는 커버), 인도 코로만델 해안, 18세기, 메트로폴리탄미술관.
　전형적인 18세기 팔람포어의 예. 세부 묘사에는 조금씩 차이가 있지만 '생명의 나무' 문양을 쉽게 알
아볼 수 있다.

―― 시디 사예드 모스크의 창문 조각, 인도 구자라트주 아메다바드, 1572~1573.
16세기 모스크에 정교하게 조각된 생명의 나무. 인도 서부의 구자라트주는 데칸과 더불어 면직물 생
산과 수출의 중심지였다.

―― 인도의 바니안나무.
사방으로 뻗은 가지에서 땅으로 내리는 뿌리가 자라 나무 한 그루가 무성한 숲을 이루는 모습 때문에
강한 생명력의 상징으로 여겨졌다.

는 다산을 기원하는 결혼 선물이 되어 신혼부부의 침대를 장식했을지도 모른다.

　이처럼 18세기의 팔람포어에는 익숙한 것과 낯선 것, 실제로 본 것과 상상한 것이 뒤섞여 있었다. 이 시기의 깔람까리와 친츠는 각기 다른 지역과 문화권을 넘나들면서 최신 염색 기술을 전파하고, 새로운 시장을 개척하고, 유행과 취향을 선도하면서 새로운 의미를 얻기도 하고, 기존 의미와 용도를 잃어버리기도 했다. 한 가지 의미로 정의하기도, 한 가지 범주로 분류하기도 어려운 깔람까리와 친츠야말로 가장 '18세기적인' 물건이라고 할 수 있을 것이다.

〈참고문헌〉

Joanna Banham, ed., *Encyclopedia of Interior Design* (New York: Routledge, 1997).

Ruth Barnes, Steven Cohen, and Rosemary Crill, *Trade, Temple & Court: Indian Textiles from the Tapi Collection* (Mumbai: India Book House, 2002).

Edward S. Cooke, Jr., ed., *Upholstery in America and Europe from the Seventeenth Century to World War I* (New York: W.W. Norton, 1987).

Rosemary Crill, *Chintz: Indian Textiles for the West* (London: V&A Publishing, 2008).

Rosemary Crill, ed., *The Fabric of India* (London: V&A Publishing, 2015).

Navina Najat Haidar and Marika Sardar, ed., *Sultans of Deccan India, 1500-1700: Opulence and Fantasy* (New York: Metropolitan Museum of Art, 2005).

Sylvia Houghteling, "The Tree of Life and the World of Wonder: 'Aja'ib Imagery on 17th-Century Kalamkaris," in *Scent Upon a Southern Breeze: The Synaesthetic Arts of the Deccan*, ed. Kavita Singh (Mumbai: Marg Publications, 2018), 88-107.

Amelia Peck, ed., *Interwoven Globe: The Worldwide Textile Trade, 1500-1800* (New York: Metropolitan Museum of Art, 2013).

Peter Thornton, *Seventeenth-Century Interior Decoration in England, France and Holland* (New Haven, CT: Yale University Press, 1981).

—

신희륜_밴더빌트대학 미술사학과 교수

서울대학교 고고미술사학과를 졸업하고 예일대학에서 18~19세기 인도의 사원 건축에 관한 논문으로 미술사 박사학위를 받았다. 최근 논문으로 "Painting the Town Jain: Reimagining Sacred Space in Nineteenth-Century Banaras" 등이 있다.

6부

식물과 동물,
정원

서울 부잣집

정원의

비췻빛 병풍

18세기 초반에서 19세기 후반까지 서울 부잣집 마당에는 독특한 시설이 설치되었다. 비췻빛 병풍, 곧 취병翠屛이다. 이것은 살아 있는 식물로 조성한 생울타리였다. 방안에서 바람을 막거나 장식하는 용도로 병풍을 둘러쳤다면, 마당에는 사생활을 감추고 마당을 꾸미기 위해 취병을 조성했다. 이전에는 없었고, 두 세기 동안 유행하다 20세기 이후에는 완전히 사라진 조경이다. 주거문화가 상전벽해 수준으로 바뀌어 지금은 취병의 생김새를 짐작조차 하기 힘들지만, 창덕궁 비원 주합루宙合樓 앞에 엉성하게나마 복원되어 옛 모습을 확인할 수 있다.

취병은 대나무 지지대를 이용해 일정한 틀을 만들고 진송眞松, 적목赤木, 측백나무, 두충나무 등 잘 휘는 상록수 가지를 이리저리 틀어서 담장이나 병풍 모양으로 만들어, 그 모양이 다양했다. 향나무 몇 그루를 틀어서 만든 소박한 취병은 점차 제작법이 발전하면서 정교해지고 다양해졌다. 유중림柳重臨이 1766년에 완성한 『증보산림경제』 권4「꽃 기르기養花」의 '노송' 항목에는 '취병을 얽어 엮는 법翠屏結法'이란 표준 제작법이 수록돼 있다. 이 유명한 생활백과에서 제작법을 소개한 이후 취병은 서울 주택 건축의 제도로 정착되었다.

취병은 병풍의 일종으로 방안을 벗어나 마당과 정원으로 진출해 세워진 새로운 형태의 생명이 살아 있는 병풍이었다. 병풍은 남들의 시선으로부터 사생활을 보호하는 기능과 안팎의 공간을 나누는 기능이 있다. 취병 역시 사적인 생활이 이루어지는 공간을 남들의 호기심 어린 시선으로부터 차단하는 기능과, 마당과 정원을 서로 다른 공간으로 분할하는 기능이 있다. 한편, 병풍에 그림을 그리거나 글씨를 써서 감상하기도 했는데, 나중에는 이러한 예술품으로서의 성격이 본래 병풍의 실용적 쓰임새보다 더 중요한 가치를 지니기도 했다. 이와 비슷하게 취병 역시 살아 있는 초목을 향유하게 도와주는 예술적 성격을 띠었다. 사람들은 취병을 통해 꽃과 나무를 창문가나 마루에서 감상했다. 옛사람들은 방안에서는 병풍을, 방밖에서는 취병을 실용적이면서도 예술성을 갖춘 일상용품으로 애용했다.

18 세 기   서 울 의   조 경   발 명 품
—

취병은 독특한 조경 시설물로, 조경의 역사에서 의미 있는 발명품이다. 경제적 부와 세련된 문화를 누린 서울 부유층 주택에 설치되었다. 취병은 18세기 초부터 만들어져 18세기 중후반과 19세기 전반기

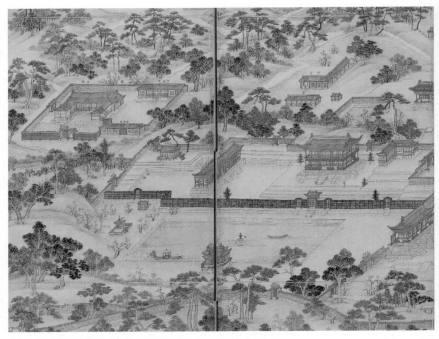

──── 〈동궐도東闕圖〉 일부, 1828년경, 동아대학교 석당박물관.
주합루와 취병이 묘사돼 있다.

에 극성기를 맞이했고, 20세기 초까지 유지되다 자취를 감추었다. 18세기 후반 정조 치세에 취병의 조성과 감상이 절정에 이르렀다. 그 시기의 유학자 윤기尹愭는 당시 부귀를 누리는 계층에 유행하는 현상을 네 가지 꼽았는데 저택에 조성한 취병이 그중 하나였다.

노송은 웬일로 버들고리 흉내내나?	老松何事學栲栳
취병으로 치장하니 보기에도 어여쁘다.	粧得翠屛看可憐
그보다는 초가집의 한적한 오솔길에	未若茅屋幽逕裏
국화나 성근 대밭의 천연스러움이 더 낫지.	寒花疎竹却天然

1807년에 쓴 「부귀가의 네 가지 사물」이란 시로, 18세기 후반 서울 상류층의 문화생활을 비판적으로 바라보았다. 여기서 거론하는 네 가지는 취병을 비롯해 매화 분재와 비둘기 사육, 서가를 장서로 채우는 열기였다. 그중 매화 분재는 유구한 전통을 지닌 반면 다른 현상은 모두 18세기 들어와서 크게 유행했다. 네 가지 현상은 공통점을 지녔다. 양반 사대부의 신분과 큰 관련이 없고, 서울의 큰 부자들 사이에 유행한 현상이며, 상당한 부를 축적하지 않으면 누리지 못하는 문화라는 점이다. 문과급제자임에도 적빈赤貧했던 윤기의 눈에는 부럽기 그지없는 일이었으나, 그로서는 취병의 인공미보다는 오막살이의 국화나 대나무의 천연미가 더 아름답다고 정신승리하는 수밖에 도리가 없었다.

취병이 부귀가의 전유물로 꼽힌 이유는 무엇보다 비용 때문이었다. 아무나 대충 만들 수 있는 시설이 아니어서 취병장翠屛匠이란 전문 장인이 설치해야 했고, 좋은 재료로 복잡한 공정을 거쳐 만들고 세심하게 관리해야 했다. 사도세자를 추모하는 경모궁에 조성한 취병이 그런

—— 신윤복, 〈상화청금도賞花聽琴圖〉 병풍 일부, 국립중앙박물관.

사례다. 경모궁을 조성한 지 10여 년 뒤인 1793년 정조의 의향에 따라 경모궁봉사景慕宮奉事 홍낙수洪樂綏가 취병 조성 실무를 맡아 예상보다 아주 적은 40금金 내지 50금을 들여 설치했다. 당시 서울에서 25칸 기와집 값이 500냥이었는데 그 10분의 1에 해당하는 비용이 든 셈이다. 이마저 상당히 축소된 가격이고, 최상급 취병을 조성하는 데는 100냥이나 들었다. 취병은 꾸미고 싶다고 아무나 만드는 시설이 아니라 부유층이나 욕심 낼 만한 고급 시설이었다.

서울 부유층의 주거 욕망
—

취병은 18세기 서울 부유층이 누린 소비생활의 산물이다. 잉여 소득이 크게 쌓인 부유층이 욕망하는 소비의 정점에 건축이 있다. 저택을 세우고 정원을 꾸미는 취향이야말로 과시적 소비에 적합하다. 하지만 서울 부유층이 건축에 눈을 돌려도 실제로는 사회적 시선 때문에 한계가 있었다. 절약이라는 국가적 이데올로기를 해치지 않고 소비욕을 충족할 수 있다는 점에서 취병은 꽤 괜찮은 출구였다.

서울 부유층으로는 경화세족 사대부가, 의원이나 역관 등의 중인, 그리고 거상巨商을 꼽을 수 있다. 소비의 주체로 등장한 이들이 취병을 조성한 주인공이었다. 굳이 부유층이라 말한 이유는 사대부를 포함해 중인과 일반 시정인까지 모두 여기에 포함됐기 때문이다. 취병 조성이 신분이나 지식수준과 아예 무관하지는 않으나 핵심은 경제력이었다. 당시 서울은 신분과 지식이 아닌, 경제력이 생활수준과 문화 향유를 결정하는 상업도시였다. 저택에 멋진 조경을 꾸미고 문화적 혜택을 누리

——— 김홍도, 〈후원유연〉 병풍 일부, 파리 기메박물관.
여기에도 취병이 등장한다.

—— 윤도행 원작·김홍도 방작,
〈시한도〉, 1778, 일본 세
이카도문고 소장, 국립중
앙도서관 복제.

고 살려는 소비욕과 그 욕구의 실현은 경제력에 의해 결정됐다.

　　그 실례로 창경궁 위장衛將을 지낸 김순간과 비변사 서리를 지
낸 최윤창, 승문원 서리를 지낸 마성린 등 중앙관서의 하급관리가 시
사 모임을 그림과 시로 표현한 〈모암시회도帽巖詩會圖〉가 있다. 〈시한도
是閒圖〉는 서울 인왕산 모자바위帽巖 아래 있던 김순간의 고급 저택에서
1778년 9월에 벌어진 모임을 세 폭의 그림으로 그린 것으로, 윤도행尹道行
이 그린 것을 훗날 김홍도가 방작倣作해 성시城市 교외에 있는 부유한 경아
전 저택의 건축과 조경, 생활상을 표현했다. 큰 기와집 사랑채에서는 중인
들이 모여 담소를 나누고 연주를 들으며 술을 마시고 바둑을 두고 있다.
서재에는 서책과 거문고가 놓여 있고, 정원에는 포도 시렁과 파초, 구기자
와 국화 화분이 배치돼 있다. 작은 연못가에서는 자제들이 차를 다리고,
시렁 아래에는 오리가 있다. 눈에 띄는 장면은 행랑채 옆 대문 안쪽에 취
병이 가설된 점이다. 취병이 등장하는 가장 이른 시기의 그림이다.

　　〈시한도〉는 서울 부유층 저택에서 취병이 중요한 조경 요소로
각광받으며 새롭게 등장했음을 보여준다. 대문을 취병으로 가려 낯선

서울 부잣집 정원의 비췻빛 병풍　　　　　333

사람의 불편한 시선으로부터 내부 생활을 보호했다. 김순간은 〈시한도서是閒圖序〉에서 "시한재 주인은 성시에 사는 산인散人이다. 평상에는 거문고와 서책을 두고, 정원에는 구기자와 국화를 두어 그 속에서 지내면서 속된 생각이 심장과 폐에 침입하는 것을 막는다"라고 했다. 이처럼 비록 성시에서 바쁜 일상에 부대낄지언정 마음은 전원의 한산인閒散人을 지향하는 18세기 서울 여항인의 처세관이 취병 조성으로 나타났다. 이 그림의 구도는 김홍도가 그린 〈서원아집도西園雅集圖〉와 유사하다.

취 병 의   멋 과   예 술
—

취병은 도회지 저택의 정원 시설물이었다. 취병을 통해 저택을 둘러싼 푸른 산이나 초원의 축소된 모형을 정원에 끌어들여 풀밭이 섬돌 밖에 펼쳐지고, 푸른 산은 울타리 가로 내려온 것과 같았다.

도심 속 저택을 자연과 호흡하는 아취 넘치는 공간으로 만들고자 할 때 취병은 조경의 중심에 놓였다. 임지상任趾常은 1786년에 지은 「삼류당기三留堂記」에서 도심의 저택 설계안을 다음과 같이 설명했다.

조 아무개 군은 본채 남쪽에 새로 건물을 짓고 고금의 서화를 구해 채워넣고, 건물을 화단과 대나무밭으로 둘러쌌다. 건물 동쪽은 또 취병 몇 시렁으로 막아놓으니 지경이 그윽하고 아늑하여 깊은 맛이 우러났고, 풍경 또한 우거지고 수려하여 사랑스러웠다. 샘물을 끌어와 작은 연못을 만들고 괴석을 그 둘레에 꽂아 난초와 손초蓀草, 연꽃과 마름 등 특이한 풀과 신기한 꽃, 순여蓴茹와 같은 따위를 심으니 종종 산림과 강호로 멀리 나가 있는 아취가 있었다. 참으로 도를 지닌 사람의 거처였다.

당시 부자가 머물던 독립된 공간을 간단히 설명한 글이다. 주거공간인 누정, 담장 구실을 하는 화단과 대나무밭, 다시 바깥세상과 차단하는 취병, 조경공간인 연못과 식물로 배치해 조성했다. 취병과 연못, 주변 식생 덕분에 세속적 번잡함이 차단되고 도시공간이 산림과 강호에 파묻힌 듯한 효과를 얻었다.

다음은 박준원의 「소나무를 심어 취병을 만들고」이다.

단정히 엮으려니 장인이 필요하고	結構端須匠
똑바로 배치하니 병풍과 비슷하네.	排鋪正似屛
문으로 막자 흐린 먼지 끊어지고	障門絶塵暗
땅에 서리자 푸른 안개 들어오네.	盤地入煙靑
드디어 속인의 발걸음 차단하니	遂斷俗人跡
이제야 향기로운 풀의 정원을 이루었네.	仍成芳草庭
내 집에 홀연히 아치가 그윽하니	我家忽幽趣
성시에 깊은 산중이 들어 있네.	城市間巖扄

세속적 도회지 저택의 안과 밖은 취병에 의해 선계와 속계로 구분되었다. 취병 안에 머물면 속된 인간이 사는 세계를 벗어나 신선의 처지로 상승했다. 취병문翠屛門은 양 경계를 드나드는 출입구다. 취병문은 대체로 아치형인데, 이는 대체로 선계로 통하는 문을 상징했다. 취병문으로는 잡인과 속인의 발걸음을 금했다. 이러한 구획과 구분은 당시

〈태평성시도〉 제6폭, 19세기, 국립중앙박물관.

──〈곽분양행락도〉병풍 일부, 국립고궁박물관.

사회의 질서의식과 부합한다. 상류층과 하류층, 식자층과 무식층, 서울과 지방, 남성과 여성 등 사람과 집단을 가르는 질서와 차별 의식이 취병이란 구조물에 투영돼 새로운 의미를 더했다.

〈태평성시도〉에는 취병이 여러 개 설치돼 있는데 그중 두 개의 취병이 연달아 설치된 제6폭은 남성과 여성의 공간을 명확히 구분하고 있다. 〈태평성시도〉의 취병 안에 머문 사람은 모두 귀족으로, 이들은 성시 속 다른 사람들과는 의상과 행동부터 차원이 다르다. 왼쪽에 있는 남성의 세계는 비교적 개방돼 있으나 오른쪽에 있는 여성의 공간은 담장과 취병으로 완전히 차단된 폐쇄적 공간이다. 남성이든 여성이든 오로지 취병문을 통과해야만 귀족의 세계로 들어갈 수 있다. 아치형 취병문은 하류층이 들어갈 수 없는 경계를 표현한다. 남성과 여성의 공간은 취병담으로 완전히 구분하고, 그 사이에 취병문을 설치해 왕래한다. 그 문을 왕래하는 자는 각 구역의 남성도 여성도 아닌 동자다.

취병은 18세기 이후 회화와 문학에도 자주 등장했다. 판소리계 소설에서 부잣집 정원을 묘사할 때는 취병이 표현되어야 했다. 『게우사』에서 기생 의양을 유혹하려고 돈을 물 쓰듯 하는 천하잡놈 무숙이는 "완자담 일광문은 갖은 은취병을 틀어놓았고"라고 묘사한 저택을 의양에게 구입해주었다. 〈춘향가〉 여러 판본에서 춘향의 화려한 집을 묘사하는 대목에 흔히 취병이 등장한다. 신재효본 『동창춘향가』에는 "취병 밑에 잠든 두루미", 『옥중화』에는 "춘향집 당도하니 월색은 방농方濃하고 송죽은 은은한데 취병 튼 난간 하에 백두루미 당唐거위요"라고 묘사했다.

19세기 회화, 그중에서도 민화풍 회화에서는 대저택 정원에 흔히 취병을 배치하고 있다. 이는 소설이나 판소리 사설에서 취병을 표현한 것과 의미가 같다. 〈곽분양행락도郭汾陽行樂圖〉나 〈경직도〉 〈평생도〉 〈서원아집도〉 〈태평성시도〉류의 양식에 표현된 취병은 특별한 도상으로 확고하게 정착돼 취병은 18세기 이후 부유층 저택의 조경을 상징하는 요소였음을 생생하게 보여준다. 이렇게 취병은 삶과 미의식을 표현하는 상징이 되었다.

〈참고문헌〉
김순간(金順侃) 외, 『모암시회도帽巖詩會圖』, 국립중앙도서관 복제.
김영모 외, 『동궐의 주요 식생 분석 및 가림시설 원형고증 연구』, 용역보고서, 문화재청, 2016.
김영진, 「18세기 중인中人 아회雅會의 현장」, 『문헌과 해석』 2013. 3. 8 발표문.
정우진·심우경, 「조선 후기 회화작품에 나타난 취병翠屛의 특성」, 『한국전통조경학회지』 31(4),
    2013, 1~21.

안대회_성균관대학교 한문학과 교수
연세대학교 국문학과를 졸업하고 동 대학원에서 문학박사학위를 받았다. 현재 성균관대학교 한문학과
교수 및 대동문화연구원 원장을 맡고 있다. 제34회 두계학술상과 제16회 지훈국학상을 수상했다. 옛글
을 학술적으로 엄밀히 고증할 뿐만 아니라 특유의 담백하고 정갈한 문체로 풀어내 독자들에게 고전의
가치와 의미를 전해왔다. 저서로 『문장의 품격』 『벽광나치오』 『담바고 문화사』 『궁극의 시학』 등이 있
고, 역서로 『한국산문선』(공역) 『택리지』(공역) 『북학의』 『녹파잡기』 『소화시평』 등이 있다.

애완견,

앵무새,

그리고 노예

18세기 이전에도 애완동물 기르기는 왕족과 귀족사회에서 인기였다. 그러나 이러한 현상이 보편화되고 소수 귀족이 아니라 새롭게 부흥하는 중산층, 심지어 하층에까지 널리 유행한 것은 18세기 들어서부터다. 이때부터 애완동물은 '집안에서 사람 손으로 먹여 키운 어린양cade lamb'에서 비롯된 '애완동물pet'이라는 개념에서, 인간과 보다 친밀한 관계를 지닌 '반려동물companion animal'이라는 개념으로 발전했다. 이들은 인간에게 오락과 즐거움을 제공하고 때로는 친구가 되며, 집안이라는 친밀한 공간에서 흔히 고유의 이름이 주어진 채 가족의 일원으로 대접받으며 산다. 물론 이들은 가축과 달리 식용이 아니다. 따라서 이들은 인간과 동물 사이에서 어느 한쪽에도 완전히 속하지 않는 다소 미묘한 위치에 있다.

반 려 동 물 과 초 기 동 물 원 의 등 장

18세기 반려동물 열풍은 서구 식민팽창주의와 이에 따른 국제무역에 기인한다. 활발한 상업은 중산층을 양산했으며, 새로운 부유층은 전 세계에서 들여온 각종 이국적이고 신기한 물품에 대한 수요를 부추겼다. 값비싼 사치품이었던 차나 커피, 도자기 등의 대량 공급은 새로운 근대적 소비문화를 불러일으켰고, 사학자들은 그래서 이 시대를 '상업혁명' 시대라고 정의한다. 외국에서 수입된 고가의 사치품 중에는 이국적인 동물들도 포함됐다. 아프리카, 아메리카, 아시아, 호주 등에서 들여온 앵무새를 비롯한 각종 희귀 조류, 사자와 호랑이 같은 맹수, 원숭이와 유인원, 코끼리, 캥거루 등이 유럽인에게 소개됐으며, 동물 거래와 이에 관련된 새로운 업종이 등장해 성황을 이루었다. 런던 코번트 가든에서는 정기적으로 새 시장이 섰고, 런던 중심가인 피카딜리에 애완동물 판매점과 고급스러운 새장이나 개 목걸이 등을 전문적으로 제작해서 판매하는 가게들도 들어섰다.

18세기 후반 어느 런던 동물거래업자의 광고에는 다음과 같은 상품들이 나열되었다. "특별히 말을 잘하는 앵무새, 진눈깨비 앵무새 한 쌍, 노새, 카나리아 등 각종 노래하는 새, 기니에서 온 재롱둥이 원숭이, 아주 작은 마모셋 원숭이, 버지니아 다람쥐 (⋯) 아주 작은 킹 찰스 스패니얼 강아지⋯⋯" 이런 동물들은 값도 매우 비싸 사치품으로 취급됐다. 예를 들어 1730년대에 앵무새 한 마리가 10파운드 넘는 가격에 거래됐는데, 이는 하녀의 1년 치 급여에 해당하는 금액이었다. 수입된 카나리아는 처음에 10~15실링(20실링이 1파운드)이었는데, 18세기 말에 그 수가 증가하면서 하층 사람도 감당할 수 있는 1실링 정도로 가격이 하

──── 프란치젝 스무글레비츠Franciszek Smuglewicz, 〈샌 올반즈 공작과 그의 가족〉, 18세기 후반.
애완견 두 마리가 가족의 일원으로 가족 초상화에 자연스럽게 포함되었다.

———— 18세기에 제작된 바퀴 달린 수레 모양의
새장. 스미소니언 디자인 박물관.
정교하게 제작되어 비싼 값에 팔린 새장은
거실의 장식품이 되기도 했다.

락했다. 그러나 대부분의 이국적 동물은 귀중한 재산이어서 도난 대상
이 되기도 했다. 심지어 도난당한 앵무새 한 마리의 소유권을 두고 일어
난 두 귀족 부인 사이의 다툼이 법정공방으로까지 이어져, 그 진위를 가
리기 위해 앵무새가 법정에 출두했다는 기록도 있다.

　　　희귀 동물은 동물거래업자뿐만 아니라 학자들 사이에서도 커
다란 관심거리였다. 자연세계의 사물을 관찰하고 분류하는 작업이 한창
이었던 18세기에 자연사 학자들은 활발히 동물을 수집·관찰·분류하고
기록했다. 동물에 대한 이런 사회적 관심은 '머내저리menagerie'라 불리는
초기 동물원을 탄생시켰다. 사실 머내저리는 과거에 왕족이나 귀족이
이국적 동물을 수집해 모아둔 곳으로, 프랑스 루이 14세 때 베르사유 궁
전에 세워진 머내저리가 유명한 예다. 그러나 18세기 런던의 머내저리
는 상업적 목적으로 생긴 것들로, 오늘날의 동물원처럼 입장료를 내고
동물을 관람했다. 런던 엑서터 익스체인지에 있던 머내저리는 런던의

—— 베르사유 궁전 머내저리의 뒤뜰.

중요한 구경거리로 자리잡았다. 또 넓은 장원을 소유하고 있던 귀족도 앞다퉈 머내저리를 운영했다. 1720년대에 만들어진 리치먼드 공작의 굿우드 머내저리Goodwood Menagerie에는 호랑이, 라쿤, 타조, 개코원숭이, 곰, 그리고 각종 희귀 새 등이 있었는데, 일요일에는 무려 400~500명의 방문자가 몰려들어 북새통을 이루었다고 한다.

　　이러한 열풍 속에서 일부 동물은 가정이라는 지극히 사적인 공간으로 침투해 인간과 특수한 관계를 형성했고, 인간과 소통하고 감정적으로 교류해 친구가 될 수 있는 '반려동물'이라는 새로운 동물의 개념이 형성되었다. 그리고 동물도 지능과 감정이 있고, 고통을 겪는다는 인식이 생겨났다. 이런 인식 변화는 18세기 후반에 일기 시작한 감성주의에 크게 힘입었다. 감성주의는 공감이라는 개념을 중시했는데, 특히 약자에 대한 연민과 고통에 대한 공감이 커다란 미덕으로 여겨졌으며, 동물에 대한 사랑도 덕성스러운 마음과 감성의 표현으로 받아들여졌다. 이는 수많은 개와 고양이의 죽음을 슬퍼하는 글과 애완동물의 묘비를 통해서도 알 수 있다.

　　이렇게 집안으로 들어온 반려동물 중 가장 인기 있고 흥미로운 동물은 개와 앵무새, 그리고 원숭이였다. 이 동물들은 특히 여성과 특별

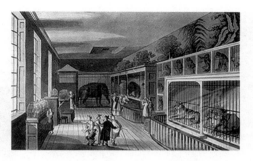

—— 19세기 초 엑서터 익스체인지의
머내저리 모습.
현대 동물원과 비슷한 모습이지만
동물 보호나 동물 권리 같은 개념
이 자리잡기 전이라 동물이 살기에
매우 열악한 환경이었다.

한 관계를 형성하면서, 동물 그 자체로서보다 인간과의 관계 안에서 사
회적·문화적 정체성을 획득했다.

숙 녀 와   애 완 견
—

18세기 여성 초상화를 보면 온통 애완동물 천지다. 특히 개가
큰 비중을 차지하는데 대부분 소형견이었다. 이들 소형견은 무릎 위에
서 노는 개라는 의미에서 '랩도그lapdog'라고 불렸다. 이 시대에 흔히 쓰
이던 '숙녀와 애완견the lady with the lapdog'이란 표현은 여성과 애완견을 하
나로 묶은, 부정적인 이미지를 담았다. 여기에는 두 대상을 바라보는 당
시 사회의 시각이 반영돼 있다.

예를 들어 남성이 애호하는 개를 보면, 주로 양치기 개나 경비
견, 아니면 사냥개와 같이 일하는 존재였다. 그러나 여성들이 기르는 애
완견은 주인의 품에 안겨 있는, 즉 오락용이어서 '쓸모없는' 장난감으로
인식되었다. 그래서 오늘날에도 많은 소형견이 '토이toy dogs'로 분류된
다. 이런 개들 중 18세기에 가장 인기 있던 종은 퍼그, 포메라니안, 작은

―――― 찰스 콜린스Charles Collins, 〈꿩, 잉꼬, 원숭이, 앵무새와 거북〉, 1740, 개인 소장.

—— 루이 고피에Louis Gauffier, 〈레이디 웹
스터의 초상화〉, 1795, 개인 소장.

스패니얼이었는데, 많은 초상화에서 볼 수 있듯이 그중에서 으뜸은 킹
찰스 스패니얼이었다. 이런 이름이 붙은 이유는 영국 왕 찰스 2세가 이
종의 개를 남달리 사랑해 어디를 가든 한 무리씩 끌고 다녔기 때문이다.
그래서인지 이 종은 왕의 특별 포고에 따라 영국 의회를 포함해 어느 곳
에든 출입할 권리가 있었다고 한다.

　　개 외에도 여성들은 앵무새나 원숭이를 즐겨 키웠다. 이런 동물
은 당시 사치품의 주요 소비자였던 부유층 여인의 사치와 지나친 소비
의 예로 흔히 지적되고 비난받았다. 애완동물은 여성의 낭비벽, 변덕스
러운 유행 따르기, 허영심, 경박함, 미성숙함의 상징이 되었다. 찰스 몰
리Charles Molley의 『코켓The Coquette』이라는 작품에서는 한 여성이 이렇게
말한다. "여자의 마음은 한 번에 한 가지에 대한 열정만 가능해. 얼마 전
나는 내 앵무새와 깊은 사랑에 빠졌는데 금방 싫증났고, 그다음엔 원숭
이가 가지고 싶어 안달했어. 불행히 그것도 싫증나면 그다음에는 애완
견 혹은 남편, 혹은 도자기 그릇 하나 정도로……" 작품의 제목, '코켓'
은 경박하고 바람기 있는 여성이라는 의미다. 또한 18세기 영국의 대표
적인 시인 알렉산더 포프는 「머리타래의 강탈The Rape of the Lock」이라는

——— 안토니 반다이크, 〈영국 왕 찰스 1세의 첫째부터 셋째까지 아이들〉, 영국 왕실 소장.
찰스 2세와 형제들의 어릴 때 모습을 그린 초상화로, 여기 등장하는 개 두 마리가 스패니얼이다.

희극적 풍자시에서 사교계의 한 아름다운 처녀를 등장시킨다. 그녀의 침실에는 세계 각국에서 수입된 온갖 사치품이 즐비하다. 그녀는 애완 견은 물론이요, 앵무새도 한 마리 소유하고 있다. 이 작품의 중심 사건 은 한 귀족 남성이 그녀의 머리타래를 탐내 몰래 가위로 잘라 훔치는 것 인데, 그때 그녀가 비명을 지르는 광경을 포프는 다음과 같이 묘사한다.

> 그 순간 그녀의 눈에 시퍼런 번개가 번쩍이고,
> 경악의 비명이 두려움에 질린 하늘을 가르네.
> 연민 어린 하늘을 향한 그 어떤 울부짖음이 이보다 크리오,
> 남편이, 혹은 애완견이 마지막 숨을 몰아쉴 때라도.

남편과 애완견을 같은 선상에 두는 여성들의 비뚤어진 가치관 을 풍자한 구절이다. 애완동물에 대한 여성의 지나친 집착은 남녀 간 성 적 갈등의 요인으로 이어지기도 했다. 남성은 여성의 사랑을 받기 위해 그녀의 애완동물과 경쟁해야 했고, 이 경쟁에서 항상 불리한 입장이었 다. 애완동물은 여성의 품에 안기기도 하고, 입 맞추기도 하며, 가장 은 밀한 공간인 침대에 오르기도 하는 등 여성과 성적 암시가 가득한 신 체 접촉을 하며 산다. 그러나 정숙을 여성 최고의 미덕으로 간주하던 시 대에 이런 은밀한 접촉이 혼전에는 남성들에게 허락되지 않았기 때문 에 애완동물은 남성의 질투와 부러움의 대상이었다. 「라이벌 애완견Rival Lap-dog」이란 시에서 남성은 왜 애완견 도니는 그녀와 '제한 없이' 키스 할 수 있느냐고 항의한다. 이런 연인 관계에서 개는 물론이고 당시 '사 랑의 새love-bird'로 통하던 앵무새 또한 많이 언급되었다. 18세기 초 인기 를 누리던 정기간행물 『태틀러Tatler』에 1709년 수록된 「숙녀의 앵무새

—— 티에폴로L. Tiepolo, 〈젊은 여인과 앵무새〉,
1762, 엘파소미술관.

에게」라는 시에서 한 남성은 앵무새에게 자신의 사랑을 전달해줄 것을
애원한다. 이런 경우 앵무새는 남성의 라이벌인 동시에 성적 욕망의 표
징이기도 하다.

앵무새는 또다른 면에서 부정적인 이미지를 지녔다. 앵무새의
'재잘거림'은 여성의 의미 없는 수다와 동일시되었으며, 수다스러운 여
성에게는 앵무새란 호칭이 붙었다. 이처럼 18세기에 널리 퍼진 '여성과
그녀의 애완동물'이란 이미지는 성차별과 여성혐오의 온상이었다고 할
수 있다.

원 숭 이 와 흑 인 시 동
—

월리엄 호가스의 〈창녀의 진행〉이라는 판화에는 돈 많은 한 상
인의 첩이 누리는 호화스러운 삶이 묘사되어 있다. 호사스러운 삶은 그

—— 로살바 카리에라Rosalba Carriera, 〈원숭이를 안고 있는 젊은 여인〉, 1721, 루브르박물관.

녀의 원숭이, 바닥에 깨져 흩어져 있는 도자기 찻잔, 그 옆의 흑인 시동으로 표현된다. 이것들은 모두 이국적 이미지이고 사치와 연결되어 있다. 이처럼 원숭이는 여성들 사이에서 인기 있는 사치품이었다.

원숭이는 또한 학자들 사이에서도 관심의 대상이었다. 분류학이 한창이던 18세기에 영장류는 인간에게 많은 질문을 던졌다. '인간은 어떤 동물인가' '인간을 어떻게 정의해야 하는가' '자연세계에서 인간은 어디에 위치하는가' 등 생물학적이면서도 철학적인 물음에 답을 찾던 학자들은 영장류와 인간의 관계에 지대한 관심을 가졌고, 따라서 이 동물들은 많은 학자에게 연구 대상이었다.

그리고 이러한 관심은 인간과 동물 사이뿐만 아니라 인류의 서로 다른 인종에 대한 관심으로도 이어졌다. 서구우월주의와 서구중심주의가 당연시되던 이 시대에 유럽인들은 '야만인' 혹은 '미개인'을 자신들과 같은 인간으로 보아야 할 것인가 질문을 던졌고, 어떤 인종은 인간

—— 윌리엄 호가스, 〈창녀의 진행〉, 1732.
순진한 시골 처녀 몰이 도시로 와서 창녀가 되어 단계적으로 전락해 비참한 죽음을 맞이하는 이야기를 담았다. 여섯 개로 구성된 판화 중 두번째에 해당하는 이 작품은 몰이 경제적으로 절정에 이른 시절을 묘사했다.

———— 존 자일스 에카트John Giles Eccardt, 〈다이사트 백작부인과 딸, 그리고 흑인 시동, 앵무새와 스패니얼의 초상화〉, 1740년경, 영국 햄 하우스.
이 초상화에서 개, 앵무새, 시동은 주인과 딸이 거느린 '애완동물'에 속한다.

—— 〈시동과 함께 그린 젊은 여성의 초상화〉,
18세기, H. 리고풍의 그림.
흑인 시동은 항상 은목걸이를 착용하고 있다.

이 아닌 유인원과 더 가깝고, 따라서 더 동물적이라는 인식도 팽배했다. 이런 논리는 그 당시 유럽에 막대한 부를 가져다준 아프리카와 아메리카 간의 활발한 흑인노예무역을 가능케 했다.

그리고 오늘날의 정서로 볼 때 가장 놀라운 점은 애완동물의 유행에 흑인 시동이 포함되었다는 사실이다. 1807년 노예제 폐지법이 영국의회에서 통과되기 전까지 영국 본토와 식민지에는 노예들이 존재했고, 부유층 여성은 흑인 시동을 한 명쯤 거느렸다. 이들은 하인에 속했지만 사실은 재산으로 거래되었고, 원숭이처럼 부와 유행을 과시하는 전시용이었다. 따라서 주인의 초상화나 가족 초상화에 절대 등장하지 않는 다른 하인들과 달리 흑인 시동은 애완견, 원숭이, 앵무새와 함께 '애완동물'로서 포함되었다. 그랬기에 흑인 시동은 한결같이 은으로 만든 목걸이를 착용했는데, 그 목걸이 모양이 개 목걸이와 흡사하다. 이런 상황이었으니 반노예제도 운동이 진행됨과 동시에 동물학대에 반대하는 목소리도 높아졌다는 사실은 그리 놀랍지 않다.

　반려동물의 등장은 도시화와 상업주의의 산물로 매우 근대적인 현상이다. 그러나 아이러니컬하게도 반려동물은 바로 도시화와 상업 사회에서 비롯되는 삶의 황폐함과 소외를 해소하기 위한 수단으로 작용했다. 그리고 그 점은 오늘날에도 여전히 별로 다르지 않다.

〈참고문헌〉

Theresa Braunschneider, "The Lady and the Lapdog: Mixed Ethnicity in Constantinople, Fashionable Pets in Britain," in *Humans and Other Animals in Eighteenth-Century British Culture*, ed. Frank Palmeri (Aldershot: Ashgate, 2006).

Laura Brown, *Homeless Dogs and Melancholy Apes: Humans and Other Animals in the Modern Literary Imagination* (Ithaca: Cornell University Press, 2010).

Christopher Plumb, *The Georgian Menagerie: Exotic Animals in Eighteenth-Century London* (London: I.B. Tauris, 2015).

Ingrid H Tague, *Animal Companions: Pets and Social Change in Eighteenth-Century Britain* (University Park, PA: Pennsylvania University Press, 2015).

문희경_고려대학교 영문학과 교수
옥스퍼드대학을 졸업하고 동 대학원에서 석사·박사학위를 받았다. 고전영문학, 특히 17세기와 18세기 영문학을 전공하고 있다. 저서로 『고전영문학의 흐름』 등이 있다.

열대식물

열풍

오늘날에도 꽃은 가장 사치스러운 인테리어 장식품일 것이다. 고급 호텔에서도 호화 결혼식에서도 이국적인 꽃 장식은 필수적인 사치다. 헐값에 살 수도 없고 인위로 만들 수도 없으며 영구히 머물 수도 없기에, 꽃은 인간의 채울 길 없는 물욕과 과시욕의 징표이기도 하다. 영국의 장미England rose라고 표현할 만큼 영국인의 장미 사랑은 각별했지만, 18세기에는 이국적인 꽃과 식물이 방을 장식했다. 오늘날 유행하는 플랜테리어의 원조인 셈이다.

오너멘탈리즘

—

　18세기 영국 주거문화의 특징적인 면모를 이해하려 할 때 오리엔탈리즘보다는 오너멘탈리즘ornamentalism에 주목할 필요가 있다. 전자가 이국적인 것에 대한 로망이라면, 후자는 새로운 장식품에 대한 끝없는 소비욕을 대표하기 때문이다. 근대 서구 열강이 그러했듯이 영국은 바다를 넘어 식민지를 확장해가면서 본국에 새롭고 진귀한 물건들을 도입해 보다 풍요로운 삶을 영위하려 했다. 이를테면 동양의 향신료, 차, 원단, 패턴, 도자기 같은 신문물은 영국인의 생활양식에 새로운 바람을 일으켰다. 그리고 그 바람은 시간을 거치며 그들의 실내공간에 특기할 만한 변화를 가져왔다. 부가 축적되고 소비 중심적인 문화가 발달함에 따라 집을 꾸미는 것이야말로 풍요의 척도이자 세련됨의 지표였고, 이에 이국적인 색채를 선호하는 취향이 맞물렸기 때문이다. 그런데 이 취향은 세련미를 표방하긴 하지만 다분히 속물스러운 것이기도 했다. 끊임없이 색다른 물건들을 사들여 집을 치장하고 부를 과시하려는 욕망이 그 원동력이었으니 말이다.

　　그런 의미에서 18세기 이른바 장식주의, 오너멘탈리즘은 이율배반적인 양상을 보인다고 할 수 있다. 가장 쓸모없는 것을 가장 가치 있는 것으로 상정해 호화롭게 치켜세우려는 모순. 이 시기에 이르러 영국 상류층은 이미 최고급 인테리어를 위한 최고급 물품을 갖출 수 있었다. 이탈리아 대리석, 루이 14세풍 가구, 바바리아 크리스털, 세브르 식기 세트뿐만 아니라 중국 도자기, 일본 옻칠 가구, 남미 마호가니 등은 어느 정도 보편화된 사치품이었다. 그런데 문제는 이 사치품들이 결코 그들이 원하는 궁극의 럭셔리는 아니었다는 점이다. 값비싼 고급품

마리아 지빌라 메리안Maria Sibylla
Merian, 〈청띠 우라니아 나방이 있
는 포멜로 가지〉, 1702~1703, 로
열 컬렉션 트러스트.
독일 자연과학자이자 예술가인
메리안이 그린 나방, 애벌레, 번
데기가 있는 포멜로 가지다. 메
리안은 아버지 제이콥 마렐에게
꽃 그리는 법을 배웠고, 이후 신
대륙에 있는 식물과 곤충에 매료
되었다. 그녀는 변태 현상을 연구
하기 위해 1699년 수리남을 여
행했다. 그녀의 작품은 1705년
암스테르담에서 『수리남 곤충의
변태Metamorpohsis Insectorum
Surinamensium』란 이름으로 호화
로운 삽화 세트와 함께 출판되었
다. 슬론은 메리안의 삽화 여러 점
을 소유했다.

은 오래도록 쓸 수 있는 것이어서 물욕의 최종 목표가 될 수 없었다. 역
설적이게도 궁극의 럭셔리란 덧없는 수명으로 잠시 머무는 것, 실용적
인 가치라고는 전혀 없는 것이어야 했다. 그래야 수집가들에게 돈으로
환산할 수 없을 만큼 진귀한 것, 소장할 만한 가치가 있는 것이란 인정
을 받을 수 있었다. 나아가 지상 최고의 수집품은 인간의 기술로 만들
수 없고 세상에 잘 알려지지 않은 그 어떤 것이어야 했다. 그런 이유로
18세기 영국의 가장 귀한 실내장식품은 뜻밖에도 이국적인 열대식물이
었다.

—— 조지프 뱅크스, 〈뱅크스의 세라타 식물Plate
of Banksia Serrata〉, 1771.
조지프 뱅크스의 『사화집Florilegium』에 실
린 그림. 뱅크스의 세라타는 뱅크스 경의 이
름을 붙인 4개 원종 중 하나다.

이 국 식 물 의 도 래

—

영국에서 이국적인 희귀식물 열풍이 시작된 데는 한스 슬론
Hans Sloane의 영향이 크다. 슬론은 평생 모은 방대한 자료를 기증해 대영
박물관 설립의 초석을 다진 인물이기도 하다. 청년 시절 의사이자 식물
수집가로 활동한 그는 1687년부터 1년 반 동안 자메이카에서 군의관으
로 복무하면서 800여 종의 식물을 채집·기록했고, 이후 1725년 『자메
이카 자연사』를 출간했다. 이 프로젝트는 사회적으로 크나큰 반향을 불
러일으켰으며 훗날 많은 사람이 여기에 동참해 더 훌륭한 컬렉션을 만
들게 하는 계기를 마련했다. 서인도제도와 남미의 화려하고 특이한 식
물은 유럽인을 매료시키기에 충분했다. 신대륙 발견과 식민지 확장 과

—— 로버트 퍼버, 〈꽃들의 열두 달, 3월〉, 1730.

정에서 서구인들은 신비한 식물의 신세계와 조우하며 엄청난 충격을 받았다. 새로운 식물을 향한 갈구와 욕망은 미지의 황금 광맥에 대한 열망을 대체할 만한 것이었다. 슬론은 또한 아프리카, 인도, 중국, 일본 등지에서 발간된 식물 컬렉션을 사들이기도 했고, 사유지에 첼시 피직 가든Chelsea Physic Garden을 설립, 후원하면서 외국 식물들을 이식하고 재배해 널리 소개하기에 힘썼다. 이처럼 한스 슬론이 씨앗을 뿌린 이국적 식물의 신세계는 점차 영국 문화에 뿌리를 뻗어나갔다.

1730년대 가장 성공한 꽃씨 판매업자 로버트 퍼버Robert Furber는 낯설고 화려한 꽃들에 대한 소유욕을 부추기는 데 한몫했다. 그가 내놓은 카탈로그『꽃들의 열두 달』은 다달이 어울리는 꽃꽂이를 소개하며 그 달의 꽃에 해당하는 색인과 씨앗을 함께 판매했다. 이를 계기로 다양한 꽃을 심고 가꾸어 가장 화려한 꽃 장식을 즐기는 것이 일대 유행하면서 꽃시장은 물론 씨앗 장사도 활성화되었다.

18세기 중반 영국인들의 상상력을 크게 자극한 사건 중 하나는 조지프 뱅크스Joseph Banks의 타히티 여행이다. 뱅크스는 명망 있는 가문 출신으로 엄청난 부자였다. 그는 학자 출신이 아닌 젠트리 계층의 미술 감정가로도 유명했다(당시 영국 사회에서는 전문 지식인, 과학자보다는 자연·역사·문화에 해박한 지식인들이 풍미하고 있었다). 뱅크스가 제임스 쿡의 항해에 따라나서 타히티에서 누렸던 바를 공개하자, 영국인들은 타히티에 열광했다. 식물학자 대니얼 솔랜더Daniel Solander와 환상의 팀을 이루며 타히티의 자유로운 성문화와 아름다운 자연을 만끽했다고 하니 그 이상의 지상낙원이 없었던 것이다. 그는 타히티에 머무르는 동안 섬의 여왕과 친구이자 연인으로 지내면서 솔랜더와 함께 셀 수 없이 많은 식물을 채집했다. 이 여행 덕분에 뱅크스와 솔랜더는 3년간 세계일주를

—— 로버트 존 손턴, 〈큰 꽃을 피우는 미모사〉, 『식물의 사원』, 1807.
오른쪽 배경에 서 있는 원주민을 보면 이 식물이 얼마나 큰지 알 수 있다.

했고 3만여 종의 식물을 마데이라, 브라질, 티에라델푸에고, 뉴질랜드, 호주, 자바 등지에서 가져올 수 있었다. 이는 당대 유럽인이 알고 있던 식물의 세계를 25퍼센트나 확장하는 사건이었다. 그들은 식물들을 살아 있는 상태로 운반하지 못할 경우 배에서 건조시켜 정리했고, 동행한 다섯 화가의 그림을 통해 생생하게 소개하고자 했다. 뱅크스는 이 획기적인 화보花譜를 살아 있는 동안 출간하지는 못했지만 743개의 동판 모두를 대영박물관에 기증했다.

당시 식물도는 과학의 소산인 동시에 예술적인 사치품이었다. 18세기 후반 의사 출신인 로버트 존 손턴Robert John Thornton은 이 식물도에 관심을 갖고 열대식물 열풍에 동참했다. 그는 식물학자 칼 린네의 분류법을 정착시키기 위해 노력했고 당대 최고의 화가들을 동원해 초호화 장정의 식물도감『식물의 사원The Temple of Flora』을 발간했다. 애국자를 자처하며 자신의 작업을 "영국이 린네를 기리는 트로피"라고 일컫기도 했다. 이중 특히 미모사 묘사는 당대에 유행하던 거대한 풍경화의 숭고함과 과학적 정밀성을 동시에 느끼게 하는 최고의 작품으로 평가받는다. 그림을 보면 자메이카로 추정되는 곳에 미모사 꽃들이 피어 있고, 그 곁에서 벌새들이 꽃의 꿀물을 빨아먹는 가운데 원주민이 그 풍경을 바라보고 있다. 이런 구도는 영국의 제국주의적인 욕망을 일목요연하게 담고 있다.

새 로 운 식 물 , 새 로 운 공 간
—

영국의 양식 있는 지식인들은 이렇듯 새로이 소개된 식물에 각별한 관심과 애정을 쏟았다. 묘목업자들이 슬론의 첼시 피직 가든에서 모종을 받아 대량생산을 시도하기도 했지만, 정말 귀한 식물들은 유럽 날씨에 아무런 시설 없이 키우기가 불가능했다. 따라서 여유 자산이 넉넉한 지주들만 열대식물학에 투자할 수 있었다. 그들은 네덜란드에서 이미 개발되기 시작한 난방 및 온실과 관련된 기술들을 도입해 따뜻한 실내공간을 만들어가면서 열대식물들을 키우는 데 경쟁적으로 참여했다. 이 사업에는 최신 기술과 과학 지식이 필요했고 무엇보다 끝없는 열정과 막대한 자금이 뒤따라야 했다. 마침내 영국에서 피어난 열대식물의 꽃들이 화려하게 실내를 장식했을 때, 그 수많은 꽃만큼이나 덧없는 소문, 시기, 질투 역시 피고 질 것이었다.

파인애플은 정말 귀한 문제적 식물이었다. 남미에서 건너와 어마어마한 몸값을 갱신하며 부와 권력의 표상이 된 파인애플은, 식용보다는 장식용으로 한자리를 차지하곤 했다. 1675년, 영국의 첫 파인애플을 정원사 존 로즈가 찰스 2세에게 헌정하는 모습은 유명한 그림으로 남아 있다. 1715년에는 매슈 데커 경이 처음으로 파인애플 재배에 성공한 것을 기념하려고 파인애플 초상화를 제작하기도 했다. 이 과일은 문학작품에도 등장했다. 제인 오스틴의 소설 『노생거 사원』에 나오는 오만한 지주 틸니 장군은 자신이 매해 수백 개의 파인애플을 생산한다고 자랑한다. 파인애플을 이러한 규모로 생산한다는 것은 상상을 초월하는 노력과 인력을 요구하는 일이었다. 이국의 과일과 채소를 제철에 맞춰 식탁에 올리기 위해서는 온도가 점차 높아지는 온실, 꽃과 과일에 열을 주어 강제로 무르익게 하는 촉성 재배용 온실같이 온도와 일조량을 집중적으로 조절하는 시설을 제대로 갖추어야 했기 때문이다.

유리로 만든 공간이 열대식물을 키우기 위해 집의 일부로 건설

되면서 콘서바토리conservatory 또는 그린하우스greenhouse라 불리는 새로운 장소가 집의 일부, 혹은 별채로 자리하게 되었다. 온실은 집의 남쪽을 차지하며 겨울에는 난방으로 열대과일과 식물을 보호하고 여름에는 쾌적한 일종의 거실, 식당 역할을 했다. 이러한 유리방은 남향으로 햇살을 즐기며 활짝 열린 창문을 통해 야외 분위기를 누리기에 최상의 공간이었다. 유리를 대량 생산할 수 있고 철제 골조로 건축할 수 있게 되면서 유리방이 대대적으로 유행하기 시작했다. 이런 공간에서 열대과일과 화려한 식물을 즐기는 파티 문화도 성행했다. 나폴레옹은 사랑하는 조제핀에게 당대 가장 훌륭한 저택 말메종을 바치며 모두가 꿈꾸던 유리방도 함께 만들어주었다. 오귀스트 가르느레Auguste Garneray의 그림에서 볼 수 있듯 열대식물들이 공간 대부분을 차지하는데 선인장, 용설란 등이 그 중앙에 자리한다. 나아가 유리방은 유리집으로 몸집을 키워갔다. 야자수 같은 열대식물들이 훨씬 큰 공간을 필요로 했기 때문이다. 그 덕분에 1851년 최초의 만국박람회를 기념해 그 유명한 수정궁이 런던에 세워졌다. 유리와 철로 지은 이 획기적인 건축물은 전 세계 희귀한 모든 것을 안락한 실내공간에서 즐기겠다는 유럽인의 열망을 집약한 것이라 할 만하다.

18세기 소설가 마리아 에지워스Maria Edgeworth는 대표작 『벨린다Belinda』의 한 대목에서 이러한 기제를 함축적으로 보여준다. 소설에는 100년에 한 번 피는 알로에 꽃이 등장하는데, 이는 런던 사교계의 유명한 안주인 레이디 들라쿠르가 경쟁자의 파티에서 자기 파티로 손님들은 빼앗아오기 위해 애써 구한 것이다. 라이벌인 러트리지 부인은 엄청난 공을 들여 만찬을 준비하지만 초대받은 모든 이가 레이디 들라쿠르의 알로에를 보러 자리를 떠난다.

———— 헨드릭 당커르츠Hendrick Danckerts, 〈파인애플을 선사받는 찰스 2세〉, 1675, 로열 컬렉션 트러스트.
왕실 정원사인 존 로즈가 찰스 2세에게 파인애플을 바치고 있다.

—— 테오도루스 넷처Theodorus Netscher, 〈서리주 리치몬드에 있는 매슈 데커의 정원에 자란 파인애플〉, 1720, 피츠윌리엄박물관.

THE CRYSTAL PALACE IN HYDE PARK

Dedicated

D INTERNATIONAL EXHIBITION OF 1851.

——— 〈나이트브리지 거리에서 본 1851년 국제 박람회를 위한 하이드 파크의 수정궁〉,
Read & Co. Engravers & Printers, 1851.

—— 오귀스트 가르느레, 〈말메종에 있는 온실의 내부〉, 1824, 프랑스 국립박물관 연합.

모두가 러트리지 부인 댁에서 내게로, 더 정확히 말하자면 내 알로에를 보러 왔어. 엄청나게 멋진 만찬을 준비했다지만 거의 한 명도 남아 있질 않았지. 모두들 100년에 단 한 번 볼 수 있다는 걸 보러 왔거든. 알다시피, 이 알로에라는 게 만찬을 장식하기에는 너무 육중하잖아. 다행히 우리 집 살롱은 돔 지붕이라, 우리는 그 바로 아래에 알로에를 둘 수 있었지. 알로에를 심은 커다란 중국 도자기 화분 주위로는 최고로 예쁜, 정확히 말하자면 구할 수 있는 한 최고로 비싼 온실 식물들을 배치해두었지. 사실, 알로에 꽃이란 흉물스럽지만—내 목적에는 잘 맞았고—믿을 만한 소식통의 말로는 러트리지 부인은 너무 약이 올라 눈물을 터뜨린 게 확실하다고 해.

레이디 들라쿠르의 이야기를 듣자면 열대식물 열풍에서 안주인의 과학지식이 결정적인 역할을 담당한다는 것을 알 수 있다. 그녀의 감각이 집을 꾸미는 데 주요하듯이 어떤 열대식물이 희귀한지 안다는 것은 그 열풍을 주도하는 힘인 것이다. 뿐만 아니라 레이디 들라쿠르는 런던 상류사회의 식물 열풍이 품은 속물근성을 간파하고 있다. 꽃 사치를 부려 부를 과시하면 모두 일제히 주목하는 그 속성을, 그 자신이 누구보다 속물이어서 잘 아는 것이다. 때마침 알로에라고 100년에 딱 한 번 꽃을 피우는 것이 있다니, 반드시 구해내고 만다. 막상 실물을 보니 커다란 흉물이지만 그건 문제가 아니다. 어쨌든 모두가 만찬을 포기하고서라도 보고 싶어 달려올 터이니. 오히려 그 흉한 것을 으리으리한 중국 도자기에 심고 비싸고 예쁜 다른 열대식물들로 화려하게 에워싸 가장 극적인 모습을 연출할 기회였다. 그래야 타의 추종을 불허하고 런던 사교계의 이목을 집중시켜 최고 전시를 해내는 최고 안주인 자리에 등극할 수 있으니까. 예상은 이변 없이 적중했다. 영원한 2인자 러트리지 부인이 아무리 분기탱천한다 해도 알로에에 걸어차인 진수성찬을 앞에 두고 눈물을 쏟을밖에. 알로에보다 더 못생기고 더 듣도 보도 못한 오지의 식물을 찾으러 떨치고 나서기 전에는.

여기서 언급되는 알로에는 아메리칸 알로에, 혹은 세기의 식물이라 불리는 용설란의 일종이다. 원산지는 중남미이고 잎은 3~4미터 높이, 둘레는 4미터 정도인 대형 선인장으로 꽃이 필 때면 꽃대가 8미터까지 올라간다. 이런 식물을 집안에 장식물로 들이려면 레이디 들라쿠르의 저택처럼 돔 하나 정도는 갖추어야 한다. 소설에서 파티가 열리는 장소는 18세기 신新팔라디오풍을 유행시킨 윌리엄 켄트가 지은 벌링턴 경의 저택 치즈윅 하우스에 있는 갤러리를 연상시킨다. '흉물스러운 것

Ugly thing'인 알로에가 그지없는 세련과 사치를 자랑하는 공간의 주인공으로 등극하는 장면을 상상해보자. 꽃을 피우고 나면 이 식물은 죽는다. 그림으로도 붙잡아둘 수 없는 한순간이다. 그토록 덧없건만, 아니 그리 덧없기에, 알로에는 그 어떤 화려한 방을 배경으로 해도 놀랄 만큼 부각되면서 안주인의 부와 식견과 인맥을 상징적으로 보여주는 최고의 장치였다. 18세기 당시 열대식물은 아직 전문 지식이나 과학으로 정립되기 이전의 영역에 있었기에, 열대식물의 신세계는 돈과 여유와 지성이 충분한 여성에게만 허용된 취미이자 취향이었다. 그 와중에 열대식물은 신의 한량없는 은혜와 신비를 확인하는 신앙의 징표이기까지 했다니, 열대식물은 18세기 방의 꽃이라 불러도 과언이 아닐 것이다.

〈참고문헌〉
Jane Austen, *Northanger Abbey* (Oxford: Oxford University Press, 2003).
James Delbourgo, *Collecting the World: Hans Sloane and the Origins of the British Museum* (Cambridge, MA: Harvard University Press, 2017).
Maria Edgeworth, *Belinda* (Oxford: Oxford University Press, 1994).
John Hix, *The Glasshouse* (London: Phaidon Press, 1996).
Richard Holmes, *The Age of Wonder* (New York: Vintage Books, 2010).
Mark Laird, *A Natural History of English Gardening* (New Haven, CT: Yale University Press, 2015).
Peter Sloterdijk, *In the World Interior of Capital: Towards a Philosophical Theory of Globalization* (Cambridge, UK: Polity Press, 2014).
Beth Fowkes Tobin, *Colonizing Nature: The Tropics in British Arts and Letters 1760-1820* (Philadelphia: University of Philadelphia Press, 2005).

최주리_이화여자대학교 영어영문학과 교수
영국 케임브리지대학을 졸업하고, 미국 스탠퍼드대학에서 영문학 박사학위를 받았다. 전공은 18세기 영국 소설이며 이와 관련된 다양한 주제를 다루면서 학술 활동을 펼치고 있다. 새로운 서사 방식인 '자유 간접 화법'의 발달을 연구했으며, 근대의 대도시 발생을 사실주의 소설의 발생과 결부시킨 연구도 진행했다. 최근에는 정원과 이색적인 식물의 결합으로 탄생하는 영국적 풍경, 영국적 가치를 연구하고 있다.

『친화력』과
풍경정원,
그리고 낭만주의

독일어에서 '정원Garten'이라는 단어는 개인 주택의 정원뿐 아니라 왕이나 황제, 제후, 귀족들의 거대한 정원, 그리고 현대 도시의 대규모 공원을 의미하기도 하는 폭넓은 개념이다. 정원은 한편으로는 자연을 인위적 환경으로 들여온 공간이면서 다른 한편으로는 인간이 만들고 가꾼 공간이라는 점에서 자연과 문화의 접점이라 할 수 있다.

유 럽 의 정 원
—

부허A. Bucher의 정원의 역사에 따르면 정원은 고대로부터 만들어진 시대와 사회를 반영해왔다. 이집트나 아시리아, 혹은 로마의 황제,

왕, 그리고 제후나 귀족들의 정원은 근본적으로 기독교의 에덴동산인 '천국'을 모방한 것이었다. 그렇지만 로마제국이 멸망하고 중세로 들어오면서 정원은 소박해졌고 수도원이나 성의 정원, 농부의 정원은 대지가 가진 자연으로서의 역할과 기능을 더 중시하게 되었다. 그래서 정원은 거주지 가까이 있는 채소밭이나 약용식물을 재배하는 약초원, 혹은 과수원 공간으로 이해되었다. 동시에 유럽 지식 교류의 중심지였던 수도원 정원은 과거 화려했던 동방의 정원이나 고대 정원의 지식을 간직한 기억의 공간이기도 했다.

이후 르네상스 시기로 접어들면서 정원은 예술적 공간으로 화려하게 재탄생한다. 이탈리아는 휴머니즘, 축적된 자연과학 지식, 고대 신화에 대한 지식과 관심이라는 장점을 살려 새로운 정원술의 선두주자가 되었다. 황제나 왕뿐 아니라 무역과 상업으로 부유해진 도시 귀족이나 상인들도 시골에 별장을 두고 상상력을 발휘해 화려한 예술적 정원을 가꾸게 된다. 고대 로마를 본뜬 정원들이 만들어지고, 신대륙 발견의 모험이 시작되면서 낯설고 먼 이국에서 수집해온 식물들을 보여주는 식물원과 온실이 생겨난다.

이후 유럽 절대왕정의 바로크 시기를 거치면서 정원은 보다 화려해지고 풍요로워지며 대칭과 조화의 원칙을 구현한 기하학적 설계가 두드러지는 '완벽한 질서와 자연 지배'의 공간이 된다. 베르사유 궁전으로 대표되는 프랑스 절대왕정의 정원은 '정원의 모범'처럼 유럽 전역으로 퍼져나갔다. 더불어 '오랑제리orangery'라 불린 온실도 생겨났다. 여기에서는 이국적인 식물이나 나무, 과실수를 길렀다. 바로크의 엄격한 기하학은 나중에 비규칙적이면서도 부드럽고 우아한 형태로 변형돼 로코코 양식으로 유행한다. 독일에서는 1744년 상수시 궁전 정원이 바로크

───영국 윌턴에 있는 윌턴 하우스의 정원. ⓒ Jan van der Crabben.
영국식 풍경정원은 프랑스식 바로크 정원에 대비되는 정원의 개념으로, 1800년경 전 유럽으로 퍼져
나갔다. 당대 풍경화에 나오는 자연 풍경처럼 꾸미지 않은 자연적, 목가적, 전원적 아름다움을 추구
했다.

양식으로, 오스트리아에서는 1750년 쇤브룬 궁정 정원이 로코코 양식으로 만들어졌다.

그다음으로 나타난 것이 18세기 유럽에 널리 퍼진, 영국에서 시작된 풍경정원landscape garden이다. 소위 이 '영국식 정원'은 철학적으로 낭만주의와 통하며, 자연을 모방한 자유로운 풍경 속에서 인간에게 자연과 공감할 것을 요구하였다. '자유롭고 계몽된 인간'과 '때묻지 않은 자연'이라는 시대의 철학이 녹아 있었던 것이다. 특히 히르슈펠트C. Hirschfeld가 『정원예술의 이론』을 통해 '우리는 제한을 증오하고 확장과 자유를 사랑한다'는 모토로 영국식 풍경정원을 독일에 소개하면서 영국식 풍경정원은 널리 전파되었다. 괴테 역시 이 책을 접한 것으로 전해진다. 19세기 들어 산업화가 시작되고 양식다원주의(특정 양식이 아니라 여러 양식이 동시에 유행한 현상)가 널리 퍼지기 전까지는 영국식 정원이 유행을 주도했다.

정 원 , 그 리 고 인 간 의 마 음
—

괴테의 『친화력』은 오늘날의 시각에서 봐도 거침없고 진솔하고 파격적인 사랑 이야기다. 아직도 풀리지 않은 비밀을 많이 담고 있고, 그래서 읽을 때마다 신선하게 다가온다. 줄거리는 다음과 같다. 샤를로테와 에두아르트는 젊은 시절 열렬하게 첫사랑을 했지만 주변 사정상 헤어지고 각자 결혼했다가 중년의 나이에 다시 부부로 합친다. 그러나 이 행복한 결혼생활은 오래가지 못하는데, 에두아르트가 친구인 대위를 집에 끌어들이고 샤를로테가 오틸리에를 끌어들이면서 부부가 서로 다

른 파트너에게 강한 끌림을 느끼기 때문이다. 에두아르트와 오틸리에에
는 정열적 사랑에 빠지고 샤를로테와 대위 역시 서로에게 끌린다. 마치
화학식에서 원소 AB가 CD를 만나 끌리면서 욕구와 선택에 따라 AD와
BC로 새로 결합하는 형상이며, 이것이 바로 소설의 제목이 된 '선택적
친화력'이 가진 의미다.

　　1부 끝에서 에두아르트와 오틸리에에는 서로 사랑을 확인하지만
결혼이라는 사회적 질서를 중시하는 샤를로테의 반대로 결국 에두아
르트가 집을 떠난다. 2부에서 두 사람은 결국 사랑을 확인하고 결혼을
결심하는데, 그때 호수에서 돌이킬 수 없는 비극이 발생해 오틸리에에는
생을 포기하고 에두아르트가 뒤따르면서 이야기는 비극적 결말을 맞이
한다.

필리프 그로트요한의 1880년경 스케치.
대위는 모든 것을 측량해 인간의 계획하에 두는 전형적인 계몽적 인물이다. 또
한 그도 샤를로테에게 사랑을 느끼지만 그 질서의 경계를 지키고자 한다.
"대위는 두어 차례 삼각법을 이용한 측량을 거쳐 지적도의 기초를 확실하게 해놓
을 수 있었다."

    괴테 스스로 이 소설을 자신의 '최고 소설'로 꼽았고, 발터 벤야
민도 '가장 이념적 소설'이라 칭했으며, 토마스 만은 '가장 수준 높은 소
설'이라고 평가했다. 괴테는 이 장편소설에 당대의 시대상을 보여주는
요소를 삽입했는데 그중 하나가 정원이다. 『친화력』에서 정원은 소설
속에서는 인물들의 성격을 대비시키고 관계를 만드는 역할을 하며, 소
설 외부로는 시대적·사회적 흐름과 결부된다.
    소설은 주인공 에두아르트의 정원 가꾸기와 샤를로테의 이끼
오두막이 완성되는 장면에서 시작된다. 에두아르트는 부친에게 물려받
은 바로크 성(집)의 식물원에서 취미로 정원 일을 하는데, 그는 '싱싱하
게 보존된 가지'를 '어린 대목'에 접지하고 있다. 상징성이 풍부한 이 작
업은, 그가 앞으로 하게 될 사랑의 성격을 예고한다. 그는 일을 마치고

부인 샤를로테가 완성한 이끼 오두막을 보러 간다. 이 오두막은 샤를로테가 에두아르트와의 아늑한 신혼생활을 소망하며 지은 둘만의 공간이다. 그러나 에두아르트는 이 오두막에서 친구인 대위를 집으로 불러오자고 제안하는데 오두막은 "네 명이 와도 충분한 공간으로" 새로 해석되면서, 샤를로테가 꿈꾸던 시골 로맨스는 깨지기 시작한다. 샤를로테도 양녀 오틸리에를 집으로 데려온다. 더불어 이들의 관계는 사랑의 끌림을 통해 새롭게 재편된다.

　　무엇보다 주요 인물들이 집안의 새로운 공원 공사에 개입하며 각자 성격을 드러난다. 대위는 도착하자마자 측량 공사를 시작하고 친구 집의 전체 재정과 계획을 점검하며 변화 가운데에서도 질서와 조화, 평화로 이끌고자 한다. 에두아르트는 대위에게 우선 샤를로테의 이끼 오두막을 보여주고, 곧바로 이와 대조를 이루는 "전망도 더 자유롭고 가슴도 확 트이는" 제일 높은 정상으로 그를 이끌고 간다. 또한 그는 당대 유행하던 영국식 정원 책을 보여주며 샤를로테가 계획하던 새로운 정원을 영국식 풍경정원으로 만들고 싶어한다. "자유로운 대지와 닮지 않은 정원에서는 그 누구도 마음이 편치 않을 것이다. 예술이나 강제성을 떠올리게 해서는 안 된다. 우리는 완벽히 자유롭게 그리고 아무런 제약 없이 숨을 쉬고 싶은 것이다." 이 새로운 정원 미학은 "새로운 삶의 방식, 미학적 개혁, 개성과 인간성 개념의 변화"(오트만)를 반영하며 낭만적 자유, 거침없는 사랑과 연결되면서 인물들의 마음에 투영된다. 샤를로테가 원래 꾸미려던 공원 계획이 수정되는 과정에서 샤를로테와 대위가 가까워지고, 오틸리에가 에두아르트의 정원 일을 도와주면서 오틸리에는 에두아르트에게 없어서는 안 될 인물이 되어간다.

　　샤를로테와 오틸리에의 대조적인 성격은 별장 부지 제안에서 분명하게 드러난다. 1장에서 샤를로테의 이끼 오두막은 "성의 맞은 편 암벽 위에 건설"되어 전망이 특히 좋고 "아래로는 마을이 보이고 약간 오른쪽으로는 교회도 보일 뿐만 아니라 교외의 첨탑 너머까지도 훤히 보"이며 시야가 탁 트인 곳이다. 또 맞은편에는 궁성과 정원들이 있다. 샤를로테의 이끼 오두막은 신혼의 로맨스가 펼쳐지는 장소이면서도 귀족들의 존재와 위상을 상징하는 성과 정원의 맞은편에 위치하고 교회와 마을까지 다 바라다보이는 위치에 있어 가정oikos과 사회polis의 요구를 모두 충족시킨다. 그에 반해 7장에서 에두아르트와 오틸리에는 길도 제대로 없는 수풀이 무성한 야생의 자연으로 산책을 나간다. 이들은 숲과 암벽, 물레방앗간, 외딴 농가를 지나며 자연의 풍경에 깊이 동감하면서 몰입하는 체험을 한다. 더불어 감각과 감정이 풍성해지며 더욱 서로에게 이끌린다. 오틸리에는 산책 이후 새집을 짓고 싶은 한 장소를 가리키며 "숲에 가려서 성을 볼 수는 없을 거예요. 하지만 그 대신 마을이나 집들도 전부 숨겨질 테니까 마치 새로운 다른 세계에 있는 것 같을 거예요. 거기에서는 호수와 물방앗간, 그리고 언덕도 산도 평지도 보이는데 그게 정말로 아름답거든요"라고 한다. 이렇게 오틸리에는 기존 사회가 보이지 않는, 자연만이 아름다운 풍경으로 작용하는 다른 대안 세계를 만들고자 하고 에두아르트는 이 제안에 적극 찬동한다.

정열은 절제되어야 할까?
—

이미 1년여 전에 샤를로테는 에두아르트를 양녀 오틸리에와 맺어주고자 노력했지만 에두아르트는 자신의 첫사랑을 고집하며 기어코

한스 알렉산더 뮐러Hans Alexander Müller의 1920년 목판화.
에두아르트와 오틸리에는 길도 제대로 없는 숲을 같이 헤매고 다니며 암벽으로 된 험한 길도 같이 내려오는 등 거친 자연에 함께 동화되다가 절벽 아래 농가를 발견하기도 한다.
"그들은 이끼와 암벽으로 된 길을 내려오기로 간단히 결심했다."

한스 마이트Hans Meid의 1925년 목판화.
영국식 풍경정원은 자연의 가꾸지 않은 아름다움을 드러내고자 했으며 특히 물과 숲을 강조했는데, 이 소설에서는 이 체험이 사랑의 감정과 연결된다.
"오틸리에의 부드럽고 흥분한 감정은 이 잘잘거리고 번쩍거리는 형상이 나타나고 사라지는 것에 편안하다기보다는 불안한 것이었다. 오틸리에는 에두아르트에게 몸을 기댔다."

샤를로테와 재혼한다. 그러나 결혼한 후에는 둘만의 신혼생활을 즐기기보다 친구 대위를 끌어들이고 결국 오틸리에와 정열적 사랑에 빠지고만다. 또한 샤를로테는 대위와 사랑에 빠지지만 결혼이라는 기존 질서를 지키고 싶어하는 데 반해, 에두아르트는 자신에게 몰아닥친 사랑을맹목적으로 좇으려 한다. 에두아르트의 근대식 사랑은 기든스A. Giddens식으로 이야기하자면 서로 간의 감정적 호의와 합의, 그리고 질서를 통해 사회적 힘으로 존재해온 낭만적 사랑이 아니라 기존 질서를 흔들고위협하는 정열적 사랑이다.

이 사랑이 평탄치 않을 것임은 여러 징조를 통해 예언된다. 에두아르트의 일방적인 충동은 무엇보다 공원 속의 작은 시내 셋을 합해만든 큰 호수의 둑 공사와 사고, 그리고 그 앞에 그가 이식한 나무에서상징적으로 드러난다. 오틸리에의 생일 모임에서 둑이 무너지며 사고가나지만 에두아르트는 폭죽놀이를 강행하며 플라타너스 아래에서 오틸리에에게 "너는 내 여자!"라고 외친다. 괴테는 근대의 특징을 "악마적으로 성급하다veloziferisch"고 규정한 적이 있다. 이 표현은 '성급하다'와 '악마적인'이라는 두 단어를 결합해 만든 신조어로, 1778년에 괴테가 니콜로비우스Nicolovius에게 보낸 편지에 처음 등장하는 개념이다. 오스텐이지적하듯 이 개념을 통해 괴테는 당시 시대가 보여주는 "빠르고, 성급하며, 동시에 악마적인" 경향을 비판했다. 미틀러나 루치아네, 에두아르트가 이러한 성급함을 보여주는 대표적 인물이다.

그에 반해 오틸리에는 성격상 "느림과 조용함, 세심한 배려와세상 모든 것에 대한 공감과 연민"(김용민)을 지닌 반대 성격으로 형상화되지만 2부에 들어 에두아르트의 무모한 열정과 격렬한 키스로 혼란스러워하며 악마적 성급함에 빠져 귀갓길을 서두른다. "그녀(오틸리에)

── 한스 마이트의 1925년 목판화.
호수는 낭만적 사랑의 아름답고 평온한 배경이 될 수
도 있지만, 열정적 사랑의 급한 마음에서는 평정심을
잃게 하는 위험한 공간이 되기도 한다. "그녀는 힘이
필요했고 계속 노를 저었지만 나룻배는 흔들리고 한동
안 호수 쪽으로 미끄러져갔다. 왼쪽 팔에는 아이를, 왼
쪽 손에는 책을, 그리고 오른손에는 노를 잡고서 그녀
자신도 흔들거리다가 배에 쓰러지고 만다."
자일러 교수의 홈페이지(http://www.uni-bielefeld.de/
lili/personen/seiler/wahlverwandt/kultur.htm)에서 『친
화력』의 삽화들을 볼 수 있다. 이 글을 위해 본인 홈페
이지의 여러 그림을 사용할 수 있도록 허락해주신 자일
러 교수님께 깊은 감사를 드린다.

는 건너편으로 플라타너스들을 본다." 오틸리에는 나룻배를 탔지만 "왼
쪽 팔에는 아기를, 왼쪽 손에는 책을, 그리고 오른손으로 노를 잡고서
그녀 자신도 흔들거리다가 배에 쓰러지고 만다." 결국 이때 아기 오토가
익사한다. 에두아르트의 열정적 사랑 때문에 오틸리에가 평소 성격과
다르게 서두르다 사고를 낸다는 점에서 일시적, 악마적 성급함이 가져
온 결과는 처참하다. 괴테는 이 비극을 통해 영국식 정원으로 대변되던,
당대 유럽에 널리 퍼져나가던, 기존 질서를 파괴하는 에두아르트식의
열정적 사랑에 경종을 울린 것이다. 이러한 비판은 괴테의 딜레탕티슴
비판과도 연결된다. 괴테는 1779년 실러와 같이 쓴 논문 「딜레탕티슴의
도식」에서 당대의 딜레탕티슴이 "사상이 빈약하고, 피상적이며, 환상이
제어되지 않고 열광적이며 과장되어 있다"고 비판하며, 특히 객관적 법
칙이 부재하는 정원술을 그 예로 들었다. 오틸리에는 사고 현장에서 깊
은 깨달음을 얻고 이후 완벽한 체념 속에서 자신을 용서하고 해방시키

18세기의 방

며 삶을 희생한다. 오틸리에가 스스로 내린 이 결단은 성스러움의 경지
에 이르는 적극적 의미를 내포한다. 에두아르트 역시 삶을 포기한다.

〈참고문헌〉
Annemarie Bucher, "Der Garten – ein Spiegel seiner Zeit: Geschichte der abendländischen Gartenkunst," *Heimatschutz* 93(4).(1998):2.
Johann Wolfgang von Goethe, "Wahlverwandschaften," in *Goethe Werke*, Bd. 6 (München: Beck, 1981), 242-490.
Johann Wolfgang von Goethe, "Über den sogenannten Dilettantismus oder die praktische Liebhaberey in den Künsten," in *Goethes Werke: Vollständige Ausgabe letzter Hand*, Bd. 44, *Goethes nachgelassene Werke* (Stuttgart und Tübingen, 1833), 256 – 285.
Christian Cay Lorenz Hirschfeld, *Theorie der Gartenkunst* (Leipzig: M. G. Weidmanns Erben und Reich, 1779-85).
Manfred Osten, *Alles veloziferisch oder Goethes Entdeckung der Langsamkeit* (Frankfurt: Insel, 2003).
Dagmar Ottmann, "Gebändigte Natur – Garten und Wildnis in Goethes *Wahlverwandtschaften* und Eichendorffs *Ahnung und Gegenwart*," in *Goethe und das Zeitalter der Romantik*, Hrsg. Walter Hinderer und Alexander von Bormann (Würzburg : Königshausen und Neumann Verlag, 2002), 345-395.
기든스, 앤서니,『현대사회의 성, 사랑, 에로티시즘』, 배은경·황정미 옮김, 새물결, 2001.
김용민, "생태페미니즘적 관점으로 본 괴테의 친화력",『유럽사회문화』20 (2018): 155~185.
진일상, "괴테의 친화력과 '살아 있는 그림'. 문화사적 의미와 서사적 기능",『괴테연구』16 (2004): 79~99.
괴테,『친화력』, 오순희 옮김, 서울대학교출판부, 2011.

—
최윤영_서울대학교 독어독문학과 교수
독일 본대학에서 독문학, 사회학, 컴퓨터언어학을 공부했고 동 대학원에서 독문학 박사학위를 받았다. 주요 저서로 *Verschwiegene und schweigende Individuen im realistischen Roman*, 『카프카, 유대인, 몸』『민족의 통일과 다문화사회의 갈등』 등이 있으며, 주요 논문으로「고향 대신 고향들. 독일 동시대 이민문학에 나타난 고향에 대한 표상들Heimat-en statt Heimat. Heimatvorstellungen in der deutschen zeitgenössischen Migrantenliteratur」「다른 '액체근대'. 테레지아 모라의 이상한 물질에 나타난 변방의 풍경과 이방인들」「집단적 사건으로서의 텍스트Text als kollektives Ereignis」「숨그네에 나타난 이중의 수용소와 글쓰기」 등이 있다.

자연을
방안에
들이는 방법

삼국시대 이래 문헌과 그림, 공예품의 장식 문양에서 꽃과 풀, 나무는 중요한 소재로 다루어져왔다. 고려 의종대에는 왕이 문관과 내시 등을 불러 어원御苑의 화초와 동물을 구경시키고 연회를 베풀었다는 내용이 있다. 이에 내시들은 앞다투어 사치한 것으로 왕에게 아첨하려고 누각을 세우고 담장을 높이 쌓으며 민가의 화초를 거둬 궁궐 정원에 옮겨 심고, 그것도 부족해 송나라 상인을 통해 진기한 화초를 사들여 예산을 축냈다는 원성을 듣기도 했다. 송나라 황실에서도 중국 남방에서 진기한 꽃들이 진상되면 도자기 화분에 심어 늘어놓고, 한여름에는 연못에 붉고 흰 연꽃을 만 자루나 심어 바람이 불면 꽃향기가 온 궁정에 가득했다 한다. 고려에서도 비슷한 상황이었을 것이다. 이규보도 꽃 피는 계절이면 소문난 귀족들의 집과 정원을 방문하곤 했으며, 꽃을 소재

로 시회詩會를 열기도 했으니, 이들에게 꽃과 나무는 단순히 완상하는 대
상을 넘어 문학적 감응을 공유하는 하나의 매개였다.

조선 성종 대 1474년에 강희안의 원예서『양화소록』이 출간되
었다. 여기서 노송, 만년송, 오반죽, 국화, 매화, 난혜, 서향화, 연꽃, 석류
꽃, 치자꽃, 사계화, 산다화, 자미화, 왜철쭉, 귤나무, 석창포 16종의 식
물에 괴석 항목을 더해 총 17종의 꽃과 나무, 돌에 대해 기술했다. 그런
데 이 식물들은 모두 그가 화분에 키운 것이었다.『양화소록』에는 집안
에서 손쉽게 꽃과 나무를 화분에 재배하면서 꽃을 빨리 피게 하는 법이
나 꽃이 싫어하는 것, 또는 화분을 배열하는 법과 종자나 뿌리를 보관하
는 법 등 원예의 여러 요령을 수록했다. 이로 미루어 꽃을 기르는 전통
이 오랫동안 이어져왔음을 짐작할 수 있다.

고려시대에는 궁중의 정원과 화초, 과실 등의 관리를 맡아보던
내원서內園署가 있었고 조선시대에는 장원서掌苑署를 두었다. 특히 연산군
때 일화가 유명하다. 관원들을 편 갈라 멋진 화초들을 궁궐 후원에 옮겨
심게 하는 바람에 도성 내 민가에 진기한 화훼나 과실이 있으면 거둬들
였다는 것이다. 그래서 사람들은 장원서 일꾼들을 마치 벼슬아치 대하
듯 했다고 한다. 한편, 조선 후기 홍만선洪萬選은『산림경제』에서 집에 심
는 국화로는 도연명이 사랑했던 황색 국화라야 심을 만하다고 하여, 화
려함보다는 탈속의 경지를 상징했던 노란 국화의 의미를 이해하고 생활
속에 투영하려 했다. 또 심규로沈奎魯 같은 문인은 눈이 밝아야 하는 것
은 평탄하고 험한 것, 마르고 젖은 것을 구별해 취하고 버리며 나아가고
물러나게 하려는 것이라면서, 기화이초奇花異草와 서화, 옛 물건들을 보
고 즐기기 위함이라 했다. 특히 현악기·관악기나 화초·나무 같은 것은
심신心神을 기르는 데 도움을 준다면서 심신을 기르되 '탐한다'고는 하지

않는다 하였다. 이런 태도는 자신들이 화초를 사랑하거나 화분을 집안에 놓고 감상하는 일들이 이른바 '유어예遊於藝', 즉 예술의 경지에 든 것이라서 즐기되玩物 뜻을 상하는喪志 일이 아니라고 합리화한 것이다. 화초에 푹 빠지지만 그게 마음을 기르는 행위라면 속된 취미와 구별되는 고상한 취미가 되니, 즉 완물적정玩物適情인 셈이다.

도 자 기   화 분
—

　화훼 애호는 화분에 대한 관심으로 이어졌다. 지금은 화분이 흔하디흔한 물건이지만, 조선 초부터 왕실에서는 장원서가 궁궐에 공급하던 화분의 공납이나 진상을 담당했다. 조선 전기 왕실 관요에서는 고려의 전통을 이어받아 상감기법의 청자 화분들을 제작했다. 그 밖에 16세기 관요에서는 양질의 백자도 제작되었다. 이덕무는 『청장관전서』에서 자기 화분을 '자두磁斗'라 했는데, 위가 벌어지고 아래가 좁은 형태를 두고 붙인 이름인 것 같다.

　현재 유물이나 그림 자료로 전하는 조선시대 백자 화분 가운데 가장 기본형은 동체 아래쪽이 약간 좁고 사선으로 벌어져 구연부가 벌어진 형태다. 또 기능상 안쪽 바닥에 배수용 구멍이 있는 것과 없는 것 두 종류가 있는데, 후자에는 대개 수경을 하거나 물을 많이 주지 않아도 되는 식물을 심었을 것으로 추정된다. 19세기 말부터 20세기 초 우리나라 도자기의 현황을 보여주는 아사카와 다쿠미淺川巧의 『조선도자명고朝鮮陶磁名考』에서는 '분대盆臺'라 하여 화분 받침을 그림과 함께 보여주는데 이는 화분이 얹히는 윗면 중심에 물빠짐 구멍이 있고 가장자리에 테두

—— 백자투각동채포도문 화분대, 18~19세기, 국립중
앙박물관.

리가 있어 화분을 안전하게 고이는 물건이었다. 화분대 높이가 30센티
미터 이상 되는 것이 대부분이니 대에 받쳐 높이 진설하기도 했음을 짐
작할 수 있다.

　　세종 때 기록 중에는 죄를 지은 이가 건어물과 육포, 화분을 관
원에게 뇌물로 주고 죄를 면하려 시도한 일도 있다. 이처럼 화훼에 대한
애호에 비례해 화분의 물질적 가치는 생각보다 높았던 것 같다. 왕실 관
요였던 분원分院이 민영화되던 19세기 말에 궁궐과 관청의 도자기 납품
을 담당했던 공인貢人 중 지규식이란 사람이 있었다. 그는 왕실과 관청의
자기 조달을 주업무로 하면서 궐내 관리들과의 마찰, 사적인 도자기 요
구, 구매 등의 기록을 『하재일기荷齋日記』에 상세히 남겼는데, 식기류 외
에 수반과 화분, 화분받침 같은 화훼 분재용 기물에 대한 언급이 종종
보인다. 왕실은 물론 분원백자를 구매할 수 있는 계층에서 그런 기물을

많이 찾았을 것이다.

이 미 지 로   소 비 한   분 화
─

화분에 심은 꽃을 '분화盆花'라 하는데, 꽃가지 형태의 생화를 꺾어 화병에 꽂는 것과는 다르다. 분화는 나무를 축소해 심는 분재와 비슷하다. 분화가 독립된 문양으로 이미지화되는 것은 이미 북송대 자주요 도자기 문양에서 보이며, 고려시대 석관에도 가는 선으로 새겨 그린 모란 화분 무늬가 보인다. 조선 후기에 백자 화분이 증가한 것은 물론 백자 항아리나 병과 같은 기물 표면에, 화분에 화초를 심은 도상이 문양으로까지 나타났다. 뿐만 아니라 도자기 화분에 화초를 심어 마당이나 실내에 둔 분경盆景의 장면은 기명도器皿圖나 문방도文房圖 같은 장식화에서 없어서는 안 될 소재였다. 궁중용 책거리 그림이나 민화에서도 다양한 형상의 화분이 등장했다. 이때 화분들은 당시 조선에서 유통되던 화분이나 분화의 형상은 물론 중국에서 유행하던 장식 그림을 참고했을 것으로 파악되며, 그외에 도안 장식화된 분화의 모티프도 그려졌다. 실재하는 꽃과 식물을 넣어본 적 없는 상상 속 화분을 방안에 들인 것이다. 이처럼 문방도나 기명도에 그려지는 다양한 문구류나 고동서화古董書畵와 더불어 시간이 갈수록 방안에 놓인 화분들도 비현실적으로 각각의 요소들을 조합하거나 개별적으로 화면에 그려넣었다. 왕실이든 민간이든 그림만으로도 화분을 소유할 수 있게 된 것이다.

분화 형식의 도자기 문양은 청화백자나 동화백자처럼 백자 중에서도 고급품에 주로 그려졌으니 대형 항아리나 접시, 화병 등에 이 같은 문양을 그려넣어 이미지만으로도 충만하다. 설사 도자기에 꽃이 꽂혀 있지 않아도 기면에 펼쳐진 그림만으로도 실내공간에서 화분이나 화병 같은 기능을 대신할 수 있었을 것이다.

시 은 을 표 방 한 탈 속 의 아 이 콘
—

이미 고려의 이색은 「분매盆梅」라는 시에서 "몸은 비록 병마에 얽혀 있다 해도 눈은 높아서 사해가 텅 빈 채 사람 하나 없더니. 청초한 이 꽃을 홀연히 얻어 보고는 뜻이 같고 기운이 합해 정신이 융화되는구나. (…) 세상 별의별 비평이 끝없이 난무하는 이때 아무 말 없이 얼음눈 속의 꽃만 마주 대하련다"라 하여 매화의 고결하고 탈속적인 속성을 의인화하여 자신을 의탁했다. 이때 그가 마주한 것은 매화 화분에 핀 매화였다. 또 조선시대 강희안은 "비록 풀 한 포기 나무 한 그루의 미물이라

───백자청화매화분재문 쌍이호, 18세
기, 오사카 시립동양도자미술관.

───백자청화분재문 사각병, 18세기,
오사카 시립동양도자미술관.

───백자청화분화쌍조문호,18세기, 오사
카 시립동양도자미술관.

───백자청화대나무연꽃국화분재문
호, 18세기, 국립중앙박물관.

───백자청화대나무연꽃국화분재문호,
18세기, 국립중앙박물관.

―――― 정선, 〈독서여가〉, 18세기, 간송미술문화재단.

도 각각 그 이치를 탐구해 근원으로 들어가면 그 지식이 두루 미치지 않는 곳이 없고, 마음을 꿰뚫지 못할 것 없으니 저절로 나의 마음은 사물과 분리되지 않고 만물의 겉모습에 구애받지 않게 된다. 언제나 함께하며 눈에 담아두고 마음으로 본받을 것이니 어느 것도 소홀히 하여 멀리할 수 없다. 꽃과 나무의 덕목을 본받아 자신의 덕으로 삼으면 어찌 이로움이 많지 않겠으며, 뜻도 어찌 커지지 않겠는가?" 하였다.

어지럽던 명말청초 지식인들이 현실에서 멀어져 재야의 원림園林에 한거하며 예술에 몰두하던 생활 습속은 조선까지 이입되었고, 산촌이 아닌 도시와 도시 근교 자신들의 집과 정원, 서재, 향각, 다실 등에서 향을 피우고 차를 마시며 시문을 짓고 서화를 감상하며 음악을 즐기는 풍조가 유행했다. 겸재 정선의 〈독서여가〉를 보면 조촐한 서재 앞 툇마루에서 백자화분에 심긴 화초를 흠상하는 그의 모습을 볼 수 있다. 강세황의 〈문방청완文房淸玩〉에서도 서책과 함께 꽃나무와 괴석이 심긴 분화가 등장해 그 정황을 짐작케 한다.

조선 후기 도자기 화분은 실물로, 또 이미지로 생활공간에서 소비되며 문인세족은 물론 부유한 일반으로까지 확산됐다. 서재 같은 남성 공간을 중심으로 사회적, 문화적 교류가 이뤄지던 조선에서 실내공간의 품격은 방을 꾸미는 구체적 요소들을 통해 완성되었다. 화분에 꽃을 심어 자신의 방안에 들여놓고 완상하는 것은, 몸은 도시에 있지만 청아한 인간이고자 했던 조선의 문인들과 문인문화를 표방했던 새로운 계층이 실천할 수 있는 최소한의 탈속적 아이콘이 된 것이다.

〈참고문헌〉

『高麗史』『東國李相國集』.

『太祖實錄』『世祖實錄』『世宗實錄』『成宗實錄』『燕山君日記』『仁祖實錄』.

『養花小錄』『於于集』『丹陵遺稿』.

『山林經濟』『茶山詩文集』『林園經濟志』『靑莊館全書』『국역 하재일기』.

강명관,「조선후기 서적의 수입, 유통과 장서가의 출현」,『조선시대 문학 예술의 생성공간』, 소명출판, 2002.

김소영,「고려시대 청자화분 연구」, 홍익대학교 미술사학과 석사 논문, 2014.

文震亨, 김의정·정유선 역주,『長物志』上·下, 학고방, 2017.

박성미,「조선시대 도자화분연구」, 이화여자대학교 미술사학과 석사 논문, 2017.

박용만,「宛委閣의 전적수집과 문화적 의미에 대한 고찰」,『서지학보』32, 2008.

손정의,「조선시대 '완물玩物'의 논리구조-유어예와 완물의 층위를 중심으로」,『韓國美學會』제84권 2호, 여름, 2018.

송희경,「정원 속의 작은 정원: 조선후기 盆景 애호와 園林畵의 분경」,『東方學』제17집, 한서대학교 동양고전연구소, 2009.

송희경,「사랑채가 있는 풍경ー조선후기 서재문화와 서재의 시각화」,『동양고전연구』38, 2010.

아사카와 다쿠미,『조선의 소반, 조선도자명고』, 심우성 옮김, 학고재, 1991.

安大會,「18·19세기의 주거문화와 상상의 정원ー조선 후기 산문가의 記文을 중심으로ー」,『진단학보』97, 2004,

장남원,「물질문화 관점으로 본 조선후기 玩物 陶瓷」,『美術史學報』39집, 2012.

장남원,「도자기 화분... 자연을 방안에 들이는 방법」, 18세기학회 추계학술대회 발표자료집, 2018.

정병모,「책거리의 역사 어제와 오늘」,『조선 선비의 서재에서 현대인의 서재로』, 책거리특별전, 경기도박물관, 2012, 172~189.

최예슬,「朝鮮後期 盆栽文 靑畵白磁 硏究」, 홍익대학교 미술사학과 석사 논문, 2013.

홍선표,『조선시대회화사론』, 문예출판사, 1999.

━
장남원_이화여자대학교 미술사학과 교수

이화여자대학교 미술사학과에서 박사학위를 받았으며, 이화여자대학교 박물관장을 맡고 있다. 주요 저서로『고려중기 청자 연구』등이 있으며, 최근 논문으로「『高麗圖經』의 '定器制度'와 청자」「물질문화 관점으로 본 고려청자」「물질문화 관점으로 본 조선후기 玩物 陶瓷」등이 있다.

7부